KB018262

학생부 바이블
예체능계열

학생부 바이블 예체능계열
저자소개

이남설

수원외국어고등학교 진로전담교사 재직중

집필이력
'교과세특 탐구주제 바이블'
'진로 포트폴리오 하이라이트(고등학교)'

활동이력
고3 전국연합학력평가 출제 및 검토위원
주요 대학 교사 자문위원
진로진학상담 무작정 따라하기 카페 운영자

개발이력
'교과세특 및 진로기반 학생부 프로그램'
'진로진학상담 수시프로그램'

이명주

서정고등학교 진로전담교사 재직중

수상이력
대안교실 활성화 표창(2019)

위정의

충현중학교 진로전담교사 재직중

집필이력

'교과 연계 독서토론 워크북'
'두근두근 미래직업체험 워크북'
'블렌디드 수업에 기업가정신을 담다'
'교과세특 탐구주제 바이블'
'AI로 내 직업을 트랜스포메이션하라'

활동이력

경기도교육청 독서교육 지원단
경기도교육청 자격연수 논술평가 출제 및 검토위원
중등 1급 정교사 국어과 자격연수 강사
경기도중등진로교육연구회 전연구위원

강서희

안양여자상업고등학교 진로전담교사 재직중

집필이력

'교과세특 탐구주제 바이블'
'홀랜드 유형별 유망 직업 사전'
'페이스메이커'
'미디어 진로탐색 바이블'

활동이력

2015 개정 교육과정 고등학교 '진로와 직업' 인정도서 심의위원

개발이력

'원하는 진로를 잡아라' 보드게임
'드림온 스토리텔링' 보드게임

김준희

구성고등학교 진로전담교사 재직중

집필이력

'교과세특 탐구주제 바이블'
'경기도 진로교육생태계'

활동이력

교육부 네이버지식iN 학교생활컨설턴트
경기도 진로교육 실천사례연구대회 심사위원
2015 개정 교육과정 고등학교 '진로와 직업' 인정도서 심의위원

안병무

여강고등학교 진로전담교사 재직중

집필이력

'교과세특 탐구주제 바이블'
'교과세특 기재예시 바이블'
'YBM 우리는 체인지메이커'

활동이력

학생 진로교육 사이버 인증 시스템 개발위원
2015 개정 교육과정 고등학교 '진로와 직업' 인정도서 심의위원
정부 부처 연계 진로체험 사업 자문위원
APEC 국제교육협력단 파견(AIV)

배수연

늘푸른고등학교 사회과 교사 재직중

집필이력

'교과세특 탐구주제 바이블'

활동이력

전국연합출제위원
도단위 NTTP 교과연구회 연구위원
경기혁신교육모니터단
2021경기도성남교육지원청 교육과정 지원단

서문_ 학생부 바이블을 출간하며 ✏️

드디어 학생부 바이블이 탄생했습니다. 기존 출간된 학교생활기록부를 다룬 책들과는 차별화된 새로운 관점에서 만든 책입니다. 어떤 내용으로 구성해야 일선에서 지도하는 현직 교사, 자신의 진로를 위해 노력하는 학생들과 학부모님, 모두에게 도움을 줄 수 있을까를 고민하고, 또 고민하면서 현직 중·고등학교 교사들이 힘을 모아서, 1여 년이 넘는 시간동안 서로 머리를 맞대고 노력한 결실입니다. 학생부종합전형은 학교 생활에 충실한 학생 중에서 적성이나, 소질, 잠재력 등을 종합적으로 평가해서 선발하는 전형입니다. 따라서 학생부종합전형을 정확하게 이해하고, 학생들이 스스로 질문하고, 답을 찾으며 학교 교육과정에 능동적으로 참여하는 것이 가장 기본적인 사항이라고 할 수 있습니다. 이 책의 초점은 여기에 있습니다.

이 책은 인문, 사회, 자연, 공학, 의약, 예체능, 교육 등 7개 계열별 맞춤형 진학 설계 가이드북입니다. 학생부종합전형의 특징과 각 대학의 평가 요소, 변화하는 학교생활기록부에 대한 내용을 7개 계열별로 상세하게 정리했습니다. 이와 함께 학생부 각 영역에 대한 대학의 평가 관점, 학생들의 학생부 관리 방법을 함께 실었습니다. 또한 학생들을 지도하는 교사들을 위해 각 영역별 기재 방법을 상세하게 설명하고, 창의적 체험활동의 자율동아리, 진로활동 등에 대한 계열별·학과별 추천 활동과 맞춤형 기록 사례를 구체적으로 제시했습니다. 앞으로는 학생부종합전형에서 교과학습발달상황이 더욱 중요한 평가의 대상이 됩니다. 이에 발맞추어 국어, 영어, 수학, 사회, 과학 교과군 모든 과목의 세부능력 및 특기사항의 기재 예시를 제시하여 이 책을 활용하는 사람들에게 보다 효과적인 도움을 줄 수 있도록 구성하였습니다. 이와 함께 인문, 사회, 자연, 공학, 의약, 예체능, 교육 등 7개 계열에 해당하는 대표적인 직업 및 학과와 그에 적합한 선택과목을 제시하여, 학생들이 자신의 진로로드맵을 작성하는데 참고할 수 있도록 했습니다.

학생부종합전형의 핵심 평가 자료는 학생부입니다. 따라서 이를 어떻게 관리하느냐에 따라 대학 합격 여부가 결정됩니다. 자신이 원하는 대학교에 합격하는 것은 모든 수험생들의 바람입니다. 그러나 학생부종합전형에서는 더 이상 열심히 공부만 하는 모범적인 학생을 원하지 않습니다. 물론 성적도 우수해야 하지만, 이와 함께 학업역량, 진로역량, 공동체역량 등을 골고루 갖춘 학생을 원합니다.

'아는 만큼 보인다'라고 했습니다. 학생들이 자신의 희망하는 학교에 진학하기 위해서, 교사들이 진학 지도를 올바르게 하기 위해서는 학생부종합전형에 대한 충분한 이해가 필수적입니다. 이 책을 꼼꼼히 읽고, 학생부 변화의 방향에 발 빠르게 대응한다면 성공적인 진학을 향한 과정에 한 발짝 먼저 다가설 수 있을 것입니다.

지금 이 시간에도 열심히 학생들을 지도하시는 일선의 교사들과 자신의 꿈을 이루기 위해 공부하는 학생들, 그리고 이들을 위해 노력하시는 모든 학부모님을 응원하며, 이 책이 큰 도움이 되기를 진심으로 바랍니다.

1.

이 책은 대학 입시의 주요 전형인 학생부종합전형을 준비하는데 필수적인 학교생활기록부의 이해를 돕고자 예체능계열 특성에 맞게 학교생활기록부에 필요한 정보를 담고 있습니다.

2.

예체능계열 학과 정리, 학생부종합전형의 특징과 학교생활기록부의 항목별 내용을 구체적으로 정리하여 예체능계열에 적합한 학교생활기록부를 디자인할 수 있는 정보를 제공하고 있습니다.

3.

무엇보다 학생 자신에 적성 및 흥미에 적합한 예체능계열과 학과를 찾아갈 수 있도록 다양한 적성검사를 활용하는 방법과 예체능계열 적성 및 흥미 그리고 근무 환경과 일자리 전망을 소개하고 있어 이를 활용하여 학생의 진로를 찾는 과정을 선행하는 것을 권장합니다.

4.

특히 2장에서는 학생부종합전형의 이해를 돕고자 학생부종합전형의 이해와 학생부종합전형에서 대표적인 평가요소인 학교생활기록부의 항목별 주요 포인트 및 활용 방안에 대해 소개하여 교사 및 학생이 맞춤형 활동과 학교생활기록부 작성에 도움을 주고자 하였습니다.

5.

학교생활기록부는 출결상황부터부터 행동특성 및 종합의견까지의 항목별 내용, 기재 요령 그리고 대학의 관점에서 바라보는 학교생활기록부의 주요 포인트를 분석하여 학생 및 교사가 해당 항목을 관리할 수 있도록 하여 학교생활에 선택과 집중을 할 수 있도록 정보를 제공하고 있습니다.

6.

특히, 예체능계열에 적합한 학과별 추천 자율활동, 동아리활동, 봉사활동, 진로활동을 소개하고 더나아가 관련 활동을 실시한 후 바람직한 학교생활기록부의 다양한 예시를 제공하여 학생에게는 활동의 방향성을 제시하고, 교사에게는 학생 지도 및 학교생활기록부 작성에 로드맵을 제공하고자 하였습니다.

7.

변화하는 교육정책에 따라 더욱 중요성이 커진 교과학습발달상황에서는 해당학과에 필요한 과목별 성취기준 및 단원별 학교생활기록부 예시를 제공하여 해당학과의 진학을 위해 어떤 활동을 해야 하며 후속활동에는 어떤 것이 있는지에 대한 정보를 담고 있습니다.

8.

마지막으로 급변하는 시대에 변화하는 학과의 이해를 돕고자 예체능계열에 해당하는 학과 소개 및 개설대학, 관련 학과, 그리고 졸업 후 진출 분야를 중심으로 직업과 선택과목 로드맵에 대한 정보를 담아 교사의 학생 지도 및 직업과 선택과목 로드맵에 대한 정보를 담고 있어 교사의 학생 지도 및 해당 학과를 진학하고자 하는 학생에게 도움을 주고자 하였습니다.

학생부 바이블 예체능계열 INDEX

학생부 바이블
예체능계열

PART.1 예체능계열의 세계

CHAPTER

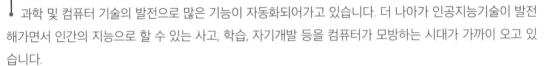

예체능계열의 특징

예체능계열이란?

　과학 및 컴퓨터 기술의 발전으로 많은 기능이 자동화되어가고 있습니다. 더 나아가 인공지능기술이 발전해가면서 인간의 지능으로 할 수 있는 사고, 학습, 자기개발 등을 컴퓨터가 모방하는 시대가 가까이 오고 있습니다.

　그러나 예체능 분야는 인간의 상호작용에 의해서 습득할 수 있는 분야이기 때문에 컴퓨터나 인공지능기술이 대체하기 어려운 분야입니다. 예체능계열로 진출하면 음악, 미술 관련 분야에서 가상현실이나 메타버스와 같은 첨단기술을 활용하여 청각 및 시각적인 아름다움을 표현하는 예술인이 될 수 있고, 나날이 발전하는 기술을 접목하는 스포츠 과학을 활용하여 개인의 건강 유지 활동을 지도하는 체육인이 될 수도 있습니다.

예체능계열 관련 학과는?

　예체능계열은 디자인, 응용예술, 무용·체육, 미술·조형, 연극·영화, 음악 분야로 분류됩니다. 디자인 분야는 산업디자인학과, 시각디자인학과, 실내디자인학과, 패션디자인학과 등이 있습니다. 응용예술 분야는 게임학과, 사진영상학과, 만화애니메이션학과, 공연예술학과, 미디어영상학과 등이 있습니다. 무용·체육 분야는 경호학과, 무용학과, 사회체육학과, 스포츠과학과, 태권도학과, 한국무용학과 등이 있습니다. 미술·조형 분야는 도예학과, 동양화과, 서양화과, 조소과, 조형예술학과, 한국화과, 회화과 등이 있습니다. 연극·영화 분야는 뮤지컬학과, 연극영화전공 등이 있습니다. 음악 분야는 국악과, 기악과, 성악과, 실용음악과, 음악학과, 작곡과 등이 있습니다. 이 외에도 시대의 흐름에 맞추어 다양한 학과들이 새로 신설되거나 없어지기도 합니다. 대입정보포털 어디가(www.adiga.kr)에 접속한 후, 학과정보에 들어가 예체능계열을 선택한 후 검색하면 일반대학과 전문대학에 개설된 다양한 학과를 조회할 수 있습니다.

예체능계열 학생들의 특징

예체능계열 학생들은 감수성이 풍부하고 감정을 솔직하고 자유롭게 표현하는 편입니다. 자신만의 개성이 뚜렷하고 창의성을 발휘할 수 있는 주제에 흥미를 가지고 있습니다. 음악, 미술, 체육, 문학 등에 다른 학생들보다 많은 관심을 나타냅니다.

예체능계열 학생들의 장점은 자유롭고 비구조적인 환경에서 활동하고 싶어 하거나 다양한 자원을 활용하여 새로운 것을 창작하는 활동을 좋아하는 편입니다. 하지만 다른 학생들에 비해서 사무적 재능이 부족하다는 단점을 가지고 있는 편입니다.

커리어넷(www.career.go.kr)에 접속한 후, 중·고등학생용 심리검사 중에서 직업흥미검사(H)를 실시하여 본인의 유형을 파악해볼 수 있습니다. 홀랜드 직업선택이론으로 개발된 육각형 모양의 6가지 유형은 현실형(R), 탐구형(I), 예술형(A), 사회형(S), 진취형(E), 관습형(C)으로 분류됩니다. 육각형 그래프를 통해 자신이 강한 유형과 약한 유형을 확인할 수 있고, 예체능계열 학생들은 6가지 유형 중 예술형(A)이 강하게 나타나는 편입니다.

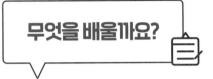

예체능계열의 진로 안내

무엇을 배울까요?

1 음악계열

소리(음)를 소재로 하여 인간의 본질을 표현하는 예술 분야로 창작의 과정인 작곡, 이를 해석하여 표현하는 연주과정 그리고 이를 향유하는 감상과정으로 살펴볼 수 있고, 이를 학문적으로 접근하여 교육하고 연구하는 분야로 나눌 수 있습니다. 이론과 실기 과목을 병행하며 전공에 따라 관현악, 국악, 성악, 작곡, 피아노, 화성법 등을 배울 수 있습니다.

2 미술계열

회화, 조소, 공예, 디자인 등 시각적인 아름다움과 생활공간을 보다 윤택하게 2, 3차원 공간에 표현하는 것뿐만 아니라 예술 활동을 위한 이론과 전시 기획 등을 연구하는 영역입니다. 관련 분야로는 공예, 디자인, 순수미술, 응용미술, 미술학 등이 있습니다. 전공에 따라 공업디자인, 기초조소, 동양화과목, 디스플레이, 서양화과목, 시각디자인론, 실내디자인, 애니메이션, 영상, 일러스트레이션, 제품조형, 조각실기, 조명디자인, 컴퓨터그래픽스, 패션디자인, 환경디자인 등을 배울 수 있습니다.

3 체육계열

건전한 신체와 효과적인 운동기술을 습득하는 것을 목적으로 스포츠를 통한 국민의 건강 증진 및 스포츠의 대중화에 기여하고, 경기력 향상 및 스포츠 과학의 최신 정보를 제공하며, 이러한 체육활동에 대하여 과학적으로 연구하는 분야입니다. 전공에 따라 발육발달학, 사회체육학, 스포츠교육학, 스포츠사회학, 스포츠산업경영학, 스포츠심리학, 여가레크레이션학, 운동생리학, 운동역학, 운동영양학, 체육사, 체육정책학, 체육철학, 체육측정평가 등을 배울 수 있습니다.

예체능계열 관련 학과는?

　음악 관련 학과는 졸업 후 공연활동, 창작활동, 문화예술경영 등의 분야로 진출이 가능합니다. 가수, 성악가, 실내악합주단, 음반기획자, 작사가, 작곡가, 편곡가, 문화행사음악기획자 등의 분야에서 활동할 수 있습니다.

미술 관련 학과는 졸업 후 전문작가, 문화예술경영, 디자이너 등의 분야로 진출이 가능합니다. 현대미술가, 서양화가, 동양화가, 사진미술가, 아트컨설턴트, 아트디렉터, 미술관운영사무원, 패션컬러리스트, 조명디자이너, 제품디자이너, 웹디자이너, 편집디자이너, 그래픽디자이너 등의 분야에서 활동할 수 있습니다.

무용·체육 관련 학과는 졸업 후 전문 무용수, 안무가, 생활체육강사, 스포츠에이전트, 스포츠생리학연구원, 운동감독, 태권도장경영자 등의 분야에서 활동할 수 있습니다. 연극·영화 관련 학과는 졸업 후 배우, 영화감독, 촬영감독, 공연기획자 등의 분야에서 활동할 수 있습니다.

예체능계열은 음악교육과, 미술교육과, 체육교육과에 입학하거나 예체능 관련 학과에 입학하여 교직 과목을 이수하면 중등 2급 정교사 자격증을 취득할 수 있습니다. 또한 예술이나 체육 관련 대학원에 입학하여 석·박사 자격을 취득하면 대학 교수로 진출할 수 있습니다.

예체능계열의 상담 안내

대입정보포털 어디가(www.adiga.kr)에 접속한 후, 대입상담의 '온라인전공상담'에 들어가면 음악, 체육 미술의 메뉴를 선택해서 전공과 관련된 질문을 할 수 있습니다. '온라인전공상담'은 한국대학교육협의회 대입상담센터의 전공멘토단 학생들이 직접 운영하는 게시판이고, 원하는 전공을 클릭하여 질문 글을 작성하면 전공멘토단이 전공과 관련된 답변을 해줍니다.

선생님들은 학생들에게 '온라인전공상담'에 대해 안내하고 학생들이 게시판에 전공 관련 질문을 올려서 궁금한 내용을 해결할 수 있도록 지도할 수 있습니다. 전공 안내 외에도 대학 입학 및 진학과 관련된 수시 및 정시 상담도 '온라인대입상담'을 통해 받아볼 수 있습니다.

 음악계열 상담 예시

 학생

> 교과 성적이 반영되는 전형으로 음악계열에 진학하려고 합니다.
> 수학 공부를 해야 하나요?

교사

> 희망 대학에 따라 다릅니다. 대학마다 학생부 교과 반영 방법이 다르기 때문에 희망 대학의 수학 교과 반영 여부를 확인해야 합니다. 수학을 반영하지 않는 **대학/수학을 선택할 수 있는 대학/수학을 필수로 반영하는 대학으로 분류할 수 있습니다.** 2022학년도 대입에서 수학을 필수로 반영하는 대학에는 경남대, 서경대(상위 3개), 서원대, 서울신학대, 성결대, 경기대, 공주대, 조선대, 이화여대(교과 상위 30단위) 등이 있습니다.

 학생

> 음악계열 대학에 진학하려면 반드시 실기를 준비해야 하나요?

교사

> 대부분의 대학에서 음악계열 학생들을 선발할 때 전공 실기 성적을 60~100% 반영하기 때문에 일정 수준 이상의 실기 실력을 쌓기 위한 연습이 필요합니다. 그러나 뒤늦게 음악계열 진학을 결정하여 실기 준비를 하지 못했다면 비실기 전형을 추천합니다. 경남대 음악교육과의 경우, 수시모집의 학생부교과전형(한마인재전형) 1단계는 교과와 출결, 2단계는 1단계 성적과 면접을 반영합니다. 따라서 교과 성적과 출결 관리는 잘 되어 있으나 실기 실력이 부족한 학생들에게 적극 추천합니다.

학생

체육학과를 진학하면 어떤 것을 배우나요?

교사

체육학과는 운동과 신체의 관계를 연구하는 학과로 보통 학생들이 알고 있는 것처럼 운동만 하는 학과는 아닙니다. 예를 들면 운동생리학이라는 과목에서는 인체의 에너지 대사와 운동과의 관계를 분석하는 공부를 하게 됩니다. 체육사, 체육철학, 스포츠사회학, 스포츠심리학, 스포츠교육학, 스포츠산업경영학, 사회체육학, 여가레크레이션학, 체육정책학, 운동생리학, 운동역학, 체육측정평가, 특수체육학, 운동영양학, 발육발달학 등의 과목들도 배우게 됩니다. 체육학과와 유사한 학과로는 체육교육과가 있고 두 학과 모두 신체와 운동의 관계를 연구한다는 공통점이 있지만, 체육교육학과는 신체와 운동의 관계보다 교육을 더욱 더 중점적으로 다루게 됩니다.

학생

체육계열을 학생부종합전형으로 준비하려면 어떻게 해야 하나요?

교사

학생부종합전형으로 합격하려면 1학년 때부터 내신 성적 및 교과세특 관리는 물론 동아리활동, 진로활동 등에 적극적으로 참여해야 합니다. 규칙적인 생활습관을 들이고 플래너를 사용하여 일정이나 내신관리를 하면 많은 도움이 됩니다. 처음에는 규칙적인 생활습관을 들이는 게 어렵겠지만 한 학기 정도 열심히 노력한다면 다음 학기부터는 규칙적인 생활에 적응이 되어 학교생활을 잘 할 수 있을 것입니다. 학생부종합전형으로 준비해야 하는 것을 체육 선생님께 문의하거나 도움을 요청하면 궁금해 하는 부분에 대해 잘 설명해주실 것입니다. 학교에 다니는 선배나 졸업생 중에서 체육계열을 준비하는 학생이 있다면 선생님께 부탁드린 후 서로 연락해서 정보를 주고받는 것도 좋은 방법입니다.

학생

체육계열의 학생부종합전형은 어떻게 선발하나요?

교사

체육계열의 학생부종합전형은 대부분 1단계에서 서류를 평가하고 2단계에서 면접을 실시한 후 1단계 서류성적과 면접성적을 합산하여 학생을 선발합니다. 서울대를 포함하여 일부 대학은 수능 최저학력기준을 적용하여 학생을 선발하기도 합니다. 평소 학교 수업을 소홀히 하지 않고 열심히 참여하며, 발표 수업 등에 적극적으로 참여한다면 면접도 미리 대비할 수 있습니다. 2학년부터는 본인의 진로를 잘 탐색하여 선택과목을 공부해나간다면 학생부종합전형을 체계적으로 대비할 수 있을 것입니다.

🎨 미술계열 상담 예시 ‍📶 📶 🔋

학생

미대 진학을 준비하고 있습니다. 수시와 정시 중 어디에 더 집중해야 하나요?

교사

수시 위주의 모집대학이 있고, 정시 위주의 모집대학이 있습니다. 따라서 희망 대학의 모집요강을 보고 미술계열 학과들이 수시와 정시에서 각각 몇 명씩 모집하는지 확인한 후 대비하시기 바랍니다.

학생

비실기 전형으로 미대에 진학하려면 교과등급을 어느 정도 받아야 하나요?

교사

비실기 전형은 정시보다 수시에서 더 많은 학생을 모집합니다. 따라서 비실기 전형으로 미대 진학을 준비하고 있다면 수시로 진학하길 권합니다. 전교과 성적이 상위 20% 이내 즉, 3등급 이내이고 미술계열에 관심이 많다면 도전해보시기 바랍니다.

🎨 비교과 상담 예시 📶 📶 🔋

학생

예체능계열 비교과 활동으로 무엇을 하면 좋을까요?

교사

예체능계열 비교과 활동으로 학생회 임원이나 학급 임원, 동아리 회장 등을 할 수 있다면 리더십에서 좋은 평가를 받을 수 있습니다. 독서활동은 교과 수업시간, 동아리활동, 진로활동 등에서 책을 읽고 발표나 토론 활동 등에 적극적으로 참여하여 본인의 생각을 논리적으로 전달할 수 있는 역량을 키우는 것이 좋습니다. 봉사활동은 교내에서 학기마다 지속적으로 할 수 있는 것을 신청하여 지속성 있는 활동을 하는 것을 추천합니다. 보통 교내 축제, 전시회, 체육 행사 등을 진행하기 위해서 봉사활동을 신청받기도 하니 이런 기회를 잘 활용하는 것도 좋습니다.

04.

예체능계열 진로진학정보 안내

음악계열 진로 및 진학정보 안내영상

1 음악계열 진로안내

🔍 **SEARCH** c11.kr/음악계열진로 ▼

대학전공별진로가이드
(별별전공, 별별직업)_음악학

출처: 한국고용정보원직업진로동영상/You-tube/2017.10.26

▶ youtu.be/xQ-cLTaZqJl

[2017내일을Job아라] 성악가

출처: 한국고용정보원직업진로동영상/You-tube/2017.04.13

▶ youtu.be/tcPstUsS-Ks

2018내일을Job아라_영화감독

출처: 한국고용정보원직업진로동영상/You-tube/2018.03.08

▶ youtu.be/TTb9.RhKBkk

[교육부] 드림주니어 40회 –
무대 위의 빛나는 별, 뮤지컬 배우!

출처: 교육부TV/You-tube/2016.08.16

▶ youtu.be/tZ-2dMSewxU

2 음악계열 진학안내

🔍 **SEARCH** c11.kr/음악계열입시 ▼

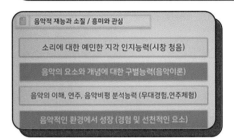

음악대학 입학전형 이해와 준비
출처: 경기도교육청TV/You-tube/2021.05.26
▶ youtu.be/mfUxT4oCo7g

출처: EBSi 고교강의/You-tube/2020.05.27
▶ youtu.be/ElppHKuG8w4

미술계열 진로 및 진학정보 안내영상

1 미술계열 진로안내

🔍 **SEARCH** c11.kr/미술계열진로 ▼

대학전공별진로가이드
(별별전공, 별별직업)_미술학
출처: 한국고용정보원직업진로동영상/You-tube/2017.10.26
▶ youtu.be/NQ8x08keKm0

대학전공별진로가이드
(별별전공, 별별직업)_디자인학
출처: 한국고용정보원직업진로동영상/You-tube/2017.10.26
▶ youtu.be/ydY1CQCuJ-Y

2016내일을잡아라 – 사진기자
출처: 한국고용정보원직업진로동영상/You-tube/2016.03.21
▶ youtu.be/LYlEOilVkOg

[교육부] 시즌5 진로탐사대 드림주니어 90회
'고고미술사학과' 수업
출처: 교육부 TV/You-tube/2018.07.26
▶ youtu.be/CGZ6Gw2JvtU

2 미술계열 진학안내

Q SEARCH   c11.kr/미술계열입시   ▼

미술대학 입학전형 이해와 준비(1)
경기도교육청TV
출처: 경기도교육청TV/You-tube/2021.05.26
▶ youtu.be/qqkm_xzhbLU

[2021.9.1.] 2021 온라인 대입역량강화 연수
| 미술 계열 | 황지민 대입지원관
출처: 학끼오TV/You-yube/2021.09.01
▶ youtu.be/rFkqcfKYD14

체육계열 진로 및 진학정보 안내영상

1 체육계열 진로안내

Q SEARCH   c11.kr/체육계열진로   ▼

대학전공별진로가이드(별별전공, 별별직업)
_체육학
출처: 한국고용정보원직업진로동영상/You-tube/2017.10.26
▶ youtu.be/3vglYsXXEN4

2019 내일을JOB아라 – 스포츠분야전문가
출처: 한국고용정보원직업진로동영상/You-tube/2019.03.01
▶ youtu.be/SnsH0-uS9gg

[교육부] AI 미래직업탐험대 59회
– 스포츠 전문가
출처: 교육부 TV/You-tube/2017.03.14
▶ youtu.be/IentChDEi7k

2017내일을JOB아라 – 야구 코치
출처: 한국고용정보원직업진로동영상/You-tube/2017.04.13
▶ youtu.be/mvbA_BVce_0

SEARCH c11.kr/체육계열입시 ▼

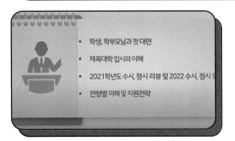

체육대학 입학전형 이해와 준비(1)
경기도교육청TV

출처: 경기도교육청TV/You-tube/2021.05.26

▶ youtu.be/BajGeOcDkI4

[2021.9.1.] 2021 온라인 대입역량강화
연수 | 체육계열 | 박견우 대입지원관

출처: 학끼오TV/You-yube/2021.09.01

▶ youtu.be/V9FLj9gzVvg

05.
음악·미술·체육 선택과목 안내

음악 선택과목 안내

🔍 SEARCH   c11.kr/음악교과   ▼

51 (고교학점제 선택과목 맛보기)
음악 과목에 대한 설명 자료
▶ youtu.be/uyO6aVssma0

54 (고교학점제 선택과목 맛보기)
음악 연주 과목에 대한 설명 자료
▶ youtu.be/52VB28hlGU0

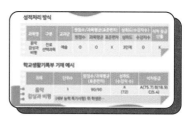

55 (고교학점제 선택과목 맛보기)
음악 감상과 비평 과목에 대한 설명 자료
▶ youtu.be/wERFMRqMa0w

미술 선택과목 안내

🔍 SEARCH   c11.kr/미술교과   ▼

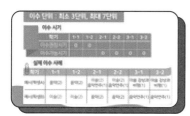

52 (고교학점제 선택과목 맛보기)
미술 과목에 대한 설명 자료
▶ youtu.be/Vdbof9jXhEo

56 (고교학점제 선택과목 맛보기)
미술 창작 과목에 대한 설명 자료
▶ youtu.be/fE19_q5mK9s

57 (고교학점제 선택과목 맛보기)
미술 감상과 비평 과목에 대한 설명 자료
▶ youtu.be/XUtWoJJe14g

체육 선택과목 안내

🔍 SEARCH c11.kr/체육교과 ▼

47 (고교학점제 선택과목 맛보기)
체육 과목에 관한 설명 자료

▶ youtu.be/z6_elAMJWQQ

48 (고교학점제 선택과목 맛보기)
운동과 건강 과목에 관한 설명 자료

▶ youtu.be/nrcj6Sy4ieA

49 (고교학점제 선택과목 맛보기)
스포츠 생활 과목에 관한 설명 자료

▶ youtu.be/SNQNKTqKKLI

50 (고교학점제 선택과목 맛보기)
체육 탐구 과목에 관한 설명 자료

▶ youtu.be/eeRSgagLqrc

출처: 부산교육청 중등교육과 중등교육과정팀/You-tube/2021.03.17.-18.

체육·예술 교과군 선택과목

교과영역	교과(군)	선택과목	
		일반선택	진로선택
체육·예술	체육	체육, 운동과 건강	스포츠 생활, 체육 탐구
	예술	음악, 미술, 연극	음악 연주, 음악 감상과 비평, 미술 창작, 미술 감상과 비평

체육·예술 교과군 교육과정 안내

체육·예술 교과군 과목별 기능

 음악

과목명	영역	기능
음악	표현	노래 부르기, 악기로 연주하기, 신체표현하기, 만들기, 표현하기
	감상	구별하기, 표현하기, 설명하기
	생활화	참여하기, 평가하기, 조사하기, 발표하기
음악연주	연주	연주하기, 표현하기
	비평	관람하기, 분석하기, 비평하기
음악 감상과 비평	감상 비평	이해하기, 토론하기, 비교하기, 구별하기, 설명하기, 평가하기, 표현하기, 소통하기

 미술

과목	영역	평가내용
미술	체험	인식하기, 모색하기, 참여하기, 연계하기
	표현	탐색하기, 표현하기, 활용하기, 확장하기, 성찰하기
	감상	이해하기, 설명하기, 활용하기, 판단하기
미술 창작	표현 계획	탐색하기, 구체화하기, 시각화하기, 선택하기, 계획하기
	표현과 확장	표현하기, 융합하기, 점검하기, 반영하기, 전시하기, 평가하기
미술 감상과 비평	미술의 역사	정보수집하기, 추론하기, 분석하기, 설명하기, 관련짓기, 해석하기
	미술의 비평	탐색하기, 묘사하기, 명료화하기, 적용하기, 논술하기, 소통하기

체육

과목	영역	평가내용
체육	건강	평가하기, 계획하기, 관리하기, 실천하기
	도전	시도하기, 분석하기, 수련하기, 극복하기
	경쟁	분석하기, 협력하기, 의사소통하기, 경기수행하기
	표현	탐구하기, 신체표현하기, 감상하기, 의사소통하기
	안전	상황파악하기, 의사결정하기, 대처하기, 습관화하기
운동과 건강	운동과 건강의 관계	탐구하기, 관리하기, 판단하기, 생활화하기
	운동과 건강관리	탐구하기, 관리하기, 평가하기, 생활화하기
	운동과 안전	탐구하기, 예방하기, 대처하기, 관리하기
스포츠 생활	스포츠 가치	탐구하기, 분석하기, 판단하기, 실천하기
	스포츠 수행	실천하기, 소통하기, 계획하기, 생활화하기
	스포츠 안전	분석하기, 탐색하기, 대처하기, 관리하기
체육 탐구	체육의 본질	비교하기, 분석하기, 탐구하기, 발표하기
	체육과 과학	탐구하기, 비교하기, 분석하기, 적용하기
	체육과 진로	탐구하기, 평가하기, 분석하기, 계획하기, 적용하기

연극

과목	영역	기능
연극	표현	협력하기, 상상하기, 표현하기, 구성하기, 관찰하기
	체험	탐구하기, 협의하기, 구현하기, 구성하기, 연습하기, 공연하기, 정리하기, 평가하기
	감상	이해하기, 탐구하기, 비교하기, 평가하기, 발표하기
	생활	이해하기, 탐구하기, 성찰하기, 조사하기, 발표하기, 비교하기, 분석하기

음악 교과

음악과 교육과정(제2015-74호)

1 음악

음악은 소리를 통해 인간의 감정과 사상을 표현하는 예술로 인간의 창의적 표현 욕구를 충족시키고 다른 사람과 소통할 수 있도록 하며 인류 문화를 계승, 발전시키는 데 기여합니다. 음악 교과는 다양한 음악 활동을 통해 음악의 아름다움을 경험하고 음악성과 창의성을 계발하며, 음악의 역할과 가치에 대한 안목을 키움으로써 음악을 삶 속에서 즐길 수 있도록 하는 교과입니다.

음악 교과는 다양한 특성을 통해 음악적 감성역량, 음악적 창의·융합 사고역량, 음악적 소통역량, 문화적 공동체역량, 음악정보처리역량, 자기관리역량을 기를 수 있도록 합니다. '음악'은 음악적 정서 함양 및 표현력 계발을 통해 자기표현능력을 신장하고 자아정체성을 형성하며, 문화의 다원적 가치 인식을 통해 타인을 존중하고 배려하는 소통능력을 지닌 인재 육성을 목표로 합니다. 이를 통해 우리 문화 발전에 기여하고 세계시민으로서 문화적 소양을 지닌 전인적 인간 육성에 이바지합니다.

교육목표

가 음악의 구성 및 표현방법을 이해하고 다양한 음악 활동과 경험을 한다.

나 음악의 사회적·문화적 역할과 기능을 이해하고 다양한 음악을 비평한다.

다 음악적 활용과 소통의 즐거움을 느끼고, 음악 애호가로서의 자질을 함양한다.

내용체계

영역	핵심 개념	일반화된 지식	내용 요소	기능
표현	-소리의 상호작용 -음악의 표현방법	다양한 음악 경험을 통해 소리의 상호작용과 음악의 표현방법을 이해하여 노래, 연주, 음악 만들기, 신체표현 등의 다양한 방식으로 표현한다.	음악의 구성	노래 부르기, 악기로 연주하기, 신체표현하기, 만들기, 표현하기
			자세와 연주법	
감상	-음악 요소와 개념 -음악의 종류 -음악의 배경	다양한 음악을 듣고 음악 요소와 개념, 음악의 종류와 배경을 파악하여 음악을 이해하고 비평한다.	고등학교 수준의 음악 요소와 개념	구별하기, 표현하기, 설명하기
			다양한 종류의 음악	
			음악의 역사와 문화적 배경	
생활화	-음악의 활용 -음악을 즐기는 태도	음악을 생활 속에서 활용하고, 음악이 삶에 주는 의미에 대해 이해함으로써 음악을 즐기는 태도를 갖는다.	음악과 행사	참여하기, 평하기, 조사하기, 발표하기
			음악과 직업	
			국악의 계승과 발전	

'음악'을 중심으로 한 다른 예술 영역 및 교과와의 연계는 음악이 가지고 있는 다양한 특성을 활용하여 학생들의 음악 지식을 심화시키고 흥미를 불러일으키며 학습 경험을 확장시킵니다. 첫째, 음악과 춤, 미술, 연극, 영화, 문학 등 다른 예술 영역들과의 연계는 다른 예술의 표현 수단과의 결합을 통해 음악적 정서를 표현하고 다양하게 소통하는 방법을 배우도록 함으로써 학생의 문화적 소양을 높일 수 있도록 해줍니다. 특히 음악과 다른 예술을 결합하는 과정에서 음악만이 가지고 있는 고유한 특성을 발견하고 음악에 대한 이해를 심화시킬 수 있습니다. 둘째, 음악과 다른 교과의 연계를 통하여 음악이 가지고 있는 인문·사회·자연과학적인 특성들을 발견함으로써 음악에 대한 시각을 확장시키고, 관련 과목에 대한 학습 효과를 증대시킬 수 있습니다.

📋 음악 요소와 개념 체계표

・여러 가지 박자 ・장단, 장단의 세 ・여러 가지 박자의 리듬꼴 ・여러 가지 장단의 장단꼴 ・말붙임새	・여러 가지 음계 ・여러 지역의 토리 ・여러 가지 시김새	・여러 가지 화음 ・다양한 소리의 어울림, 종지
・형식(가곡 형식, 엮음 형식, 푸가, 소나타 형식 등)	・셈여림의 변화 ・빠르기의 변화/한배의 변화	・여러 가지 음색

표현영역 에서는 음악의 구성 요소 및 원리에 대한 이해와 노래, 악기 연주, 신체표현, 음악 만들기 등의 다양한 활동을 통해 음악성과 창의성을 기릅니다.

감상영역 에서는 음악 요소와 개념을 알고, 다양한 음악의 종류 및 역사·문화적 배경을 파악하여 음악에 대한 이해와 안목을 넓힙니다.

생활화영역 에서는 학생들이 다양한 음악 행사에 참여하고 음악 관련 직업을 탐색하여 음악의 활용 가치를 이해하고, 음악과 관련된 직업에 대해 도전 정신을 갖도록 합니다. 또한 국악을 계승하고 발전시킴으로써 국악의 소중함을 알고 그 가치를 인식하도록 합니다.

 ## 영역별 성취기준

영역	성취기준
표현	[12음01-01] 악곡의 특징을 이해하며 개성 있게 노래 부르거나 악기로 연주한다. [12음01-02] 악곡의 종류에 어울리는 신체표현을 한다. [12음01-03] 음악의 구성을 이해하여 음악 작품을 만든다. [12음01-04] 다양한 예술에 어울리는 음악 작품을 만든다. [12음01-05] 바른 자세와 호흡 및 정확한 발음으로 노래 부르거나 악기에 따른 연주법을 익혀 표현한다.
감상	[12음02-01] 고등학교 수준의 음악 요소와 개념을 구별하여 표현한다. [12음02-02] 다양한 종류의 음악을 듣고 음악의 특징을 비교하여 설명한다. [12음02-03] 다양한 시대의 음악을 듣고 역사·문화적 배경과 관련지어 음악의 특징을 비교하여 설명한다.
생활화	[12음03-01] 음악과 관련된 다양한 행사에 참여하고 행사에 대해 평한다. [12음03-02] 음악과 관련된 직업에 대해 조사하여 발표한다. [12음03-03] 국악을 계승하고 발전시킬 수 있는 방안에 대해 발표한다.

2 음악 연주

음악 연주는 성악과 기악의 다양한 연주 형태를 이해하고, 연주 활동을 통하여 조화로운 소리를 경험함으로써 창의적 표현과 음악적 소통 역량을 기르는 과목입니다. 음악 연주 기능을 익혀 음악적인 자기표현능력을 향상시키고, 음악 연주를 통해 상호소통하는 즐거움을 느끼며, 타인의 연주에 대해 존중하는 태도를 기르는 것을 목표로 합니다.

 교육목표

가 악곡의 특성에 따른 연주 기능을 익혀 표현한다.

나 악곡의 특징을 이해하고 창의적으로 표현한다.

다 혼자 또는 여럿이 연주하고 평가하면서 음악을 즐기는 태도를 기른다.

내용체계

영역	핵심 개념	일반화된 지식	내용 요소	기능
연주	자세와 주법	연주 능력 배양에서 자세와 주법은 가장 기본적인 요소이다.	발성, 호흡, 주법, 태도	연주하기, 표현하기
	악곡의 특성	악곡은 그것을 이루고 있는 요소와 연주 형태에 따라 그 특성이 다르게 나타난다.	악곡의 요소와 개념	
			다양한 연주 형태	
비평	발표	다른 사람 앞에서 연주할 때에는 발표 예절을 지킨다.	발표 예절	관람하기, 분석하기, 비평하기
	평가	다른 사람이나 자신의 연주에 대한 평가를 통해 연주 능력을 향상시킨다.	관람 태도	

학생들은 소리의 세계와 감정의 조화를 경험함으로써 협동심과 예술적 감수성, 심미안을 기릅니다. 학생들은 이 과목을 통하여 음악 연주의 다양한 특성을 폭넓게 이해하고, 악기 소리 및 성부간의 조화와 균형에 유의하여 창의적으로 표현합니다. 또한 타인과의 상호소통과 조화를 통하여 음악의 미적 가치와 즐거움에 대한 탐구 자세를 공유하는 태도를 기릅니다.

영역별 성취기준

영역	성취기준
연주	[12음연01-01] 바른 발성, 호흡, 주법, 태도로 연주한다. [12음연01-02] 악곡의 요소와 개념을 이해하여 창의적으로 표현한다. [12음연01-03] 다양한 연주 형태의 특성을 이해하고 표현한다.
비평	[12음연02-01] 발표 예절에 대해 이해하고 발표 예절을 지켜 연주한다. [12음연02-02] 바람직한 태도로 다른 사람의 연주를 관람한다. [12음연02-03] 자신 및 다른 사람의 연주를 듣고 연주자의 표현능력 및 태도에 대해 분석하고 비평한다.

3 음악 감상과 비평

음악 감상과 비평은 다양한 음악을 감상하고, 음악이 지니는 가치를 해석하고 평가함으로써 음악적 감수성과 음악에 대한 안목을 기르는 과목입니다. 다양한 음악의 특징과 가치들을 개방적 태도로 수용하고 비판적으로 사고함으로써 음악적 감수성을 기르고, 음악에 대한 생각과 느낌을 자신의 언어로 표현하며, 타인의 표현을 이해하고 공감하는 소통능력을 기르는 것을 목표로 합니다.

교육목표

가 다양한 음악 감상을 통하여 음악미를 체험하고 음악적 정서를 함양한다.

나 다양한 시대, 지역 및 종류의 음악을 역사적·문화적 맥락 속에서 이해하고 감상한다.

다 음악 현상에 대한 다양한 가치를 이해하여 음악에 대한 비평적 안목을 기른다.

라 다양한 음악 문화를 존중하고 수용하는 태도를 갖는다.

내용체계

영역	핵심 개념	일반화된 지식	내용 요소	기능
감상	음악의 특징	음악은 사회적·문화적·역사적 배경에 따라 다양한 모습으로 나타난다.	음악의 시대별 특징	이해하기, 토론하기, 비교하기, 구별하기, 설명하기, 평가하기, 표현하기, 소통하기
			음악의 문화적 배경	
	음악적 감수성	음악은 작곡가나 연주자의 음악적 의도가 표현된 것이다. 음악 감상은 음악이 지닌 음악적 의도와 특징을 발견하고 음악미를 체험하는 것이다.	음악적 표현	
			음악적 의도와 특징	
비평	음악적 안목	음악 비평은 음악의 가치를 이해하고 자신의 관점에서 평가하는 과정이다.	음악의 가치 인식	
	비평의 태도	음악 비평은 다양한 문화를 존중하고 수용하는 태도를 바탕으로 한다.	비평의 의의	

다양한 음악을 감상함으로써 음악미를 향유하고, 음악에 대한 안목을 갖추어 음악 작품과 연주가 지니는 가치를 기준에 의해 해석하고 평가하는 능력을 기릅니다. 또한 음악 감상을 바탕으로 음악적 감수성을 높이고 비평 활동을 통해 음악의 본질과 미적 가치를 이해함으로써 음악적 소통 역량을 향상시키며 비판적 사고를 통한 창의·융합 사고와 음악적 감수성을 기릅니다.

영역	성취기준
감상	[12감비01-01] 여러 시대의 음악을 듣고 시대별 음악의 특징에 대해 설명한다. [12감비01-02] 다양한 문화적 배경을 지닌 음악을 비교하여 듣고 토론한다. [12감비01-03] 음악을 듣고 작곡가나 연주자의 음악적 표현 특성에 대해 설명한다. [12감비01-04] 음악 작품이 지닌 음악적 의도와 특징을 이해하여 설명한다.
비평	[12감비02-01] 음악과 관련한 다양한 가치를 비판적 사고를 바탕으로 해석하고 평가한다. [12감비02-02] 다양한 음악에 대한 비평의 의의를 조사하여 발표한다.

미술 교과

미술과 교육과정(제2015-74호)

1 미술

미술은 느낌과 생각을 시각적으로 표현하여 다른 사람과 소통하고 자신과 세계를 이해하는 인간 활동으로서 삶의 질 향상에 중요한 역할을 합니다. 또한 미술은 그 시대의 문화를 기록하고 반영하기 때문에 우리는 미술 문화를 통해서 과거와 현재를 이해하고 나아가 문화의 창조와 발전에 공헌할 수 있습니다.

고등학교에서는 중학교에서 익힌 미술의 효과적 활용능력을 바탕으로 주제와 매체를 확장하여 창의적으로 표현하는 능력과 미술의 다원적 가치를 이해하고 판단하는 능력을 기르며, 미술 활동을 통해 자기를 계발하고 미술 문화를 폭넓게 향유하며 발전시키는 것에 중점을 둡니다.

다양한 미술 활동을 통하여 대상을 감각적으로 인식하고, 느낌과 생각을 창의적으로 표현하며 미술 작품의 가치를 판단함으로써 삶 속에서 미술 문화를 향유할 수 있는 능력을 기르는 것을 목표로 합니다.

교육목표

가 주변 세계를 미적으로 인식하고 시각적으로 소통하는 능력을 기른다.

나 자기주도적인 미술 활동을 통해 창의·융합적으로 사고하고 표현할 수 있는 능력을 기른다.

다 미술 작품이 지닌 특징을 이해하고 비평할 수 있는 능력을 기른다.

라 미술을 생활화하며 문화의 다원적 가치를 존중하는 태도를 기른다.

내용체계

영역	핵심 개념	일반화된 지식	내용 요소	기능
체험	지각	감각을 통한 인식은 자신과 환경, 세계와의 관계를 깨닫는 바탕이 된다.	자신과 세계	인식하기, 모색하기, 참여하기, 연계하기
	소통	이미지는 느낌과 생각을 전달하고 상호작용하는 도구로서 시각 문화를 형성한다.	시각 문화의 가치와 역할	
	연결	미술은 타 학습 영역, 다양한 분야 등과 연계되어 있고, 삶의 문제 해결에 활용된다.	미술을 통한 사회 참여	
			직업 세계와 미술	
표현	발상	작품 제작은 주제나 아이디어에 적합한 조형 요소와 원리, 표현 재료와 용구, 방법, 매체 등을 계획하고 표현하며 성찰하는 과정으로 이루어진다.	주제의 확장	탐색하기, 표현하기, 활용하기, 확장하기, 성찰하기
	제작	미술 작품은 시대와 지역의 배경을 반영하고 있어 미술 작품에 대한 이해는 시대적 변천, 맥락 등을 바탕으로 작품의 특징을 파악하는 활동으로 이루어진다.	조형 요소와 원리의 응용	
			표현 매체의 융합	
			성찰과 보완	
감상	이해	미술 작품은 시대와 지역의 배경을 반영하고 있어 미술 작품에 대한 이해는 시대적 변천, 맥락 등을 바탕으로 작품의 특징을 파악하는 활동으로 이루어진다.	미술 문화의 교류	이해하기, 설명하기, 활용하기, 판단하기
	비평	미술 작품의 가치 판단은 다양한 관점과 방법을 활용한 비평 활동을 통해 이루어진다.	작품 비평	

체험영역 에서는 자신과 세계를 인식하고 시각 문화의 가치를 존중하면서 다양한 문제를 창의적으로 해결할 수 있는 능력, 자신의 진로와 미술을 연계하여 주도적으로 이끌어갈 수 있는 능력을 기릅니다. 이를 위해 자신과 세계, 시각 문화의 가치와 역할을 인식하고, 사회의 현상과 문제를 미술과 관련지어 해결하는 방안을 찾으며, 자신의 진로와 미술을 연계하는 데 중점을 둡니다.

표현영역 에서는 창의적으로 표현하거나 연계·융합할 수 있는 능력과 자신의 미술 활동을 성찰하고 발전시키는 자기주도적 미술 학습능력을 기릅니다. 이를 위해 다양한 발상 방법으로 새로운 주제를 탐색하고 조형 요소와 원리, 표현 매체를 다양하게 응용하여 표현하며, 표현 과정과 결과를 종합적으로 점검함으로써 작품을 보완하는 데 중점을 둡니다.

감상영역 에서는 세계 미술 문화의 이해를 통해 상호 관련성을 파악하고 다원적 가치를 존중하며, 미술 작품의 가치를 판단하는 능력을 기릅니다. 이를 위해 맥락에 따른 미술 문화의 다양성과 시대와 지역에 따른 문화 교류를 이해하며, 비평 관점을 바탕으로 미술 작품의 가치를 판단하고 자료와 정보를 활용하여 논리적으로 서술하는 것에 중점을 둡니다.

영역	성취기준
체험	[12미01-01] 자신의 내면세계를 인식하고 외부 세계와 조화를 이룰 수 있는 방안을 모색할 수 있다. [12미01-02] 생활양식과 사고방식에 영향을 주는 시각 문화의 가치와 역할을 이해하고 토론할 수 있다. [12미01-03] 현대의 사회현상과 문제를 이해하고 미술을 통한 참여 방안을 모색할 수 있다. [12미01-04] 다양한 직업에서 미술의 활용 사례를 찾아 자신의 진로와 연계할 수 있다.
표현	[12미02-01] 다양한 발상 방법을 활용하여 새로운 주제를 탐색할 수 있다. [12미02-02] 조형 요소와 원리를 다양하게 응용하여 창의적으로 표현할 수 있다. [12미02-03] 여러 가지 표현 매체의 조합이나 응용·확장을 통해 새로운 표현 효과를 탐색할 수 있다. [12미02-04] 주제와 표현 의도, 재료와 표현방법, 매체, 표현 과정, 결과 등을 종합적으로 검토할 수 있다. [12미02-05] 작품에 대한 성찰을 바탕으로 작품을 수정하거나 다음 작품 계획에 반영할 수 있다.
감상	[12미03-01] 역사, 정치, 경제, 사회·문화적 맥락에 따른 미술 문화의 다양성을 이해할 수 있다. [12미03-02] 시대와 지역에 따른 미술의 교류와 상호 관련성을 설명할 수 있다. [12미03-03] 미술 작품 비평의 다양한 관점을 알고 이를 활용하여 작품의 가치를 판단할 수 있다. [12미03-04] 미술 작품에 대한 자신의 견해를 관련 자료와 정보 등을 활용하여 논리적으로 서술할 수 있다.

2 미술 창작

미술 창작 과목은 중학교까지의 미술과 교육과정을 통한 미술의 종합적인 이해를 토대로 창작 활동을 깊이 있게 배우고자 하는 학생, 미술 분야와 관련된 진로에 관심이 있는 학생, 혹은 미술을 전공하고자 하는 학생을 대상으로 합니다. 따라서 중학교 '미술' 교과에서 심화, 확장된 다양한 창작 활동을 통하여 미술을 이해하고, 창조적이고 문화적인 삶을 살아갈 수 있는 능력과 태도를 기르는 데 목적이 있습니다.

미술 창작 과목에서는 미적 감수성, 시각적 소통능력, 창의·융합 능력, 자기주도적 미술 학습능력을 과목의 역량으로 삼고 있습니다. 첫째, '미적 감수성'은 다양한 대상 및 현상에 대한 지각을 통해 자신의 느낌과 생각을 이해하고 표현하며 미적 경험에 반응하면서 미적 가치를 느끼고 내면화할 수 있는 능력입니다. 둘째, '시각적 소통능력'은 변화하는 시각 문화 속에서 이미지와 정보, 시각 매체를 이해하고 비판적으로 해석하며, 이를 활용한 미술 활동을 통해 소통할 수 있는 능력입니다. 셋째, '창의·융합 능력'은 자신의 느낌과 생각을 다양한 매체를 활용하여 창의적으로 표현하고, 미술 활동 과정에 타 분야의 지식, 기술, 경험 등을 연계, 융합하여 새로운 가능성을 발견할 수 있는 능력입니다. 넷째, '자기주도적 미술 학습능력'은 미술 활동에 자발적이고 주도적으로 참여하면서 자기를 계발·성찰하며, 그 과정에서 타인의 생각과 느낌을 이해하고 존중·배려하며 협력할 수 있는 능력이다.

'미술 창작' 과목의 내용은 '표현 계획'과 '표현과 확장' 영역으로 구성됩니다. '표현 계획'에서는 주제를 발전시킬 수 있는 다양한 자료와 방법을 탐색하며 아이디어를 시각화하고, 구체적인 표현 과정을 계획하도록 합니다. '표현과 확장'에서는 조형 요소와 원리, 표현 매체 등을 확장하여 주제를 창의적으로 표현하고, 작품 발표를 통해 타인과 소통하며 자신의 작품 과정을 점검하고 결과에 대해 성찰하도록 합니다.

🏆 교육목표

가 자신과 세계에 대한 미적 감수성을 바탕으로 주제를 시각화하는 능력을 기른다.

나 미술 창작 과정을 자기주도적으로 계획하고 수행하는 능력을 기른다.

다 타 분야와의 융합을 통하여 창의적으로 문제를 해결하고 표현하는 능력을 기른다.

라 미술 작품을 통해서 타인과 소통하고 서로의 표현을 존중하는 태도를 기른다.

📋 내용체계

영역	핵심 개념	일반화된 지식	내용 요소	기능
표현 계획	발상	주변의 대상, 개인의 경험, 사회현상 등을 탐색하여 주제를 설정하고, 다양한 정보와 자료를 수집하여 주제를 구체화한다.	표현 주제	탐색하기, 구체화하기, 시각화하기, 선택하기, 계획하기
			정보 수집	
	설계	다양한 방법을 활용하여 주제와 관련된 아이디어를 시각화하고, 주제에 적합한 제작 과정을 계획한다.	아이디어 시각화	
			제작 과정 조직	
표현과 확장	제작	조형 요소와 원리, 다양한 표현 기법을 활용하여 주제를 효과적으로 표현하며, 평면, 입체, 영상 등의 표현 매체를 실험하거나 융합하여 창의적으로 표현한다.	표현 효과	표현하기, 융합하기, 점검하기, 반영하기, 전시하기, 평가하기
			매체 활용	
	성찰	완성된 작품을 평가하여 다음 표현에 반영하며, 다양한 형식의 작품 발표를 통해 타인과 소통하면서 작품을 발전시킨다.	작품 분석과 반영	
			전시와 평가	

표현 계획 영역 은 다양한 주제 탐색을 통해 주제발상능력을 기르고 아이디어를 시각화하여 자신의 의도를 전달할 수 있는 소통능력을 기릅니다. 이를 위해 주변 대상과 자신의 경험, 사회적 현상 등을 주제로 탐구하고, 아이디어를 다양한 방법으로 시각화하여 의도에 적합한 제작 과정을 체계적으로 설계하는 데 중점을 둡니다.

표현과 확장 영역 은 미술과 다양한 분야의 지식, 기술, 경험 등을 연계하고 활용하여 문제를 해결하는 창의·융합 능력과 자신의 작품에 대하여 반성적으로 사고하고 개선하는 자기주도적 미술 학습능력을 기릅니다. 이를 위해 조형 요소와 원리를 효과적으로 활용하고, 표현 매체를 다양한 영역과 융합하여 확장함으로써 창의적으로 표현하는 데 중점을 둡니다. 또한 완성된 작품을 분석하여 개선하고, 발표를 통해 타인과 소통하면서 자신의 작품 과정과 결과를 점검하는 데 중점을 둡니다.

영역	성취기준
표현 계획	[12미창01-01] 주변의 대상과 환경을 관찰하고 특징을 파악하여 표현 주제로 발전시킬 수 있다.
	[12미창01-02] 자신의 내면, 사회적 현상에 대한 느낌과 생각을 표현 주제로 구체화할 수 있다.
	[12미창01-03] 표현 주제에 적절한 소재를 탐색하고 선택할 수 있다.
	[12미창01-04] 정보 수집의 다양한 방법을 탐색하고 활용할 수 있다.
	[12미창01-05] 아이디어를 스케치, 모델링 등으로 시각화할 수 있다.
	[12미창01-06] 제작 의도에 적합한 표현 매체, 요소, 방법 등을 탐색하고 선택할 수 있다.
	[12미창01-07] 제작 단계와 순서를 체계적으로 계획할 수 있다.
표현과 확장	[12미창02-01] 조형 요소와 원리를 효과적으로 활용하여 주제를 창의적으로 표현할 수 있다.
	[12미창02-02] 표현 기법의 특징을 알고 능숙하게 적용할 수 있다.
	[12미창02-03] 회화, 조소, 디자인, 공예, 영상 등 장르별 표현 매체를 연계하여 새로운 방법으로 실험할 수 있다.
	[12미창02-04] 타 학문과 타 영역과의 융합을 통해 확장되는 표현 매체의 특징을 알고 활용할 수 있다.
	[12미창02-05] 작품의 제작 의도를 파악하고 표현 매체 활용의 특징과 효과, 조형 방식의 차이 등을 분석할 수 있다.
	[12미창02-06] 작품 분석 결과를 반영하여 작품을 수정·보완하거나 새로운 작품을 제작할 수 있다.
	[12미창02-07] 작품 전시회를 기획하고 참여할 수 있다.
	[12미창02-08] 포트폴리오를 제작하여 과정과 결과를 점검할 수 있다.

3 미술 감상과 비평

미술 감상과 비평 과목은 중학교까지의 미술과 교육과정을 통한 미술의 종합적인 이해를 토대로 미술의 역사와 비평에 관심이 있거나 인문학적인 소양을 기르고자 하는 학생을 대상으로 합니다. 따라서 다양한 미술 작품과 작가, 미술사적 사건 등을 탐구하는 가운데 비평적 관점에서 미적 대상에 대한 이해를 확장, 심화함으로써 문화적 감수성과 소양을 기르는 데 목적이 있습니다.

'미술 감상과 비평' 과목에서는 미적 감수성, 시각적 소통능력, 미술 문화 이해 능력, 자기주도적 미술 학습능력을 과목의 역량으로 삼고 있습니다. 첫째, '미적 감수성'은 다양한 대상 및 현상에 대한 지각을 통해 자신의 느낌과 생각을 이해하고 표현하며, 미적 경험에 반응하면서 미적 가치를 느끼고 내면화할 수 있는 능력입니다. 둘째, '시각적 소통능력'은 변화하는 시각 문화 속에서 이미지와 정보, 시각 매체를 이해하고 비판적으로 해석하며, 이를 활용한 미술 활동을 통해 소통할 수 있는 능력입니다. 셋째, '미술 문화 이해 능력'은 우리 미술 문화에 대한 이해를 바탕으로 정체성을 확립하고, 유연하고 개방적인 태도로 세계 미술 문화의 다원적 가치를 이해하고 존중하며 공동체의 발전에 참여할 수 있는 능력입니다.

넷째, '자기주도적 미술 학습능력'은 미술 활동에 자발적이고 주도적으로 참여하면서 자기를 계발·성찰하며, 그 과정에서 타인의 생각과 느낌을 이해하고 존중·배려하며 협력할 수 있는 능력입니다.

'미술 감상과 비평' 과목의 내용은 '미술의 역사'와 '미술의 비평' 영역으로 구성됩니다. '미술의 역사'에서는 미술 작품과 작가에 대한 탐구를 통하여 미술과 삶, 미술과 사회를 연결 지어 사고하고 분석합니다. 또한 다양한 문화권 미술의 특징과 변천을 사회·문화적 맥락에서 이해하고 의미를 해석합니다. '미술의 비평'에서는 다양한 방법으로 미적 대상에 대한 반응을 명료화하고 자신의 관점에서 작품의 가치를 평가하도록 합니다. 또한 미술 작품에 대한 자신의 비평을 논리적으로 표현하도록 합니다.

가 다양한 문화권의 미술을 사회·문화적 맥락에서 이해하는 능력을 기른다.

나 미술 작품의 특징을 분석하고 자신의 반응을 명료화하는 능력을 기른다.

다 미술 작품의 가치를 비판적으로 판단하고 소통하는 능력을 기른다.

라 미술 감상과 비평 활동에 주도적으로 참여하며 타인의 느낌과 생각을 이해하고 존중하는 태도를 기른다.

📄 내용체계

영역	핵심 개념	일반화된 지식	내용 요소	기능
미술의 역사	탐구	미술 작품과 작가에 대한 다양한 정보를 수집·분석하고, 그 특징과 의미를 탐구한다.	작품 탐구	정보수집하기, 추론하기, 분석하기, 설명하기, 관련짓기, 해석하기
			작가 탐구	
	이해	다양한 문화권 미술의 특징과 변천 과정을 이해하고, 사회·문화적 맥락에서 미술 작품의 의미를 해석한다.	미술의 변천	
			미술의 사회·문화적 맥락	
미술의 비평	반응	다양한 방법으로 미적 대상에 대한 자신의 반응을 형성하고 분석하여 명료화한다.	반응 형성	탐색하기, 묘사하기, 명료화하기, 적용하기, 논술하기, 소통하기
			반응 분석	
	판단	비평 방법을 활용하여 자신의 관점에 따라 미적 대상의 가치를 평가하고 논리적으로 표현한다.	비평 방법과 관점	
			비평 활동	

미술의 역사 영역 은 미술 작품과 작가에 관한 다양한 정보를 수집하고 분석, 추론해가는 과정을 통하여 자기 주도적 미술 학습능력을 기르고, 다양한 문화권의 미술이 변화하고 발전하는 과정에 대한 학습을 통하여 미술 문화 이해 능력을 기릅니다. 이를 위해 미술 작품과 작가를 시대적, 사회·문화적 맥락 속에서 주도적으로 탐구하면서 미술이 가지는 의미와 가치를 발견하고 이해하도록 하는 데 중점을 둡니다.

미술의 비평 영역 은 미적 대상에 반응하고 분석하는 비평적 사고를 내면화하여 미적 감수성을 기르고, 미적 대상에 대한 해석과 판단을 통해 시각적 소통능력을 기릅니다. 이를 위해 미술 작품에 대한 주관적인 반응을 형성하여 명료화하고 미술 작품의 가치를 판단하여 소통하며, 창의적 방식으로 확장하는 경험을 제공하는 데 중점을 둡니다.

영역	성취기준
미술의 역사	[12미감01-01] 미술 작품의 조형적 특징을 분석하여 설명할 수 있다. [12미감01-02] 미술 작품에 관한 다양한 자료와 정보를 수집하여 의미를 추론할 수 있다. [12미감01-03] 작가의 표현 양식과 개인적 경험, 성장 배경 등의 관계를 탐색할 수 있다. [12미감01-04] 작가의 작품 세계에 영향을 미친 미술 사조를 탐구할 수 있다. [12미감01-05] 다양한 문화권 미술의 지역적, 조형적 특징을 설명할 수 있다. [12미감01-06] 미술의 변천 과정을 알고 시대별 특징을 구별할 수 있다. [12미감01-07] 미술 작품의 내용과 형식을 역사, 정치, 경제, 사회적 배경과 관련지어 설명할 수 있다. [12미감01-08] 미술 작품이 지닌 사회·문화적 의의를 해석할 수 있다.
미술의 비평	[12미감02-01] 생활 주변, 미술관, 박물관, 작가 작업실 등 다양한 공간에서 미적 대상을 탐색할 수 있다. [12미감02-02] 미적 대상에 대한 자신의 직관적, 정서적, 감정적 반응을 묘사할 수 있다. [12미감02-03] 자신의 반응을 미적 대상의 특징, 지식, 정보 등과 연결하여 설명할 수 있다. [12미감02-04] 미적 대상에 대한 서로의 느낌과 생각을 비교하고 자신의 반응을 명료화할 수 있다. [12미감02-05] 미술 작품의 의미를 해석하기 위한 다양한 비평 방법과 관점을 이해하고 적용할 수 있다. [12미감02-06] 미술 작품에 대하여 근거를 들어 비평하고 미술 용어를 활용하여 논술할 수 있다. [12미감02-07] 창의적인 방식으로 자신의 비평을 확장하고 소통할 수 있다.

체육 교과

체육과 교육과정(제2015-74호)

1 체육

중학교에서 학습한 내용을 바탕으로 운동, 스포츠 등에 대한 보다 심화된 신체활동 지식을 습득하고, 체육에 대한 긍정적 안목과 평생체육으로의 실천 능력을 함양하는 과목입니다.

고등학교 체육 과목은 체육 활동의 생활화를 통한 전인교육을 목표로 합니다. 즉, 체육 과목에서는 고등학생들이 신체활동을 바탕으로 하여 건강을 유지·증진하고 운동 기능 및 체력을 기르도록 합니다. 또한, 체육의 이론적 지식과 태도를 습득함으로써 체육과에서 추구하는 핵심 역량을 함양하고 지·덕·체가 통합된 전인교육을 받을 수 있도록 합니다.

영역	핵심 개념	일반화된 지식	내용 요소	기능
건강	건강관리	· 건강은 신체에 대한 이해를 바탕으로 건강한 생활습관과 건전한 태도를 지속적이고 체계적으로 관리함으로써 유지된다. · 체력은 건강의 기초이며, 자신에게 적절한 신체활동을 지속적으로 실천함으로써 유지, 증진된다. · 건강한 여가 활동은 긍정적인 자아 이미지를 형성하고 만족도 높은 삶을 설계하는 데 기여한다.	· 생애 주기별 건강관리 설계 · 자신의 체력 관리 설계 · 신체활동과 여가 생활 · 자기관리	평가하기, 계획하기, 관리하기, 실천하기
	체력증진			
	여가선용			
	자기관리			
도전	도전의미	· 인간은 신체활동을 매개로 자신이나 타인의 기량 및 기록, 환경적 제약을 극복하기 위해 도전한다. · 도전의 목표는 다양한 도전 상황에 대한 수행과 반성 과정을 통해 성취된다. · 도전정신은 지속적인 수련과 반성을 통해 길러진다.	· 도전 스포츠의 가치 · 도전 스포츠의 경기 수행 · 도전 스포츠의 경기 전략 · 자기 극복	시도하기, 분석하기, 수련하기, 극복하기
	목표설정			
	신체·정신 수련			
	도전정신			
경쟁	경쟁의미	· 인간은 다양한 유형의 게임 및 스포츠에 참여하여 경쟁 상황과 경쟁 구조를 경험한다. · 경쟁의 목표는 게임과 스포츠 상황에서 숙달된 기능과 상황에 적합한 전략의 활용을 통해 성취된다. · 대인관계능력은 공정한 경쟁과 협력적 상호작용을 통해 발달된다.	· 경쟁 스포츠의 가치 · 경쟁 스포츠의 경기 수 · 경쟁 스포츠의 경기 전략 · 경기 예절	분석하기, 협력하기, 의사소통하기, 경기수행하기
	상황판단			
	경쟁·협동 수행			
	대인관계			
표현	표현의미	· 인간은 신체표현으로 느낌이나 생각을 나타내며, 감성적으로 소통한다. · 신체표현은 움직임 요소에 바탕을 둔 모방이나 창작을 통해 이루어진다. · 심미적 안목은 상상력, 심미성, 공감을 바탕으로 하는 신체표현의 창작과 감상으로 발달된다.	· 신체 표현에서의 표현 · 문화와 신체 문화 · 신체표현 양식과 창작의 원리 · 신체표현 작품 창작과 감상 · 심미적 안목	탐구하기, 신체표현하기, 감상하기, 의사소통하기
	표현양식			
	표현창작			
	감상·비평			
안전	신체안전	· 인간은 위험과 사고가 없는 편안하고 온전한 삶을 살아가기 위해 안전을 추구한다. · 안전은 일상생활과 신체활동의 위험 및 사고를 예방하고 적절히 대처함으로써 확보된다. · 안전관리능력은 안전의식을 함양하고 위급 상황에 대처하는 연습을 통해 길러진다.	· 신체활동과 안전 사고 · 심폐소생술 · 안전의식	상황파악하기, 의사결정하기, 대처하기, 습관화하기
	안전관리			

영역	성취기준
건강	[12체육01-01] 건강한 삶을 영위하는 데 필요한 생애 주기별 건강관리(질병 예방, 영양 균형, 운동) 방법을 적용하여 건강관리 계획을 수립하고 실천한다. [12체육01-02] 체력 수준을 측정하고 분석하여 적합한 체력 관리 방법에 따라 자신에게 알맞은 운동을 실천함으로써 체력을 유지하고 증진시킨다. [12체육01-03] 현대 사회에서 여가 활동의 의미와 특성에 대한 이해를 바탕으로 신체활동 중심의 여가 생활 계획을 수립하고 실천한다. [12체육01-04] 일상생활에서 규칙적인 운동을 통해 스스로 자신을 관리함으로써 건강을 유지·증진시킨다.
도전	[12체육02-01] 자신이 설정한 도전 스포츠의 목표를 성취하기 위해 끊임없이 노력을 하며 도전 가치를 탐색한다. [12체육02-02] 도전 스포츠의 경기 수행에 필요한 기능과 방법을 탐색하여 경기 상황에 맞게 적용한다. [12체육02-03] 도전 스포츠의 목표를 성취하기 위한 여러 가지 경기 전략을 탐색하여 경기 상황에 맞게 적용한다. [12체육02-04] 자신의 신체적 또는 정신적 한계를 뛰어넘기 위해 도전 스포츠의 환경적 제약에 맞서 문제를 해결한다.
경쟁	[12체육03-01] 경쟁 스포츠에 참여하는 과정에서 여러 유형의 경쟁 스포츠에 대한 비교·분석을 통해 경쟁 스포츠의 가치를 탐색한다. [12체육03-02] 경쟁 스포츠의 경기 수행에 필요한 기능과 방법을 탐색하여 연습하고 경기 상황에 맞게 적용한다. [12체육03-03] 경쟁 스포츠의 여러 가지 경기 전략을 탐색하여 연습하고 경기 상황에 맞게 적용한다. [12체육03-04] 경쟁 스포츠에 참여하면서 스포츠맨십과 페어플레이, 존중 및 배려를 실천하고 반성한다.
표현	[12체육04-01] 신체표현 양식과 창작 원리에 따라 느낌이나 생각, 감성 소통을 움직임 표현에 적용하여 신체 문화를 이해하고 탐색한다. [12체육04-02] 창작 표현, 전통 표현, 현대 표현 등 여러 유형의 신체표현 문화를 바탕으로 신체 움직임과 표현 양식을 적용하여 움직임을 표현하거나 작품을 발표한다. [12체육04-03] 창작의 절차와 방법을 적용한 창작 표현의 작품 구성과 발표를 통해 자신의 생각과 느낌을 표현하면서 다른 사람의 발표를 분석하며 감상한다. [12체육04-04] 신체표현의 작품 구성이나 발표에서 작품 주제, 심미표현 등을 비교·분석하여 작품을 구성하거나 감상할 수 있는 예술적 안목을 적용한다.
안전	[12체육05-01] 신체활동 과정에서 발생할 수 있는 다양한 안전사고의 유형을 탐색하여 안전사고를 예방하며, 안전사고 상황을 판단하고 신속하게 대처한다. [12체육05-02] 돌연히 발생할 수 있는 심정지에 대비하기 위해 심폐소생술의 중요성과 원리를 이해하고 심폐소생술을 적용한다. [12체육05-03] 체육 활동의 안전사고 예방과 대처 방법을 이해하고 안전 관리를 실천한다.

2 운동과 건강

운동과 건강은 일상생활 속에서 계획적으로 신체활동을 수행하면서 신체적·정신적·사회적으로 건강한 삶을 영위하는 데 필요한 지식과 운동의 생활화를 위한 실천 능력을 함양하는 과목입니다.

운동과 건강 과목은 체육 과목의 건강 영역과 밀접한 과목으로 일상생활에서 운동에 참여하여 신체적·정신적·사회적 가치와 효과를 이해하고 긴강한 자아, 건전한 사회적 자질을 기르며 운동을 통한 건강 생활을 지속적으로 실천하는 인간상을 추구합니다.

이를 위해 운동과 건강 과목에서는 현대인의 건강을 위협하는 건강 문제의 발생 원인을 파악하고, 활동적인 '삶'과 연계된 다양한 운동의 지속적인 참여를 통해 건강 생활 유지를 위한 운동의 중요성을 이해하여 바른 생활습관을 형성합니다. 또한, 지속적이고 체계적인 자기건강관리를 실천하고, 운동 참여과정에서 발생할 수 있는 예기치 않은 손상의 위험으로부터 자신과 타인의 안전을 지키며 효과적으로 대처할 수 있는 능력을 기릅니다.

운동과 건강은 건강관리를 위해 운동을 안전하게 수행할 수 있는 능력과 자질의 함양을 목표로 합니다. 즉, 일상생활에서 운동의 중요성과 역할을 이해하고, 운동의 생활화를 통해 건강을 증진하고 관리할 수 있는 건강한 생활습관을 형성하는 데 중점을 둡니다.

내용체계

영역	핵심 개념	일반화된 지식	내용 요소	기능
운동과 건강의 관계	운동습관	· 건강은 자신의 신체 이해를 바탕으로 하여 건강한 생활습관을 형성하고 증진하는 활동을 통해 관리된다. · 규칙적인 운동 참여는 건강한 삶과 자기관리의 기초가 된다.	· 생활습관과 건강관리 · 건강과 운동 효과 · 운동과 자기관리	탐구하기, 관리하기, 판단하기, 생활화하기
	운동효과			
운동과 건강 관리	체격관리	· 바른 자세를 위한 운동의 생활화는 적절한 체격의 발달과 건강에 기여한다. · 체력은 적절한 신체활동을 꾸준히 실천함으로써 향상된다. · 운동은 정신적 긴장 완화, 스트레스 해소, 기분 전환, 정서적 만족감 증대에 도움을 준다.	· 운동과 자세 관리 · 운동과 비만 관리 · 운동과 체력 증진 · 운동과 정서 조절	탐구하기, 관리하기, 평가하기, 생활화하기
	체력관리			
	정신관리			
운동과 안전	운동손상	· 운동손상의 예방과 대처에 대한 이해와 실천 방법은 안전한 신체활동을 위해 기본적으로 준비되어야 하는 사항이다. · 안전한 운동 환경은 적극적이고 활기찬 운동 참여를 돕고, 운동 효과를 높인다.	· 운동손상의 유형과 성 · 운동손상의 예방과 대처 · 안전한 운동 환경	탐구하기, 예방하기, 대처하기, 관리하기
	운동안전			

운동과 건강의 관계 영역 에서는 건강과 건강관리의 개념 이해와 건강한 생활습관 형성을 통해 건강관리를 실천하며, 건강에 유익한 운동들의 특성과 효과를 비교함으로써 운동이 건강에 미치는 관계를 이해합니다. 즉, 건강 및 건강관리의 개념을 바탕으로 자신의 신체를 이해하고 건강한 생활습관을 형성하고자 하며 운동 참여를 통한 건강 증진 및 건강관리의 태도 형성에 목적을 두고 있습니다. 이를 달성하기 위해 생활습관과 건강관리, 건강과 운동 효과, 운동과 자기관리 등을 학습하며 규칙적인 운동에 참여함으로써 건강한 삶을 영위하는 자기관리능력을 기릅니다.

운동과 건강관리 영역 에서는 지속적인 운동 참여로 건강관리 실천을 적용함으로써 올바른 자세 유지 및 교정, 체중 관리를 통한 비만 예방 및 해소, 신체활동 참여를 통한 체력 유지 및 증진, 운동 참여를 통한 정서 조절 방법을 학습합니다. 즉, 일상생활에서의 규칙적이고 지속적인 운동 실천으로 자세 관리, 비만 관리, 체력 증진, 정서 조절 등 자기건강관리의 태도와 능력을 기르는 데 목적이 있습니다. 이를 달성하기 위해 운동과 자세 관리, 운동과 비만 관리, 운동과 체력 증진, 운동과 정서 조절 등을 학습하며, 규칙적인 운동 참여에서 오는 심리적 효과를 활용하여 정신 관리 능력을 기릅니다.

운동과 안전 영역 에서는 다양한 운동손상의 종류를 이해하고, 운동손상 예방과 대처 방법을 실천하며 안전한 환경에서 운동하는 습관을 갖도록 지도합니다. 운동과 안전의 학습을 통해서는 운동 참여 시 발생할 수 있는 운동손상의 예방 및 대처 방법을 익히도록 합니다. 또한 안전한 운동 환경의 조성을 실천할 수 있도록 운동에서의 안전 관리 태도를 기르는 데 목적이 있습니다. 이를 달성하기 위해 운동손상의 유형과 특성, 예방 및 대처 방법을 이해하고 안전한 운동 환경을 학습하며, 실제 운동 상황에서의 안전 관리를 생활화할 수 있는 자기관리능력을 기릅니다.

영역별 성취기준

영역	성취기준
운동과 건강의 관계	[12운건01-01] 생활습관과 건강관리에 대한 이해를 바탕으로 건강한 생활습관 형성에 필요한 건강관리 방법을 탐색한다. [12운건01-02] 건강 유지·증진에 도움이 되는 여러 유형의 운동 특성과 효과를 비교, 분석하여 건강과 운동의 관계를 파악한다. [12운건01-03] 심신의 건강 유지 및 증진을 위한 방안으로 일상생활에서 지속적으로 운동에 참여하여 건강을 관리한다.
운동과 건강 관리	[12운건02-01] 바르지 못한 자세로 생기는 각종 신체 질환에 대한 이해를 토대로 바른 자세 유지를 위한 자세 교정을 탐색하여 지속적으로 바른 자세를 관리한다. [12운건02-02] 운동 부족으로 인한 생활습관병과 대사량의 개념에 근거하여 비만의 예방 및 관리에 필요한 운동 계획을 수립하고, 지속적인 운동을 비만 관리에 적용한다. [12운건02-03] 건강한 삶을 위한 체력의 중요성에 대한 이해를 바탕으로 여러 체력 요소를 측정하여 평가하고, 체력 관리를 위해 스스로 운동 계획을 수립하여 적용한다. [12운건02-04] 운동의 정서적 효과에 대한 이해를 바탕으로 활력 있는 생활과 스트레스 관리에 도움이 되는 운동을 비교하고, 자신의 정서 조절에 적합한 운동을 선택하여 적용한다.
운동과 안전	[12운건03-01] 운동 과정에서 발생할 수 있는 다양한 운동손상의 유형과 특성을 탐색한다. [12운건03-02] 운동 과정에서 발생할 수 있는 운동손상을 예방하고, 운동손상이 발생했을 때 적절한 대처 요령 및 처치 방법을 적용한다. [12운건03-03] 기구, 시설, 환경 등 운동 안전사고 발생 위험 요인을 탐색하고 운동 환경 안전도의 평가를 통해 운동 안전 대책 및 방법을 마련하여 운동사고 예방 및 관리에 적용한다.

3 **스포츠 생활**

스포츠 생활은 생활 속에서 실천되는 스포츠의 역할과 가치를 이해하고 스포츠를 수행하는 데 필요한 지식과 기능을 습득하며, 자발적이고 지속적으로 스포츠에 참여할 수 있는 태도를 길러 스포츠 참여를 통해 활기찬 생활을 영위할 수 있는 능력을 함양하는 과목입니다. 체육 과목의 도전, 경쟁, 표현 영역과 밀접한 과목으로 평생체육으로서 스포츠의 다양한 가치를 이해하고 건강한 자아, 건전한 사회적 자질을 겸비하여 스포츠 참여를 생활화함으로써 체육 문화를 지속적으로 실천하고 향유하는 건강한 인간상을 추구합니다.

스포츠 생활은 도전, 경쟁, 표현 스포츠 활동에 참여하면서 스포츠 문화를 이해하고, 스포츠에 대한 긍정적 태도를 함양하며 스포츠 생활화를 목표로 합니다. 즉, 일상생활에서 스포츠 문화의 중요성과 역할을 이해하고, 스포츠 생활화를 통해 삶의 질을 제고하며 안전한 스포츠 참여 태도를 기르는 데 중점을 둡니다.

내용체계

영역	핵심 개념	일반화된 지식	내용 요소	기능
스포츠 가치	스포츠 의미	· 스포츠는 신체적 건강, 심리적 안녕, 사회적 발달에 도움을 주는 제도화된 신체활동이다. · 스포츠 문화는 사회적 기능, 제도화, 스포츠와 관련된 관행, 가치, 규범 등에 의해 형성된다. · 스포츠 참여 과정에서 스포츠맨십과 페어플레이 정신의 실천은 윤리적 태도 형성에 기여한다.	· 스포츠의 역할과 특성 · 스포츠와 사회 문화 · 스포츠와 경기 문화 · 스포츠 윤리	탐구하기, 분석하기, 판단하기, 실천하기
	스포츠 문화			
	스포츠 정신			
스포츠 수행	도전의지	· 스포츠 참여를 비롯하여 생활에서 자신이 설정한 목표 달성을 위해 노력하고 꾸준히 심신을 수련하도록 하는 데에 도전 의지가 필수적이다. · 스포츠 상황에서 경기 예절을 지키며 서로를 존중하고 배려하는 과정을 통해 대인관계가 긍정적으로 발달된다. · 일상생활에서의 스포츠 참여와 이를 통해 얻을 수 있는 신체적, 정서적인 효과는 삶의 활력소가 되고 건강하고 여유로운 삶을 갖도록 한다.	· 스포츠와 도전 · 스포츠와 경쟁 · 스포츠와 표현 · 스포츠와 여가 생활	실천하기, 소통하기, 계획하기, 생활화하기
	대인관계			
	여가선용			
스포츠 안전	스포츠 경기 안전	· 스포츠 경기에서의 규칙 준수는 자신과 타인의 약속이며, 안전하게 스포츠를 즐기기 위한 기본 요소이다. · 경기 관람 시 안전 수칙 및 지침 준수는 자신과 타인을 고려하여 모두에게 요구되는 기본적인 생활 예절이다. · 쾌적하고 안전한 스포츠 환경의 조성 및 관리는 즐겁고 안정된 스포츠 참여를 돕는다.	· 스포츠 안전사고의 유형과 특성 · 스포츠 안전사고의 예방과 대처 · 스포츠 환경과 안전	분석하기, 탐색하기, 대처하기, 관리하기
	스포츠 관람 안전			
	스포츠 안전 환경			

스포츠 가치 영역 에서는 스포츠의 의미, 경기 문화, 윤리 등과 관련된 스포츠의 문화현상을 이해하고, 스포츠 참여를 통해 스포츠의 관행, 규범, 제도 등 스포츠 문화를 체험하며 스포츠 윤리를 실천합니다. 이러한 과정을 통해 스포츠 정신을 기름으로써 스포츠 참여 과정에서 요구되는 스포츠맨십과 페어플레이 정신 등의 윤리 의식을 갖도록 하는 데 목적이 있습니다.

스포츠 수행 영역 에서는 도전 계획을 수립하여 스포츠 상황에서의 도전을 수행함으로써 심신을 수련하고 경쟁을 통해 스포츠 경기 예절의 준수와 상호 존중 및 배려를 실천합니다. 스포츠 표현 활동에 참여하여 심리적 감상 및 비평의 안목을 습득하고, 여가 시간에 스포츠를 생활화할 수 있는 기반을 형성합니다. 이러한 과정을 통해 도전 의지를 함양하고 긍정적인 대인관계를 형성하며 감상 및 비평의 안목을 기르는 한편, 여가 선용의 태도를 기르는 데 목적이 있습니다.

스포츠 안전 영역 에서는 스포츠에 내재된 안전의 개념과 안전 수칙 등을 이해하고, 스포츠 경기 및 관람에서 발생할 수 있는 스포츠 안전사고의 위험으로부터 안전을 확보하며 안전한 스포츠 환경을 조성할 수 있도록 지도합니다. 이러한 과정을 통해 스포츠 상황에서 발생할 수 있는 안전사고의 예방 및 대처 능력과 함께 스포츠와 관련된 안전의식을 기르는 데 목적이 있습니다.

영역별 성취기준

영역	성취기준
스포츠 가치	[12스생01-01] 현대 사회에서 제도화된 스포츠의 의미를 이해하고, 스포츠의 역할과 특성을 탐색한다. [12스생01-02] 스포츠가 문화에 미치는 영향과 문화가 스포츠에 미치는 영향을 비교·분석하여 문화로서의 스포츠를 이해한다. [12스생01-03] 스포츠의 관행, 규범, 제도 등 스포츠 경기와 관련된 문화를 분석하여 스포츠 경기에서 요구되는 경기 문화를 판단한다. [12스생01-04] 스포츠 참여 과정에서 스포츠맨십과 페어플레이 정신을 발휘하고 윤리적 태도를 함양한다.
스포츠 수행	[12스생02-01] 스포츠 활동에 대한 도전 계획을 수립하고, 스포츠 도전 상황에서 목적한 성취를 위해 인내하고 지속적으로 수련할 수 있는 실천의지를 함양한다. [12스생02-02] 스포츠 활동에 참여하면서 스포츠 경쟁의 의미를 이해하고, 스포츠를 통해 서로를 존중하고 배려하는 태도로 상호작용을 함으로써 긍정적 대인관계를 형성한다. [12스생02-03] 스포츠 표현의 동작과 원리를 바탕으로 스포츠 표현 작품을 발표하고 감상·비평을 실천한다. [12스생02-04] 스포츠 참여의 목적과 가치를 이해하고 여가 선용을 위한 스포츠 참여 계획을 수립하여 지속적으로 참여한다.
스포츠 안전	[12스생03-01] 스포츠 상황에서 발생할 수 있는 다양한 안전사고의 유형과 특성을 탐색한다. [12스생03-02] 스포츠 상황에서 발생할 수 있는 안전사고를 예방하고, 안전사고가 발생했을 때 적절한 대처 요령 및 처치 방법을 적용한다. [12스생03-03] 스포츠 안전에 영향을 미치는 기후, 시설, 장비 등의 환경적 요소를 조사하고 분석하여 스포츠 활동에 적용한다.

고등학교 체육 탐구는 체육이 내포한 인문 및 자연과학의 심화된 지식을 바탕으로 체육을 종합적으로 이해하고, 이를 운동이나 스포츠 수행 등의 신체활동과 진로 설계에 적용할 수 있는 능력을 함양하는 과목입니다.

고등학교 체육 탐구 과목은 운동이나 스포츠의 다양한 가치와 역할, 체육에 대한 심화된 지식을 이해하고, 체육 활동을 인문적·자연적 관점에서 종합적으로 학습함으로써 체육을 통해 건전한 사회 변화를 추구하고 지속적으로 실천하는 인간상을 추구합니다.

이를 위해 체육 탐구 과목에서는 활동적인 삶과 연계된 다양한 체육 활동을 중심으로 역사적·과학적·문화적 측면에서 체육을 감상하고 비평하는 등의 체육 탐구 실천 능력을 기르며, 체육과 관련된 진로와 직업의 세계를 탐구하면서 자신의 진로를 결정하는 능력을 기릅니다. 또한, 체육에서의 인간 움직임, 역사, 가치 그리고 과학적 원리를 탐색하고 적용함으로써 체육 전문가로서의 기초 소양을 함양합니다.

내용체계

영역	핵심 개념	일반화된 지식	내용 요소	기능
체육의 본질	체육의 의미	· 체육은 인간 움직임에 대한 이해를 바탕으로 체육 활동을 통해 삶의 가치를 향상시킨다. · 체육은 시대의 변천에 따라 점차 제도화되고 다양한 형식과 내용으로 변화·발전하고 있다. · 체육은 사회가 발전함에 따라 문화, 교육적 측면을 포함한 많은 분야에서 비중과 가치가 높아지고 있다.	· 체육의 의미와 가치 · 체육의 생성과 발전 · 현대 사회에서의 체육의 기능과 역할	비교하기, 분석하기, 탐구하기, 발표하기
	체육의 역사			
	체육의 가치			
체육과 과학	인문과학적 원리	· 체육 활동은 운동 및 스포츠의 생리학적·역학적·심리학적·사회학적 현상을 과학적으로 이해함으로써 통찰된다. · 체육 활동에서 스포츠의 과학적 원리에 대한 이해와 적용은 운동 및 스포츠 수행능력 향상에 기여한다.	· 체육의 사회학적 원리와 적용 · 체육의 심리학적 원리와 적용 · 체육의 생리학적 원리와 적용 · 체육의 역학적 원리와 적용	탐구하기, 비교하기, 분석하기, 적용하기
	자연과학적 원리			
체육과 진로	적성	· 체육 관련 흥미, 적성, 성격, 신체적 조건 등의 고려는 체육 관련 직업 선택 시 필수적이다. · 체육 직업의식은 일과 직업으로서 체육을 이해하고 체육 진로와 직업 정보를 탐구하며 경험함으로써 형성된다. · 체육에 대한 진로 의사결정능력은 체육 진로 계획을 수립하고 체계적으로 준비함으로써 개발된다.	· 체육 적성과 관련 역량 · 체육과 직업의 유형별 특성 · 체육 진로의 설계	탐구하기, 평가하기, 분석하기, 계획하기, 적용하기
	직업			
	진로설계			

체육의 본질 영역 에서는 인간움직임과 체육의 시대적 변천 과정을 이해하고 사회 발전에 따른 체육의 가치를 학습하는 데 중점을 둡니다. 이러한 과정을 통해 체육의 의미와 가치를 다양한 관점에서 인식하고 설명할 수 있는 능력을 기르는 데 목적이 있습니다. 이를 달성하기 위해 체육의 의미와 가치, 체육의 생성과 발전, 현대 사회에서의 체육의 기능과 역할 등을 학습하고 체육의 본질을 탐색함으로써 창의적 사고 능력을 체득합니다.

체육과 과학 영역 에서는 스포츠에서 활용되는 심리학적·사회학적·생리학적·역학적 원리와 방법을 이해하고, 체육 과학을 활용하여 여러 가지 스포츠 활동에서 나타나는 현상을 탐구하며 적용합니다. 이러한 과정을 통해 스포츠 현상을 과학적 원리와 관점에서 설명하고 적용하는 능력을 기르는 데 목적이 있습니다. 이를 달성하기 위해 체육의 사회학적 원리와 적용, 체육의 심리학적 원리와 적용, 체육의 생리학적 원리와 적용, 체육의 역학적 원리와 적용 등을 학습하고, 스포츠 참여 시 과학적 원리를 적용하여 최적의 스포츠 수행을 탐구하는 능력을 체득합니다.

체육과 진로 영역 에서는 체육 직업 역량을 탐구하여 체육 적성을 설명하고, 체육 직업의 유형별 특성을 분석하여 체육 진로 탐색을 이해합니다. 이러한 과정을 통해 체육 진로에 대한 자기관리 태도를 기르는 데 목적이 있습니다. 이를 위해 체육 진로를 준비할 수 있도록 체육 적성과 관련 역량, 체육과 직업의 유형별 특성, 체육 진로의 설계를 학습하고 자기관리능력을 기릅니다.

영역별 성취기준

영역	성취기준
체육의 본질	[12체탐01-01] 인간의 움직임과 신체활동에 담긴 체육의 의미, 개념과 가치를 분석하여 체육의 의미를 탐구한다. [12체탐01-02] 인류 역사와 체육의 생성과 발전 과정을 비교·분석하고, 인류 역사와의 관계에 대한 탐구를 통해 체육 발달의 역사를 설명한다. [12체탐01-03] 체육의 사회, 문화, 교육적 기능과 역할에 대한 분석을 통해 현대 사회에서 체육이 지니는 의미와 가치를 여러 관점에서 설명한다.
체육과 과학	[12체탐02-01] 스포츠 현상을 사회학적으로 이해하고, 다양한 스포츠 활동을 사회학적 원리에 따라 분석하고 적용한다. [12체탐02-02] 스포츠 활동을 심리학적으로 이해하고, 다양한 스포츠 활동을 심리학적 원리에 따라 분석하고 적용한다. [12체탐02-03] 스포츠 활동을 생리학적으로 이해하고, 다양한 스포츠 활동을 생리학적 원리에 따라 분석하고 적용한다. [12체탐02-04] 스포츠 활동을 역학적으로 이해하고, 다양한 스포츠 활동을 역학적 원리에 따라 분석하고 적용한다.
체육과 진로	[12체탐03-01] 체육 적성과 관련 역량을 이해하기 위해 체육 관련 흥미, 적성, 성격, 신체적 조건 등의 체육 직업 역량을 탐구하고 체육 적성에 대해 설명한다. [12체탐03-02] 체육과 관련된 직업을 유형별로 분류하여 유형별 특성을 분석하고, 체육 직업에 대한 자기 적성과의 관련성을 파악한다. [12체탐03-03] 다양한 체육 관련 진로와 직업의 선택을 위해 필요한 관련 분야의 진로 정보를 수집하여 분석하고 체육 진로를 탐색하는 데 적용한다. [12체탐03-04] 자신의 적성에 적합한 체육 관련 진로 계획을 수립하여 진로에서 요구되는 조건이나 자격을 갖출 수 있도록 체육 진로를 설계하고 준비한다.

연극

예술 계열 전문교과 교육과정(제2015-74호)

연극은 배우가 몸과 말로 표현한 이야기를 관객이 공유할 때 비로소 완성되는 소통의 예술이며, 각 분야별 참여자들이 함께 문제를 해결하는 협동의 예술이고 여러 예술 요소들이 모여 하나의 작품을 이루는 융·복합의 예술입니다. 또한, 연극은 그 시대 인간의 삶과 사회를 반영함으로써 과거와 현재를 이해하고 올바른 세계관을 확립하는 데 도움이 될 뿐 아니라 미래의 문화 창조와 발전에 공헌합니다.

연극 과목의 목표는 자신의 생각과 느낌을 창의적으로 표현하여 다른 사람들과 효과적으로 소통하고 연극 제작의 협업 과정을 통해 인간과 사회에 대한 깊은 이해와 통찰력을 갖추며 연극을 향유할 수 있는 전인적 인간을 육성하는 것입니다.

내용체계

영역	핵심 개념	일반화된 지식	내용 요소	기능
표현	놀이	놀이는 자신을 표현하고 타인과 교감하면서 의미 있는 소통을 만들어낸다.	연극놀이	협력하기, 상상하기, 표현하기, 구성하기, 관찰하기
	몸과 말	몸과 말은 생각과 느낌을 표현하는 연극의 중심적 표현 수단이다.	몸의 표현	
			말의 표현	
	이야기	인간은 상상력을 통해 허구적 상황을 창조해낼 수 있다.	즉흥 표현	
			장면 만들기	
체험	계획	연극은 주제에 맞는 이야기를 공연으로 표현하기 위해 필요한 각각의 역할을 분담하는 것으로 시작된다.	준비하기	탐구하기, 협의하기, 구현하기, 구성하기, 연습하기, 공연하기, 정리하기, 평가하기
			역할 나누기	
	협업	연극은 각각의 역할을 맡은 모든 참여자 간의 협의와 연습에 의해서 이루어진다.	연습하기	
	공연	공연은 관객과 소통함으로써 완성되며, 정리와 평가의 과정을 통해 향상된다.	스태프 작업	
감상	연극의 이해	공연은 관객과 소통함으로써 완성되며, 정리와 평가의 과정을 통해 향상된다.	공연하기	이해하기, 탐구하기, 비교하기, 평가하기, 발표하기
	감상 하기	연극은 허구와 현실이 공존하는 가운데 공연 현장에서 직접 소통하는 종합예술로서 내용과 양식에 따라 분류될 수 있다.	연극의 특성	
			연극의 분류	
	진로설계	감상은 다양한 관점으로 작품을 이해하고 의미를 해석하여 주관적인 평가를 하고 내면화하는 과정이다.	감상의 태도	
			감상활동	
생활	연극과 삶	연극은 인간의 삶 속에서 다양한 형태로 발견되며, 인문, 사회, 기술 및 다른 예술 분야와 융합하며 확장될 수 있다.	연극과 일상	이해하기, 탐구하기, 성찰하기, 조사하기, 발표하기, 비교하기, 분석하기
			연극과 진로	
			연극의 확장	

표현 영역 은 연극의 표현 수단이 되는 몸과 말을 자유롭고 창의적으로 활용하여 타인과 공감하며 소통하는 능력을 기르는 영역입니다. 놀이 형태의 연극 활동은 학습자들의 자발적 참여와 소통을 이끌어 즐거움과 친밀감이 형성되도록 한다. 또한 일상에서 자신의 표현 방식을 돌아보고 자기를 인식하면서 반성적으로 사고할 수 있게 합니다.

체험 영역 은 연극적 상상력을 바탕으로 창의적 구성 능력을 발휘하여 실제 연극을 만드는 방법을 학습함으로써 타인에 대한 배려심과 동료 의식, 협업능력, 문제해결능력을 기르는 영역입니다. 연극 만들기 계획에서 공연에 이르기까지 전 과정을 체험하는 것은 연극 예술을 이해하는 데 효과적입니다.

감상 영역 은 연극에 대한 이해를 바탕으로 연극 감상의 의의와 태도를 학습하고, 감상의 다양한 관점을 존중하며, 개인적·사회적 맥락에서 작품의 의미를 해석할 수 있는 능력을 기르는 영역입니다. 연극은 복제가 불가능하며 살아 있는 배우와 관객의 소통으로 완성되는 현장 예술로서 공연이 지속되는 시공간 안에서 예술 작품으로 존재합니다.

생활 영역 은 연극에 대한 이해를 바탕으로 연극 감상의 의의와 태도를 학습하고, 감상의 다양한 관점을 존중하며, 개인적·사회적 맥락에서 작품의 의미를 해석할 수 있는 능력을 기르는 영역입니다. 연극은 복제가 불가능하며 살아 있는 배우와 관객의 소통으로 완성되는 현장 예술로서 공연이 지속되는 시공간 안에서 예술 작품으로 존재합니다.

영역별 성취기준

영역	성취기준
표현	[12연극01-01] 다양한 연극놀이에 적극적으로 참여하여 타인과 교감한다.
	[12연극01-02] 일상적인 내 몸의 움직임을 확인하고 자신의 생각과 느낌을 표현하는 방법을 익힌다.
	[12연극01-03] 일상적으로 사용하는 나의 언어를 확인하고, 자신의 생각과 느낌을 표현하는 방법을 익힌다.
	[12연극01-04] 즉석에서 주어진 상황을 수용하고 바로 반응하여 표현한다.
	[12연극01-05] 주어진 주제에 맞게 장면을 구성하고 표현한다.
체험	[12연극02-01] 주제에 적합한 대본을 준비하고 연극 만들기 계획을 세운다.
	[12연극02-02] 연극 만들기 과정에 필요한 배우와 다양한 스태프 분야를 탐구하고 효율적으로 역할을 분담한다.
	[12연극02-03] 주제와 목적에 맞게 지속적으로 협의하며 연습한다.
	[12연극02-04] 주어진 조건 안에서 작품의 분위기와 인물의 성격을 효과적으로 드러내기 위해 창의적으로 디자인하고 구현한다.
	[12연극02-05] 공연에서 자신이 맡은 역할을 수행하고, 연극 만들기 과정을 평가한다.
감상	[12연극03-01] 배우, 관객, 무대, 희곡의 이해를 통해 연극의 특성을 탐구한다.
	[12연극03-02] 연극을 내용에 따라 분류하고, 다양한 연극 작품의 특성을 비교한다.
	[12연극03-03] 연극을 양식에 따라 분류하고, 다양한 연극 작품의 특성을 비교한다.
	[12연극03-04] 감상의 의의를 알고 연극을 즐기는 태도를 갖춘다.
	[12연극03-05] 연극을 보며 작품의 의미를 찾고 자신의 견해를 발표한다.
생활	[12연극04-01] 일상생활 속에서 다양한 연극적 요소를 찾아본다.
	[12연극04-02] 연극과 관련된 다양한 직업을 조사하고, 이를 자신의 진로 탐색에 활용한다.
	[12연극04-03] 다양한 직업에 연극적 요소가 활용되고 있음을 탐구하고, 이를 자신의 진로 설계에 적용한다.
	[12연극04-04] 연극이 인문, 사회, 기술 및 다른 예술 등과 통합하여 나타나게 된 다양한 공연 예술을 사례 중심으로 탐구한다.

예체능계열 추천 자료 안내

 예체능계열 대학별 전공 진로가이드

포스터

책자

디자인학

디자인학은 다양한 산업제품들을 기능적·예술적으로 디자인하기 위한 산업디자인, 시각언어로 메시지를 작성·전달하여 수용자의 태도나 행동에 영향을 미치는 시각디자인, 실내 환경을 조성하기 위한 실내디자인, 의상 및 의류를 디자인하는 패션디자인 등으로 구성되어 있습니다.

포스터

책자

응용예술학

응용예술은 예술의 아름다움을 추구하고 실생활과의 조화 및 실용적 가치를 중요시하는 영역으로 관련 분야로는 게임, 만화·애니메이션, 사진, 영상·예술, 음향 등이 있습니다. 다양한 분야의 예술들에 대하여 학습 및 실습하는 학문으로 새로운 분야에 대한 호기심과 흥미가 요구됩니다.

포스터

책자

체육학

체육학은 신체활동 또는 인간 움직임에 대한 근원과 과정을 과학적 방법을 통하여 연구하는 학문입니다. 전공 학문의 이론적인 습득과 동시에 우수한 실기능력을 갖춘 전문 체육인을 양성하여 체육 현장에 적용할 수 있는 체육 전문 인재 양성을 목표로 하고 있습니다.

포스터

책자

미술학

미술학은 인간의 미적 요구의 실현 및 미적 세계의 창조를 통해 삶의 질을 개선하고 생활공간을 예술화하는 것을 목표로 합니다. 미술 전반에 관한 새롭고 심오한 이론과 실기방법을 교육하여 지성과 창조능력을 갖춘 전문미술인, 미술교육인을 양성하는 것이 목적입니다.

포스터

책자

음악학

음악 전공은 음악대학(성악과, 기악과, 작곡과), 예술대학 음악과(성악전공, 관현악전공, 건반악기전공, 작곡전공), 종교음악과(성악전공, 관현악전공, 오르간전공) 등의 관련 학과가 있고 기초음악학문의 폭 넓은 교육을 통하여 뛰어난 전문연주자 및 음악학전문가를 양성하는 것이 목적입니다.

학교예술교육 및 체육특기자 사이트

학교예술교육 포털사이트

Q SEARCH artsedu.kofac.re.kr ▼

학교예술교육 관련 정보와 자료를 얻을 수 있는 전문적인 포털로, 학교예술교육 담당자 등 다양한 수요자들이 학교예술교육 관련 정보에 쉽게 접근 및 활용할 수 있습니다.

체육특기자 대입포털

Q SEARCH info.kusf.or.kr ▼

체육특기자를 선발하는 대학의 입시 정보를 종목/대학/전형별 유형에 따라 확인할 수 있는 서비스입니다. 대학 정보와 대입전형요강 및 정책 관련 뉴스를 확인할 수 있습니다.

학생부 바이블
예체능계열

PART.2

예체능계열 맞춤형 학생부 관리

CHAPTER

대학입시제도의 이해

학생부교과전형

학생부교과전형은 교과 성적을 중심으로 정량적으로 평가하는 전형입니다. 교과학습발달상황에서 석차 등급과 단위수를 중심으로 내신 성적을 반영합니다. 등급산출이 되지 않는 진로선택과목은 대학에 따라서 점수를 산출하는 방식, 성취도 A, B, C에 따라 점수를 부여하는 방식, 가산점을 부여하는 방식 등이 있습니다. 대학에 따라 수능 최저학력기준을 적용하여 학생을 선발합니다.

학생부교과전형 전형 방법 예시

분류	전형 방법
학생부 100	교과 성적 100 또는 교과 성적+비교과
단계별 전형	[1단계] 교과 성적, [2단계] 교과 성적+면접
일괄합산 전형	교과 성적+면접

학생부종합전형

1 학생부종합전형의 전형 방법

학생부종합전형은 서류 100, 단계별 전형, 일괄합산 전형 등으로 분류할 수 있습니다. 단계별 전형에서의 5배수는 1단계에서 모집인원의 5배를 선발한 후 2단계에서 학생을 선발하는 것을 의미합니다. 서류는 학교생활기록부와 자기소개서를 의미하고, 자기소개서는 2024학년도 대입부터 폐지됩니다. 대학에 따라 수능 최저학력기준을 적용하여 학생을 선발합니다.

분류	전형 방법
서류 100	학교생활기록부만으로 평가
단계별 전형	[1단계] 서류 100(5배수), [2단계] 1단계 점수 + 면접 [1단계] 서류 100(5배수), [2단계] 면접 100
일괄합산 전형	서류 + 면접

2 학생부종합전형의 평가요소

학생부종합전형은 전임입학사정관, 위촉입학사정관 등이 참여해 학교생활기록부를 중심으로 면접 등을 통해 학생을 정성적으로 종합평가하는 전형입니다.

⚙️ 학생부종합전형 평가요소 예시

분류	평가요소
학업역량	학업성취도, 학업태도, 탐구력
진로역량	전공(계열) 관련 교과 이수 노력, 전공(계열) 관련 교과 성취도, 진로 탐색 활동과 경험
공동체역량	협업과 소통능력, 나눔과 배려, 성실성과 규칙준수, 리더십

학생부종합전형은 학업역량, 진로역량, 공동체역량 등의 항목을 종합적으로 평가합니다. 전공 관련 교과 성취수준을 평가할 때는 과목별 석차등급과 성취도, 원점수, 평균, 표준편차, 이수단위, 수강자수, 성취도별 분포비율 등을 분석하여 종합적으로 평가합니다. 또한 동일 교과 내 일반선택과목의 석차등급과 진로선택과목의 성취도를 비교하여 종합적으로 교과 성취수준을 살펴봅니다.

2024학년도 대입부터는 자기소개서가 폐지되고 수상경력, 자율동아리, 독서활동상황 등이 대학입시에 반영되지 않습니다. 따라서 학생부종합전형의 서류평가에서 학교생활기록부의 교과 세부능력 및 특기사항이 점점 더 중요해질 것으로 전망됩니다.

대학마다 '학생부종합전형 가이드북'을 제작하여 입학처 홈페이지에 탑재하고 있습니다. 학생부종합전형 가이드북에는 학교생활기록부 평가방법, 면접 준비 방법, 합격 사례, 전형 결과 등이 수록되어 있습니다. 가이드북을 참고하면 학생부종합전형을 이해하는 데 많은 도움이 될 것입니다.

학생부종합전형 평가요소 및 평가항목

학업역량

대학 교육을 충실히 이수하는 데 필수한 수학 능력

학업성취도
- 고교 교육과정에서 이수한 교과의 성취수준이나 학업 발전의 정도

학업태도
- 학업을 수행하고 학습해 나가려는 의지와 노력

탐구력
- 지적 호기심을 바탕으로 사물과 현상에 대해 탐구하고, 문제를 해결하려는 노력

공동체역량

공동체의 일원으로서
갖춰야 할 바람직한 사고와 행동

협업과 소통능력
- 공동체의 목표를 달성하기 위해 협력하며, 구성원등과 합리적인 의사소통을 할 수 있는 능력

나눔과 배려
- 상대방을 존중하고 이해하여 원만한 관계를 형성하며, 타인을 위하여 기꺼이 나누어 주고자 하는 태도와 행동

성실성과 규칙준수
- 책임감을 바탕으로 자신의 의무를 다하고, 공동체의 기본 윤리와 원칙을 준수하는 태도

리더십
- 공동체의 목표 달성을 위해 구성원들의 상호작용을 이끌어가는 능력

진로역량

지원전공(계열)과 관련된 분야에 대한 관심과 이해, 노력과 준비 정도

전공(계열) 관련 교과 이수 노력
- 고교 교육과정에서 전공(계열)에 필요한 과목을 선택하여 이수한 정도

전공(계열) 관련 교과 성취도
- 고교 교육과정에서 전공(계열)에 필요한 과목을 수강하고 취득한 학업성취 수준

진로 탐색 활동과 경험
- 자신의 진로를 탐색하는 과정에서 이루어진 활동이나 경험 및 노력 정도

*NEW 학생부종합전형 공통 평가요소 및 평가항목(2021년 건국대·경희대·연세대·중앙대·한국외대 공동연구 발췌)

3 계열별 학생부종합전형

음악계열 학생부종합전형

• 음악대학은 보통 실기/실적 위주 전형으로 학생들을 선발하고 있습니다. 일괄합산 전형으로 실기 70%+학생부 30%를 반영하는 대학이 많고, 다단계 전형으로 1단계는 실기 100%, 2단계는 1단계 성적과 학생부를 반영하는 대학도 많이 있습니다. 음악대학 전형의 경우, 학생부종합전형으로 선발하는 대학은 거의 없습니다.

서울대의 일부 전공에서 서류평가와 구술면접을 실시합니다. 일부 실용음악과들은 입시요강에 학생부종합전형으로 표시하지는 않았으나 면접을 통해 학교생활기록부의 내용을 확인하는 경우도 있으므로 참고하시기 바랍니다. 음악대학에서 면접을 실시하는 학교는 보통 학생부종합전형의 서류기반 면접과는 다른 형태로 출제됩니다. 특히 실기 면접을 실시하는 대학의 실용음악의 경우에는 기출문제를 활용하여 준비하면 많은 도움이 됩니다.

미술계열 학생부종합전형

• 미술대학은 보통 실기/실적 위주 전형으로 학생들을 선발하지만 수도권 대학을 중심으로 비실기 전형이 증가하는 추세입니다. 1단계에서 서류평가를 실시하고, 2단계에서 1단계 성적과 면접 등을 통해서 학생을 선발합니다.

최상위권 대학인 서울대 디자인과, 홍익대 미술대학 전 모집단위, 고려대 디자인조형학부, 연세대 생활디자인학과, 이화여대 조형예술대학 전 학과 등을 준비하는 학생은 서류와 면접을 준비해야 합니다.

학생부종합전형으로 최상위권 대학을 준비하기 위해서는 전공 관련 성적이 매우 중요합니다. 국어, 영어, 사회, 미술 교과 성적을 잘 관리해야 하고, 수학이나 과학 교과 성적도 너무 낮은 성적이 나오지 않도록 노력해야 합니다. 교과 세부능력 및 특기사항에 본인의 우수성을 나타낼 수 있도록 과제, 발표, 토론 등의 다양한 활동에 적극적으로 참여해야 합니다. 교과시간, 동아리활동, 진로활동 등에서 책을 읽고 연계하는 활동이 있다면 본인이 관심 있는 분야의 책을 많이 읽어 역량이나 관심분야가 드러날 수 있도록 노력해야 합니다. 최근에는 비실기 전형으로 학생을 선발하는 대학도 있으므로 더 많은 관심을 가지고 준비해야 할 것입니다.

체육계열 학생부종합전형

• 체육대학은 보통 실기/실적 위주 전형으로 학생들을 선발하지만 음악이나 미술계열에 비해서 학생부종합전형으로 많이 선발하는 편입니다. 서울지역은 국민대학교, 상명대학교, 서울대학교, 서울시립대학교 등에서 학생부종합전형을 실시합니다. 경기지역은 가천대학교, 인천지역은 인하대 등을 중심으로 학생부종합전형을 운영합니다. 그 외의 지역대학에서도 학생부종합전형을 운영하고 있으나 선발대학이나 선발인원은 해마다 변화하고 있습니다.

체육대학을 학생부종합전형으로 준비하기 위해서는 본인의 관심분야가 체육교사인지, 마케팅이나 에이전트 등과 같은 스포츠 산업 분야인지, 스포츠의학, 운동건강관리, 운동재활 등과 같은 스포츠 재활인지를 잘 고민해보고 준비할 필요가 있습니다. 수업시간에 진행되는 탐구활동, 과제 제출, 발표나 토론 등의 활동을 통해 해당 분야에 대한 관심도와 그에 필요한 역량을 보일 수 있기 때문입니다.

학생부종합전형에서 교과 세부능력 및 특기사항의 중요성이 점점 더 커지고 있습니다. 따라서 이러한 기회를 통해 체육 분야와 관련된 본인의 우수성을 나타낸다면 서류평가에서 우수한 평가를 받을 수 있습니다.

최근에는 대입정보포털이나 대학별 홈페이지에서 입시결과를 공개하고 있습니다. 학생부교과전형, 학생부종합전형 등의 결과가 대학별로 공개되어 있으므로 관심 대학이나 체육 관련 학과의 입시 결과를 찾아본 후, 실기 준비뿐만 아니라 평소 학교생활의 교과수업 및 성적관리에도 관심을 가진다면 좋은 준비 방법이 될 것입니다. 스포츠 분야도 단순 스포츠가 아니라 스포츠 과학의 분야로 발전하면서 실기 능력뿐만 아니라 분석하고 연구할 수 있는 능력이 필요한 시대가 되었다는 것을 기억하면 좋겠습니다.

4 예체능계열 전형 자료 검색

대입정보포털 어디가(www.adiga.kr)에 접속한 후, 대입전략자료실에서 제목에 '음악' 또는 '미술' 또는 '체육'을 검색하면 관련 자료를 찾을 수 있습니다. 학생부교과, 학생부종합, 논술, 정시모집, 교사칼럼 등의 자료를 다운받으면 예체능 관련 정보를 얻을 수 있습니다.

5 2023학년도 서울대학교 수시모집 학생부종합전형 일반전형 예시

2022년 고등학교 3학년 학생들이 치르는 입시에서 서울대는 음악대학의 기악과와 국악과, 미술대학의 디자인, 사범대학 체육교육과에서 학생부종합전형 일반전형으로 학생을 선발합니다. 음악대학은 수능 최저학력기준을 적용하지 않습니다.

음악대학 기악과는 실기/서류평가로 학생을 선발하고, 국악과는 서류평가/면접 및 구술고사/실기평가로 학생을 선발합니다. 미술대학 디자인과는 1단계 서류평가로 2배수를 선발하고, 2단계에서 면접 및 구술고사로 학생을 선발합니다. 사범대학 체육교육과는 1단계에서 서류평가로 2배수를 선발하고, 2단계에서 서류평가와 면접 및 구술고사, 교직적성·인성면접 등의 성적을 합산하여 선발합니다.

*2023학년도 서울대학교 대학입학전형 시행계획

54

음악계열   음악대학 기악과, 국악과

가. 기악과

- 1단계 : 1단계 실기평가 100%(2.5배수)
- 2단계 : 서류평가 60%, 2단계 실기평가 40%
- 수능 최저학력기준 : 수능 최저학력기준(수능 응시영역기준 포함)을 적용하지 않음

나. 국악과

- 1단계 : 서류평가 40%, 1단계 실기평가 60%(2.5배수)
- 2단계 : 1단계 서류평가 50%, 면접 및 구술고사 10%, 2단계 실기평가 40%
- 수능 최저학력기준 : 수능 최저학력기준(수능 응시영역기준 포함)을 적용하지 않음
- 면접 및 구술고사 : 2단계 실기평가 및 서류평가 자료, 한국음악이론과 서양음악이론을 바탕으로 한
     음악적 소양 등을 평가하는 심층적인 질의(10분 내외)

 미술계열   미술대학 디자인과

- 1단계 : 서류평가 100%(2배수)
- 2단계 : 면접 및 구술고사 100%
- 수능 최저학력기준 :
     4개 영역(국어, 수학, 영어, 탐구) 중 3개 영역 등급 합이 7등급 이내
     탐구 영역의 등급은 2개 과목 등급 평균을 반영함
- 면접 및 구술고사 :
     모집단위 관련 전공적성 및 학업능력을 평가(15분 내외)
     서류평가 자료를 활용한 심층적인 질의

 체육계열   사범대학 체육교육과

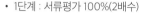

- 1단계 : 서류평가 100%(2배수)
- 2단계 : 1단계 성적 50%, 면접 및 구술고사 30%, 교직적성·인성면접 20%
- 수능 최저학력기준 :
     4개 영역(국어, 수학, 영어, 탐구) 중 2개 영역 이상 4등급 이내
     탐구 영역 4등급 충족 인정 기준 : 2개 과목 모두 4등급 이내
- 면접 및 구술고사 :
     인문학, 사회과학 관련 제시문을 활용하여 전공적성 및 학업능력 평가
     영어 또는 한자 활용 가능, 30분 내외

가) 모집인원 : 486명 (서울캠퍼스 : 301명, 세종캠퍼스 : 185명)

나) 지원 자격 : 국내 고등학교 졸업(예정)자로, 미술에 관한 교과(진로선택과목 또는 전문교과 I)를 1과목 이상 이수한 자

다) 전형요소 및 반영비율
- 1단계 : 학생부교과 20%+서류 80%(3배수)
- 2단계 : 서류 40%+면접 60%

라) 학교생활기록부 교과 반영방법
- 반영교과 : 국어, 영어, 수학/사회/과학 중 택1
- 반영학기 : 1학년 1학기 ~ 3학년 1학기
- 반영방법 : 반영교과군의 전교과목을 학년 구분 없이 반영
- 점수산출 활용지표 : 석차등급

마) 서류평가 : 학교생활기록부, 미술활동보고서

바) 면접평가 : 제출 서류의 진실성, 미술 관련 소양, 창의성, 표현능력 등을 종합적으로 평가

사) 대학수학능력시험 최저학력기준(서울만 적용)
- 국어, 수학, 영어, 탐구(사회/과학) 영역 중 3개 영역 등급 합 9등급 이내, 한국사 4등급 이내

아) 적용미술활동보고서 예시

논술전형

논술전형(논술위주전형)은 논술고사를 주된 전형요소로 반영한 전형입니다. 논술고사 성적에 학생부 교과 성적을 반영하거나 일부 대학은 논술고사 성적으로만 선발하기도 합니다. 인문계열은 주로 사회적 쟁점이 되는 논제들에 대한 비교와 분석을 요구하고, 자연계열은 수학과 과학의 원리 및 개념을 토대로 문제를 논리적으로 해결할 수 있는 역량을 평가합니다. 대학에 따라 수능 최저학력기준을 적용하여 학생을 선발합니다.

 논술전형 방법 예시

분류	전형 방법
논술+학생부	논술고사 성적에 학생부 교과 성적을 합산하여 평가
논술 100	논술고사 성적으로만 평가

실기/실적위주전형

실기/실적위주전형은 주로 예체능계열에서 실기나 실적을 중심으로 선발하는 전형입니다. 학생부를 일부 반영하거나 실기나 실적위주로 학생을 선발하는 전형입니다. 음악, 미술, 체육 등 예체능 분야의 역량이 우수한 학생들을 선발하기 위해서 실기고사, 실적, 입상 등을 활용하여 선발합니다.

예체능 분야를 제외하면 수학, 과학, 어학, 문학, 컴퓨터, IT, SW, 기타 등으로 분류됩니다. 예체능 분야를 제외한 실기/실적위주전형의 선발 인원은 해마다 감소하고 있습니다.

수능위주전형

정시모집은 수능위주, 실기/실적위주로 분류됩니다. 수능위주전형은 수능점수를 활용지표로 표준점수와 백분위를 주로 활용합니다. 반영 영역은 국어, 수학, 영어, 탐구, 한국사 5개로 나누어지며, 대학마다 영역별 반영 비율을 조정하여 학생을 선발합니다. 실기/실적위주전형은 예체능계열에서 실기나 실적을 중심으로 선발하는 전형입니다.

 정시모집 전형 방법 예시

분류	전형 방법
수능 100	수능 성적으로만 평가
수능 90+학생부 10	수능 성적에 학생부 교과 성적을 합산하여 평가
실기 70+수능 30	실기 성적에 수능 성적을 합산하여 평가

학교생활기록부의 이해와 기재 방법

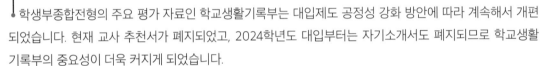

학교생활기록부의 중요성

학생부종합전형의 주요 평가 자료인 학교생활기록부는 대입제도 공정성 강화 방안에 따라 계속해서 개편되었습니다. 현재 교사 추천서가 폐지되었고, 2024학년도 대입부터는 자기소개서도 폐지되므로 학교생활기록부의 중요성이 더욱 커지게 되었습니다.

학교생활기록부는 크게 교과활동, 행동특성 및 종합의견, 비교과 영역으로 구분됩니다. 교과활동 부분은 교과학습발달상황과 세부능력 및 특기사항으로 구분되어 있습니다. 행동특성 및 종합의견은 담임교사가 1년 동안 수시로 관찰하여 누가 기록한 자료를 바탕으로 학생을 총체적으로 이해할 수 있도록 기록하는 항목입니다. 비교과 영역은 동아리활동, 진로활동, 자율활동, 봉사활동, 수상경력, 독서활동 등이 있습니다. 단, 2024학년도 대입부터는 수상경력과 독서활동이 대학입시에 반영되지 않습니다.

연도별 학교생활기록부 변화

대학입시제도의 변화에 따라 연도별 학교생활기록부 기록이 변화되었습니다. 기록되는 내용이 축소되거나 기록을 하더라도 대학입시에 반영되지 않는 항목이 늘어났습니다. '미기재'란 학생부 기록에서 삭제된 것을 말하고, '미반영'은 학생부에 기재는 하지만 대입자료로 미전송되어 대학입시에 반영되지 않는 것을 의미합니다.

구분		2022~2023학년도 대입	2024학년도 대입 이후
교과 세부능력 및 특기사항		과목당 500자 방과후활동(수강) 내용 미기재	과목당 500자 방과후활동(수강)내용 미기재 영재·발명교육 실적 대입 미반영
행동특성 및 종합의견		연간 500자	연간 500자
비교과영역	자율활동	연간 500자	연간 500자
	동아리활동	연간 500자 자율동아리는 연간 1개 (30자)만 기재 청소년단체활동은 단체명만 기재 소논문 기재 금지기재	연간 500자 자율동아리 대입 미반영 청소년단체활동 미기재 소논문 기재 금지
	봉사활동	특기사항 미기재 교내외 봉사활동 실적 기재	특기사항 미기재 개인 봉사활동실적 대입 미반영, 단 학교교육계획에 따라 교사가 지도한 실적은 대입 반영
	진로활동	연간 700자 진로희망분야 대입 미반영	연간 700자 진로희망분야 대입 미반영
	수상경력	교내수상 학기당 1건만 대입 반영	대입 미반영
	독서활동	도서명과 저자	대입 미반영

영역별 입력 가능 최대 글자수

학교생활기록부에 입력 가능한 최대 글자수는 보통 500자가 기본입니다. 자율활동, 동아리활동, 교과 세부능력 및 특기사항, 행동특성 및 종합의견은 최대 500자까지 입력 가능합니다. 진로활동은 다른 항목보다 더 많이 내용을 기록할 수 있도록 최대 700자까지 허용하고 있습니다.

글자수	학교생활기록부 입력 항목
500자	자율활동, 동아리활동, 교과 세부능력 및 특기사항, 행동특성 종합의견
700자	진로활동

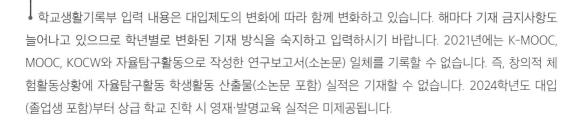

학교생활기록부 기재 금지사항

　학교생활기록부 입력 내용은 대입제도의 변화에 따라 함께 변화하고 있습니다. 해마다 기재 금지사항도 늘어나고 있으므로 학년별로 변화된 기재 방식을 숙지하고 입력하시기 바랍니다. 2021년에는 K-MOOC, MOOC, KOCW와 자율탐구활동으로 작성한 연구보고서(소논문) 일체를 기록할 수 없습니다. 즉, 창의적 체험활동상황에 자율탐구활동 학생활동 산출물(소논문 포함) 실적은 기재할 수 없습니다. 2024학년도 대입(졸업생 포함)부터 상급 학교 진학 시 영재·발명교육 실적은 미제공됩니다.

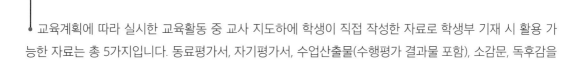

학교생활기록부 기재 시 활용 가능한 자료

　교육계획에 따라 실시한 교육활동 중 교사 지도하에 학생이 직접 작성한 자료로 학생부 기재 시 활용 가능한 자료는 총 5가지입니다. 동료평가서, 자기평가서, 수업산출물(수행평가 결과물 포함), 소감문, 독후감을 활용하여 학생부 작성이 가능합니다.

교과 세부능력 및 특기사항 기재 방법

　교과 세부능력 및 특기사항을 작성할 때는 다양한 방법을 활용해서 기재할 수 있습니다. 교육과정 평가기준에 따라 기록하는 방법, 학생의 특기사항과 행동특성을 종합하여 기록하는 방법, 수업 중 수행과제에 따라 기록하는 방법, 진로를 연계하거나 강점과 약점을 극복하려는 노력을 관찰하여 기록하는 방법이 있습니다. 그 외에도 수업 후 평가 및 학생 관찰을 통해 학생의 수업 참여과정을 중심으로 기록합니다.

예체능계열 실전 학교생활기록부

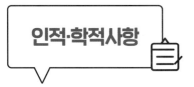

1 기재요령

'학생정보'란에는 성명, 성별, 주민등록번호와 입학 당시의 주소를 입력하되 재학 중 주소가 변경된 경우 변경된 주소를 누가하여 입력합니다. 재학 중 학적변동이 발생한 경우 전출교와 전입교에서 각각 학적변동이 발생한 일자, 학교와 학년, 학적변동 내용을 입력합니다.

'특기사항'란에는 학적변동의 사유를 입력합니다. 특기사항 중 학교폭력과 관련된 사항은 「학교폭력 예방 및 대책에 관한 법률」 제17조에 따라 가해학생에 대한 조치사항을 입력합니다.

📑 인적·학적사항

학생정보	성명 : 홍** 성별: 여 주민등록번호: 주소 :
학적사항	년　월　일 ○○중학교 제3학년 졸업 년　월　일 □□고등학교 제1학년 입학
특기사항	

2 평가 가이드

☐ 대입자료 제공 시 대입 공정성 강화 방안에 의해서 인적사항에 포함된 학생정보나 학적사항 등은 블라인드 처리되어 대학에 제공되지 않습니다.

출결상황

1 기재요령

「초·중등교육법 시행령」 제45조에 따라 '수업일수'란에 수업일수를 입력하고, '결석일수', '지각', '조퇴', '결과'는 질병·미인정·기타로 구분하여 연간 총일수 또는 횟수를 각각 입력합니다

출결상황

학년	수업일수	결석일수			지각			조퇴			결과			특기사항
		질병	미인정	기타	질병	미인정	기타	질병	미인정	기타	질병	미인정	기타	
1														
2														
3														

재취학 등 학적이 변동된 학생의 경우, 동 학년의 수업일수 및 출결상황은 학적변동 전(원적교)의 것과 변동 이후의 것을 합산하여 입력합니다. '특기사항'란에 결석사유 또는 개근 등 교육부장관이 별도로 정하는 내용을 학급 담임교사가 입력합니다. 특기사항 중 학교폭력과 관련된 사항은 「학교폭력 예방 및 대책에 관한 법률」 제17조에 따라 가해학생에 대한 조치사항을 입력합니다.

2 평가 가이드

☐ 출결사항은 학생의 근면성, 성실성 등 인성을
　평가할 수 있는 항목입니다.

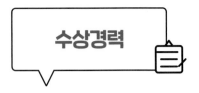

수상경력

1 기재요령

재학 중 중·고등학교 학생이 교내에서 수상한 상의 명칭, 등급(위), 수상연월일, 수여기관, 참가대상(참가인원)을 입력합니다. 동일한 작품이나 내용으로 수준이 다른 상을 여러 번 수상하였을 경우, 최고 수준의 수상경력만 입력합니다.

 수상경력

학년(학기)	수상명	등급(위)	수상연월일	수여기관	참가대상(참가인원)
1					
2					

수상경력은 교내상만 입력하고, 모든 교외상은 학교생활기록부 어떠한 항목(창의적 체험활동상황의 '특기사항', 교과학습발달상황의 '세부능력 및 특기사항', 행동특성 및 종합의견 등)에도 입력하지 않습니다.

교내상은 학교생활기록부의 수상경력에만 입력하며, 수상경력 이외의 어떠한 항목(창의적 체험활동상황의 '특기사항', 교과학습발달상황의 '세부능력 및 특기사항', 행동특성 및 종합의견 등)에도 입력하지 않습니다.

학년 초 학교교육계획서에 연간 대회 및 수상내용 등의 실시계획(수상비율, 시행학기, 담당부서, 공개방식 등)을 기재하고, 학년 초 학교교육계획서에 따라 실시한 교내상의 경우에 한하여 수상경력에 입력할 수 있습니다.

단, 교육목표 달성을 위하여 불가피한 경우, 2학기 초(학기 시작 후 30일 이내)에 2학기 시상계획을 변경(수정·삭제·추가)하여 학교장의 결재 후 변경계획을 공개한 경우에 한해 수상실적 내용을 입력할 수 있습니다.

시상 계획이 있는 각종 교내 대회와 행사의 준비과정 및 참가 사실은 학교생활기록부 어떠한 항목에도 입력하지 않습니다. 또한, '대회'라는 용어는 수상경력을 제외한 학교생활기록부 어떠한 항목에도 입력하지 않습니다.

2 평가 가이드

☐ 수상경력은 학생부종합전형의 주요 평가요소를 파악할 수 있는 중요한 항목입니다. 수시 원서를 접수할 때, 3년 동안 받은 수상의 총 개수와 상관없이 학기별 1개의 상만을 선택하여 제출하게 됩니다.

따라서 학생부종합전형을 준비하기 위해서는 학기마다 최소한 1개 이상 수상할 수 있도록 노력해야 합니다. 하지만 2021학년도 1학년 입학생이 치르게 되는 2024학년도 대학입시부터는 비교과가 축소되어 수상경력을 더 이상 반영하지 않습니다.

자격증 및 인증 취득상황

1 기재요령

고등학생이 재학 중에 취득한 자격증의 명칭 또는 종류, 번호 또는 내용, 취득연월일, 발급기관을 원본 대조의 과정을 거친 후 취득 순서대로 입력합니다. 입력 가능한 자격증은 「국가기술자격법」에 따른 국가기술자격증, 개별 법령에 따른 국가자격증, 「자격기본법」에 따른 국가공인민간자격증 중 기술과 관련 있는 내용입니다.

자격증 및 인증 취득상황

[자격증 및 인증 취득상황]

구 분	명칭 또는 종류	번호 또는 내용	취득연월일	발급기관
자격증				

[국가직무능력표준 이수상황]

학년	학기	세분류	능력단위 (능력단위코드)	이수시간	원점수	성취도	비고

2 평가 가이드

☐ 자격증은 학교생활기록부에 기록이 되어도 대학에 제공되지 않고, 대입자료로 활용되지 않습니다.

창의적 체험활동

창의적 체험활동의 4개 영역(자율활동, 동아리활동, 봉사활동, 진로활동)별 활동내용, 평가방법 및 기준은 교육과정을 근거로 학교별로 정합니다. 자율활동, 동아리활동, 진로활동에는 영역별 이수시간 및 특기사항(개별적 특성이 드러나는 사항 등)을 입력하고, 봉사활동에는 실적을 입력합니다. 봉사활동 영역의 실적에는 학교교육계획에 의한 봉사활동과 학생 개인계획에 따른 봉사활동의 구체적인 내용을 별도의 '봉사활동실적' 란에 연간 실시한 봉사활동의 일자 또는 기간, 장소 또는 주관기관명, 활동내용, 시간을 실시 일자 순으로 모두 입력합니다.

창의적 체험활동은 영역별로 학급 담임교사와 창의적 체험활동 담당교사가 분담하여 평가하고, 평소의 활동상황을 누가 기록한 자료를 토대로 활동실적, 진보의 정도, 행동의 변화, 특기사항 등을 종합하여 '특기사항'란에 문장으로 입력합니다. 자율·동아리·진로활동의 이수시간은 영역별로 입력하고, 특기사항은 모든 학생을 대상으로 영역별 활동내용이 우수한 사항(참여도, 활동의욕, 진보 정도, 태도 변화 등)을 중심으로 입력합니다. 이때, 개별적인 특성이 드러날 수 있도록 실제적 역할과 활동 위주로 입력합니다.

창의적 체험활동상황

학년	창의적 체험활동 상황		
	영역	시간	특기사항
	자율활동		
	동아리활동		(자율동아리)
	진로활동		희망분야 : *상급학교미제공

학년	봉사활동 실적				
	일자 또는 기간	장소 또는 주관기관명	활동내용	시간	누계시간

66

01. 자율활동

1 기재요령

학교교육계획(정규 교육과정 포함)에 의해 학교에서 주최하고 주관하여 실시한 활동, 타 고등학교에서 주최하고 주관한 국내 체험활동 중 학교장이 승인한 체험활동, 교육 관련 기관에서 주최하고 주관하여 실시한 국내 체험활동 중 학교장이 승인한 체험활동을 입력할 수 있습니다.

자율활동의 특기사항은 활동결과에 대한 평가보다는 활동과정에서 드러나는 개별적인 행동특성, 참여도, 협력도, 활동실적 등을 평가하고 상담기록 등의 관련 자료를 참고하여 실제적인 역할과 활동 위주로 입력합니다. 정규 교육과정 또는 학교교육계획에 의해 실시한 학생 상담활동, 자치법정 등은 자율활동 특기사항에 입력합니다. 자치활동 관련 특기사항에 입력하는 임원의 재임기간은 1학년은 입학일부터 학년말, 2학년은 3월 1일부터 학년말, 3학년은 3월 1일부터 졸업일까지로 입력합니다.

2 평가 가이드

□ 자율활동에 기록된 내용을 통해서 전공적합성, 발전가능성, 인성 등 학생의 관심분야와 학생의 성품 등을 이해할 수 있습니다. 학생부종합전형에서는 전 학년이 실시하는 활동보다 학생 개인의 개별화된 내용을 중심으로 평가를 실시하고 이해하려고 노력합니다.

예체능계열 추천 자율 활동

LIST

학급 임원 활동, 학생자치회 활동, 리더십 프로그램, 토론회 활동,

독서 나눔 토론 프로젝트(예체능 분야) 활동, 집단상담 프로그램,

예술제 활동, 융복합 토론회 활동, 융합과학 아카데미 활동,

테마형 예술 체험 기행 활동, 미술 캠프 활동, 예술 분야 독서토론 활동,

예체능 신문 발행, 주제탐구형 소집단 공동연구(경호, 공연, 기악, 디자인, 만화, 성악,

스포츠, 실용음악, 연극영화, 의상, 체육, 무용 등),

프로젝트 학습(예술 신문 제작, 예술 공연장 견학, 스포츠 경기장 견학, 유명 오케스트라 답사),

창의융합 예술 프로그램 참여 등

예체능계열 맞춤형 자율활동 기재 사례

 01. 경호학과

학급 내에서 실시한 꿈과 진로 발표 활동에서 자신의 관심분야인 경호학과를 주제로 학과 특성, 학과 적성, 세부 관련 학과, 졸업 후 진출 분야, 경호학과 개설대학 등에 대한 자료를 PPT로 제작함. 작성한 자료를 중심으로 본인이 진로를 설정한 이유를 설명한 후, 현재 학교생활에서부터 향후 대학교 진학 후까지의 단계별 목표 설정 방법과 구체적인 실천 방안들을 세세하게 발표함으로써 급우들에게 호응을 얻음. 대입자료 검색 사이트에서 현재 입시요강과 전년도 입시 결과를 참고하여 경호학과를 준비하는 데 필요한 구체적인 방법, 자료, 참고 사이트 등을 친구들에게 안내하여 학급에서 좋은 사례가 됨. 본인의 관심분야를 탐색하면서 막연했던 진로를 구체화시킬 수 있는 기회가 되었으며, 학교생활을 되돌아 볼 수 있는 의미 있는 활동이었다고 소감을 발표함.

 02. 공연예술학과

교내 축제(2021.07.12.)에서 '지금 이 순간'이라는 주제로 연극 공연을 선보임. 공연을 주변에 홍보하기 위해 포스터를 잘 그리는 친구를 섭외한 후, 연극 주제를 나타내는 글과 캐릭터의 특징을 잘 설명하여 포스터를 완성함. 공연 준비 시 직접 대본을 쓰고 배우들을 캐스팅하는 등 총책임자 역할을 담당하였으며, 주요 배역으로 무대에 참여하여 뛰어난 연기력을 선보임. 공연을 통해 지금의 이 시간들이 다시는 돌아오지 않는 순간이므로 하루하루 소중하게 살아가야 한다는 것, 삶의 주인공은 자신이기에 무엇보다 본인의 가치를 높이 평가해야 한다는 점 등을 학생들에게 전달함. 공연을 마친 후 축제 평가와 소감 발표 시간에 연극은 종합예술이기 때문에 대본 암기, 배우의 연기력, 무대연출 등이 중요하다는 것을 알 수 있었고, 공연을 홍보하기 위해 포스터를 제작하는 것처럼 다양한 분야의 사람들이 서로 협업해야 한다는 것을 깨닫게 되었다고 발표함.

 03. 국악과

1인 1역에서 '우리 음악으로 시작하는 아침' 프로젝트를 맡아 아침 일찍 등교하여 좋은 연주곡을 선정하고, 등교하는 친구들이 아침을 기분 좋게 맞이할 수 있도록 노력함. 특히 날씨에 따라 경쾌하거나 차분한 음악을 선정하는 능력이 탁월해 친구들의 칭찬을 받음. 폭력 예방 및 신변 보호 교육을 통해 학급 내 언어폭력을 줄이기 위해서는 언어습관도 중요하지만 자신과 타인을 존중하는 마음가짐이 우선되어야 한다는 소감문을 제출함. 빠른 템포의 음악이 자동차 사고율을 높이는 등 음악이 언행에 영향을 미친다는 연구 결과를 소개하며 음악이 사람의 정서와 언행에 미치는 효과를 설득력 있게 주장함. 체육 대회 때 사용할 학급 응원송 제작에 참여하여 친구들과 의견을 조율하면서 신나는 비트의 강렬한 응원송을 제작함. 학급회의 시간에 자신의 의견을 조리 있게 발표하고, 음악을 통한 인성교육에 관심이 많아 관련 자료를 수집한 후 사물함에 붙여 꾸준히 홍보함으로써 친구들에게 음악의 효과를 알리기 위해 노력함.

04. 기악과

학급자치가 있을 때마다 수준 높은 실력으로 바이올린을 연주하여 친구들에게 학급자치의 시작을 알리고, 음악 감상의 폭을 넓혀 주었음. 매번 다른 곡을 준비해오는 등 친구들에게 다양한 음악을 들려주기 위해 노력함. 학교폭력예방교육을 통해 평소 자신의 언어습관을 되짚어보며 자신도 모르게 판단하는 경우가 많다는 사실을 깨닫고 비폭력 대화 방법을 익혀 연습하겠다는 소감문을 제출함. 비폭력 대화를 생활화하기 위해 대화법 순서를 책상 위에 붙여놓는 등 배운 것을 자신의 삶에 실천하려고 노력하는 모습을 보임. 1인 1역에서 '청소 마무리 책임자'를 담당하여 청소가 끝난 뒤 교실 구석구석을 확인하며 미진한 부분을 정리하는 등 교실 청결을 위해 기꺼이 자신의 시간을 내어주고 책임감 있게 수행함. 학기 초 친구들과 친해지기 프로젝트 제안 활동에서 마니또를 제안하여 친구들의 동의를 구함. 선물은 3,000원 이내, 편지 동봉 필수 등 누구나 부담스럽지 않은 방식으로 참여할 수 있도록 제안하였고 모든 과정을 주도적으로 잘 진행함.

05. 도예학과

학기 초 '머물고 싶은 교실 만들기' 프로젝트에 참여하여 교실 내 가구 및 소품 배치 등을 주도적으로 수행함. 인테리어 잡지에서 서로 다른 스타일의 3가지 예시를 제시하여 학급 친구들의 선호도 조사를 실시함. 친구들과 협력하여 밋밋한 책꽂이에 꽃을 그려 넣고, 게시판에 색종이로 풀과 꽃을 직접 만들어 붙임으로써 교과 선생님들마다 반 분위기가 밝고 기분 좋다는 칭찬을 받음. 또한 친구들의 사물함에 각 친구들의 개성이 돋보이는 캐리커처를 그려 붙여줌으로써 친밀한 관계 형성에 도움을 줌. 체육 대회 때 반티 디자인과 색깔, 필요한 소품 등을 제안하여 친구들의 의견을 구함. 교통안전캠페인 시 '스쿨존 규정 속도 지키기'를 주제로 하는 포스터 제작에 참여하여 운전자들의 인정에 호소하는 귀여운 캐릭터와 색감을 활용하여 재치 있게 표현함. 학급회의 시간에 자신의 의견을 조리 있게 잘 전달하는 등 친구들의 의견을 경청하는 자세가 돋보임. '오늘은 내가 담임교사' 시간에 자신이 평소 좋아하는 디자인의 도예품 사진을 보여주고 작품을 설명함으로써 친구들의 미술 감상의 폭을 넓혀 줌.

06. 동양화과

재능기부 프로그램에 참여하여 친구들에게 '서예를 활용한 예쁜 글씨 쓰기'를 주제로 강의를 하고 실습을 주도함. 캘리그라피가 활용된 친숙한 영화 포스터를 보여주면서 영화 분위기에 맞춰 글씨체를 제작한다는 이야기로 흥미를 유발하여 호응을 얻음. 매월 생일 축하 행사를 담당하여 생일인 친구들의 명단을 정리하고 행사를 성실하게 준비함. 특히 각 친구들의 이미지에 알맞은 글씨체로 직접 축하 엽서를 만들어 선물함. 다양한 민주시민교육에 진지한 자세로 임하며 매시간 성실하게 보고서를 작성하여 제출함. 특히 생명존중 자살예방교육을 통해 청소년 자살의 가장 큰 이유가 성적과 진로 문제임을 알고, 학생 개개인의 적성과 흥미를 고려한 다양한 교육과정이 필요함을 강조하는 소감문을 제출함. 응급처치교육에 진지한 태도로 임했으며, 모든 국민이 필수적으로 심폐소생술을 배워 언제 어디서든 즉각적으로 활용할 수 있어야 한다고 발표함.

07. 만화애니메이션학과

학급자치 시간에 친구들의 의견을 경청하고 자신의 의견을 조리 있게 잘 전달함. 아동학대예방교육 후 캠페인에 필요한 판넬 제작에 참여하여 4컷 만화를 통해 학대의 위험성을 분명하게 표현함. '내가 담임교사' 프로그램에 참여하여 조회시간에 친구들에게 힘을 주는 명언을 준비해 발표함. 전달사항을 만화로 표현하여 핵심을 명확하게 전달하고 친구들의 질문에 친절하게 답변함. 학급 회복적 생활위원회의 또래상담자로 활동하면서 친구들의 고민을 경청하는 등 교사를 도와 평화로운 학급 만들기에 기꺼이 동참함. 학급문집 만들기에서 친구들의 특징을 만화 캐릭터로 재치 있게 표현하여 친구들에게 웃음을 선사함. 장애인 인식개선 인권교육의 후속활동으로 시각장애체험을 제안하여 안대를 쓰고 교실에서 교문까지 다녀오는 체험활동을 주도함. 직업안전교육을 받고 만화가들이 주로 겪는 직업병에 대해 조사하였으며, 주로 앉아서 컴퓨터로 작업하기 때문에 주기적으로 스트레칭을 해야 한다는 요지의 글을 제출함.

 ## 08. 무용학과

학교 특색 프로그램인 무용과 함께 하는 여름 방학(2021.08.02.-2021.08.06.)에 신청하여 서로 만나서 도구를 만들고 몸을 움직이는 예술과 교육이 하나 되는 융합 프로그램에 참여함. 이 프로그램을 통해서 무용의 기초 지식과 기본 동작을 익히고 간단한 실습을 통해서 기본적인 동작을 표현해 봄. 2학기 개학 후 10분 공연을 준비하기 위하여 시청각실에서 함께 수강했던 친구들과 기본 동작과 응용 동작을 반복 연습함. 오후 수업 시작 전, 주제가 있는 10분 공연(2021.08.27.)에 참여하여 '무용과 나의 행복'이라는 주제로 공연을 함으로써 처음 접한 무용이지만 열심히 노력하면 기본적인 동작을 표현할 수 있다는 것에 자신감을 가지게 됨. 음악 교사와 체육 교사로부터 여름 방학부터 노력한 것에 대해 칭찬을 받고, 앞으로도 예체능 분야에 더 많은 관심을 가지고 기회가 있을 때마다 적극적으로 참여하기로 다짐함.

 ## 09. 뮤지컬학과

교내 축제(2021.07.12.)에서 '학교폭력예방 : 우리들의 힘'이라는 주제로 뮤지컬 공연을 선보임. 뮤지컬 준비 시 총책임자 역할을 맡아 대본, 음악, 무대연출, 배우 캐스팅, 역할 배분 등 모든 일을 주도적으로 추진함. 또한 주요 배역을 맡아 무대에도 함께 참여함. 배우로 참여한 학우들에게 직접 연기 시범을 보여주면서 대본을 어떤 식으로 표현해야 하는지 상세하게 알려주었으며, 본 공연에서 뛰어난 연기력을 선보여 관중들에게 박수갈채를 받음. 공연을 마친 후 소감 발표 시간에 뮤지컬은 종합예술이기 때문에 무대 조명, 배경음악, 배우의 가창력 등도 중요하다는 것을 배울 수 있는 기회였고, 악기를 잘 다루는 친구와 노래를 잘 부르는 친구들을 섭외하는 것이 쉽지 않다는 것을 깨달아 공연을 성공적으로 마치기 위해서는 본인 혼자의 노력뿐만 아니라 다양한 분야의 사람들과 협업하는 것이 중요함을 알 수 있는 소중한 시간이었다고 발표함.

10. 미디어영상학과

1인 1역으로 멀티미디어를 담당하여 매시간 교사를 도와 영상을 활용한 수업 진행을 성실하게 도움. '우리 학급 소개 UCC' 프로젝트에 감독으로 참여하여 주제 선정, 역할분담, 장소 섭외, 촬영 등 친구들과 의견을 조율하면서 수준 높은 영상을 제작하는 데 크게 기여함. 한 명도 소외되지 않도록 배려하면서 희망대로 역할을 정하고, 기일 내에 진행될 수 있도록 친구들을 독려하는 모습이 인상적임. 영상편집 시 재치 있는 문구를 입력하여 친구들에게 큰 호응을 얻음. 통일교육 후속활동으로 북한 사람들에게 대한민국을 소개하는 콘티를 작성하여 제출함. 민주주의의 장점과 자유의 중요성을 신나는 음악을 삽입하여 재미있게 표현함. '오늘은 내가 담임교사'에 신청하여 조회시간에 명상 음악과 영상을 보여주며 명상 호흡을 유도하여 차분하게 하루를 시작할 수 있도록 진행함. 학급별 체육 대회 때 다양한 표정의 친구들의 모습을 아름다운 배경음악과 함께 활동 영상으로 제작하여 추억을 공유하고자 노력함.

 ## 11. 사진학과

1인 1역으로 우리 반 사진사를 담당하여 학급 행사 때마다 친구들과 선생님의 모습을 추억으로 남기기 위해 노력함. 빛을 잘 활용하여 사진을 찍고, 생동감 있는 표정을 잘 담아내 친구들로부터 칭찬을 받음. 아기자기한 소품을 활용하여 교실에 포토존을 꾸며놓아 친구들이 줄을 서서 사진을 찍음. 학기말에 우리 반 영상 사진첩을 만들어 친구들과 공유해서 멋진 추억을 선물함. 교통안전교육 후속활동으로 교통사고 사진을 제시하며 위험성을 시각적으로 인지할 수 있도록 준비하였고, 우리나라 교통 감시 카메라의 성능에 대해 조사하여 발표함. 학교 구석구석을 다니며 찍은 아름다운 풍경 사진을 사물함에 붙여 친구들에게 감동을 선사함. 인터넷 중독 예방교육을 받은 후 자신의 인터넷 사용 시간을 시간대별로 기록하여 생각보다 많은 시간을 소비하고 있음을 인지하였으며, 인터넷 사용 시간을 계획해서 그 시간에만 사용하겠다는 강한 실천의지를 발표함. 환경교육 영상 시청 후 지금부터 당장 실천할 수 있는 실천 공약 다섯 가지를 제안하였으며, 친구들과 서로 공약을 지켰을 때 환경 마일리지를 쌓아주는 등 지속적으로 실천 가능한 방법을 찾기 위해 다양한 의견을 제시함.

12. 사회체육학과

신체 활동에 대한 관심도가 높은 학생으로 학급 체육 도우미 역할을 맡음. 학교 내 스포츠 행사 참여 시 참가자 선정, 인솔 및 참가, 경기 전략 수립, 경기 결과 토론 등의 활동을 주도적으로 이끌어나가는 리더십을 보여줌. 또한, 운동 기능이 부족한 친구들이 의도치 않게 소외감을 느끼지 않도록 점심시간에 학급 운동 교실을 운영하면서 축구, 농구, 배구 등 다양한 운동 종목을 가르쳐 줌. 경기 참여 시 앞장서서 응원과 격려 활동을 하면서 급우들이 결과에 대해서 누군가를 탓하지 않고 서로 협동하는 분위기를 형성할 수 있도록 노력함. 축구 시합 학급 대항전에서 반에서 함께 시합하는 친구들에게 '전술주기화'라는 용어를 소개하면서 연습에 열심히 참여할 수 있도록 축구감독과 같은 역할을 함. 축구가 단순히 체력 훈련으로만 하는 경기가 아니라 두뇌를 사용하여 전략을 설계하고 시합하는 선수들과 함께 팀으로 움직인다는 것을 학급 선수들에게 알려주면서 학급 대항전에 적극적으로 참여하도록 유도함.

13. 산업디자인학과

'학급 사진첩 만들기' 활동에서 표지와 내부 디자인을 담당하여 깔끔하고 세련된 사진첩을 완성하는 데 크게 기여함. '오늘은 내가 담임선생님' 프로젝트에 참여하여 조회시간에 명화를 아름다운 음악과 함께 PPT를 활용하여 발표함. 친구들에게 미술 감상을 통해 예술적 안목을 키우는 기회를 제공함으로써 누구나 쉽게 예술을 생활화할 수 있음을 경험시켜 줌. 통일의 필요성을 주제로 토의할 때, 다른 친구의 의견을 경청하고 자신의 의견을 논리적으로 분명하게 전달하는 자세가 돋보임. 학급자치회 때 남들이 미처 생각하지 못하는 새로운 관점을 제시하는 경우가 많아 발상이 자유롭고 창의적임. 체육 대회 때 반티의 디자인 도안을 직접 컴퓨터로 그려왔으며 친구들의 투표를 통해 선정됨. '내 짝을 소개합니다' 시간에 한 달간 짝을 면밀히 관찰한 후, 친구의 장점과 단점을 스케치북에 글과 그림으로 표현하여 한 장 한 장 넘기며 재치 있게 발표함. 이를 통해 반 친구들의 뜨거운 호응을 얻었고, 짝은 미처 몰랐던 자신의 모습을 친구가 많이 찾아주어 고맙다고 답변함.

14. 서양화과

'분기별 학급 소식지 만들기'에 참여하여 전체적인 디자인과 색감 및 글씨체를 담당함. 디자인이 섬세하고 계절에 따라 알맞은 색감을 잘 활용하며, 매번 새로운 글씨체를 선보여 친구들의 감탄을 자아냄. 양성평등 교육 후속활동으로 남녀평등의 개념을 평형을 이룬 양팔 저울에 남녀를 그려 표현하고 설명함. 우리 학급 이모티콘 만들기 조별 활동에 적극적으로 참여했으며, 선호도 투표를 거쳐 학급 이모티콘으로 선정됨. 담임교사 얼굴을 가운데에 그리고, 학급 구성원들 각각의 얼굴을 하나하나 꽃잎으로 표현함. 실종 유괴 예방교육 후, 유괴로 두려움에 떨고 있는 아이와 비참한 부모의 모습을 현실적으로 그려 보는 이로 하여금 유괴가 당사자 가족에게 어떤 피해를 주는지 실감나게 느낄 수 있도록 표현함. 틈틈이 친구들의 얼굴을 정성스럽게 그려주어 친구들이 개인 SNS 프로필 사진으로 활용함. 직업안전교육에 적극적으로 참여한 후, 평소 장시간 그림에 몰두할 때 허리가 아팠던 경험을 떠올리며 허리가 아플 때 하면 좋은 동작을 찾아 친구들 앞에서 시연함.

15. 성악과

학교 축제에서 친구 3명과 트리오를 구성하여 아름다운 하모니를 들려줌. 곡 선정, 파트 분배, 표정 등 완벽한 무대연출을 위해 친구들과 토의하고 협업하는 모습이 돋보임. 특히 외국곡을 듣는 친구들의 가사 이해를 돕기 위해 노랫말을 해석하여 무대 화면에 띄어주는 센스를 발휘함. 학교폭력예방교육의 후속활동으로 캠페인 송을 만들기 위해 친구들이 따라 하기 쉬운 친숙한 노래를 고르고 개사에 참여함. 장난으로 폭력을 포장할 수 없다는 내용의 가사를 만들어 많은 친구들의 공감을 얻음. 재능기부 프로젝트에 참여하여 노래를 잘 부르고 싶은 친구들에게 발성 방법, 표정 연기 등을 친절하게 잘 가르쳐 주어 레슨을 받은 친구의 만족도가 높음. 학급 멘토-멘티 프로그램에 영어 멘토로 참여하여 멘티와 함께 영어책 읽기에 도전함. 멘티의 영어 수준을 파악하고 멘티가 흥미를 갖고 영어 공부를 할 수 있도록 세심하게 배려함. 학급의 음악 학습 부장으로서 수행평가 일정, 내용, 준비 방법 등을 상세히 정리하여 공유해줌.

16. 스포츠건강관리학과

학급 내 건강관리 게시판 설치를 건의하여 1학기 동안 관리함. 1학기 동안 일주일에 한 번씩 생활습관과 건강 관리, 건강과 운동 효과, 운동과 자기관리, 운동과 자세 관리, 운동과 비만 관리, 운동과 체력 증진 등에 대한 게시물을 총 17회 게시하였으며, 해당 게시물이 항상 최신화될 수 있도록 성실하게 관리함. 아침 조회시간을 이용하여 친구들에게 게시물의 내용을 설명해주고 궁금한 점이 있는 친구들에게는 따로 시간을 내어 상세하게 설명해주었으며, 본인이 모르는 점에 대해서는 문헌 조사나 체육 교사에게 문의하여 정확한 내용을 추가로 안내해줌. 코로나19로 바뀌게 된 생활습관과 건강관리 동영상을 조사한 후 온라인 학급방에 탑재하여 학급 친구들이 철저한 위생 관리를 할 수 있도록 안내하였고, 올바른 마스크 착용법을 핸드폰으로 촬영하여 편집한 후 친구들에게 공유하는 등 올바른 방역지침을 따를 수 있도록 남들보다 앞장서서 노력함.

17. 스포츠과학과

학급 내에서 실시한 내가 만든 강연 활동에서 '스포츠 과학이란?'을 주제로 스포츠 과학의 정의, 스포츠 생리학, 스포츠 역학, 스포츠 심리학에 대한 내용을 발표함. 발표 시 현장에서의 사례를 바탕으로 운동을 통한 인체의 변화, 동작 분석을 통한 운동수행능력 향상, 심리 기술 훈련을 통한 운동수행능력 향상에 대한 과학적 근거를 상세하면서도 알기 쉽게 제시함으로써 급우들에게 호평을 받음. 발표 후 이어진 질의응답 시간에 물리학에 관심 있는 친구가 신체에서 작용하는 스포츠 역학에 대한 구체적인 사례를 질문하였음. 이에 당황하지 않고 신체는 어깨, 팔꿈치, 무릎 등의 관절 운동이 일어날 때 힘과 운동의 법칙에 따라 움직이고, 인체도 하나의 역학적 장치로 이해할 수 있다고 설명하여 친구들로부터 좋은 평가를 받음.

18. 시각디자인학과

학급 교훈 공모전에서 붓을 이용한 캘리그라피로 작성하여 제출함. 전체 글씨의 균형이 맞고 강약이 잘 표현되어 의미가 더 잘 전달될 뿐만 아니라 보는 이로 하여금 아름다움을 느끼게 하고 감탄을 자아냄. 학급 1인 1역에서 학급 게시판을 담당하여 칠판 옆 게시판을 아기자기하게 잘 꾸미고, 사물함 이름표를 예쁘게 디자인하여 친구들의 만족도가 높음. 약물·사이버 중독 예방교육을 통해 중독의 위험성을 인지하고, 직접 금연 포스터를 제작하여 교내 화장실 곳곳에 부착함. 눈길을 끄는 색감으로 많은 학생들이 포스터에 관심을 갖도록 유도했고, 담배를 피우면 투명 인간이 되어 또래집단에 낄 수 없다는 콘셉트를 재치 있게 표현함. '칭찬합시다' 프로젝트에 참여하여 관찰한 사실을 바탕으로 친구들의 장점을 예리하게 잘 파악하여 구체적으로 칭찬함. 진로신문 만들기 활동에서 전체적인 디자인을 담당하였고, 기사 배치를 기존의 틀에서 벗어나 자유롭지만 독특한 형식으로 제작하여 눈길을 끎.

19. 실내디자인학과

학기 초 '내 방 같은 우리 교실' 만들기 프로젝트에 참여하여 전체적인 교실 콘셉트를 결정하기 위해 많은 토의에 적극적으로 참여함. 학급 친구들이 좋아하는 색감을 찾기 위해 설문조사를 실시하였으며, 교실 내 물품의 구조와 기능에 따라 동선 등을 고려하여 합리적으로 배치함. 재난안전교육 후속활동으로 최단거리 대피 동선을 짜보고 학교에서 안내한 대피 동선과 비교해 봄. 전교생이 가장 빠르게 대피할 수 있는 학급별 대피 동선을 작성하여 제출함. 환경오염으로 인한 기후변화 보고서를 작성한 후, 친환경 실내디자인에 관심을 갖고 관련 자료를 수집하여 스크랩함. '취미 공유해요' 프로그램에 참여하여 직접 조립한 DIY 가구 사진과 실내 인테리어 잡지 스크랩북을 보여주며 실내디자인의 실용적인 가치를 강조함. 내가 읽은 책 소개하기 시간에 '교실 한구석에서 시작하는 학교 공간혁신: 학교, 삶과 배움이 조화를 이루는 공간을 디자인하다(한현미)'를 읽고 교육부가 밝힌 '그린스마트 미래학교'에 대해 소개한 후, '아름다운 공간은 아름다운 생각을 만들고, 아름다운 생각은 아름다운 행동을 낳는다.'는 저자의 의견에 적극적으로 공감한다는 감상평을 발표함.

20. 실용음악학과

재능기부 프로그램에 참여하여 점심시간에 연주 가능한 곡을 게시하고 친구들의 신청을 받아 기타를 연주함. 학기 초에 비해 점점 연주 가능한 곡의 수가 많아졌고, 친구들의 호응이 좋아 다른 반 친구들도 함께 감상함. 생일 축하 이벤트나 학급회의 등 학급의 다양한 행사 때마다 적절한 배경음악을 선정하여 시작 시 친구들의 주의집중을 유도하는 데 크게 기여함. 자살예방 및 생명존중교육의 후속활동으로 우리나라 청소년의 자살률과 자살의 원인을 조사하고자 여성가족부 홈페이지에 게시된 '2021 청소년 통계' 보도자료(2021.05.24.)를 인용하여 2011년 이후 고의적 자해(자살)가 청소년 사망 원인 1위임을 구체적 자료를 바탕으로 발표하였으며, 정신건강을 위해 자신이 좋아하는 음악을 즐겨 듣자는 의견을 제시함. 학급 내 문화예술교육부 소속으로 한 달에 한 번 우리 지역의 문화예술 근황을 신문으로 제작하여 배포함.

21. 연극영화학과

교내 축제 시 '즐거운 영화의 세계'라는 주제로 유명 영화들의 주요 장면들을 패러디한 공연을 선보임. 영상 제작의 총책임자로서 배우 캐스팅, 영상 편집, 배경음악 설정, 장면 구성 등 모든 일을 주도적으로 설계한 후, 각각의 역할을 맡은 학생을 섭외하여 업무를 배정하고 각자 역할을 수행할 수 있도록 이끌어 냄. 공연 시 다양한 역할을 맡아 진행자로서 재치 있는 말솜씨를 선보이고, 각 장면에서의 주요 배역, 만화 영화에서의 성우 등의 역할을 맡아 뛰어난 연기력을 선보임으로써 친구들에게 호평을 받음. 학교 홍보 영상 제작에도 참여하여 영상에 들어가는 홍보 사진, 학교 특색프로그램, 교육과정 소개 등의 순서를 정하는 등 본교를 희망하는 중학생들이 학교에 대해 이해하는 데 도움이 되는 영상을 제작할 수 있도록 도움.

21. 음악학과

희망 진로 주제발표 시간에 서양 음악의 역사를 고대 시대부터 낭만주의까지 순서대로 대표적인 음악가와 대표곡을 들려주며 각 시대의 음악적 특징을 이해하기 쉽게 정리하여 발표함. 마니또 행사를 기획하여 친구들끼리 서로 친해질 수 있는 계기를 마련하기 위해 노력함. 교통안전교육 후속활동으로 횡단보도에서 보행자가 무단횡단을 하거나 운전자가 신호를 위반할 경우 폐쇄 회로 텔레비전이 인지하고 불쾌한 경고음을 주는 아이디어를 제출함. 멘토-멘티 활동에서 음악 멘토를 담당하여 노래를 좋아하는 친구들에게 악보 보는 법, 음악 감상 태도 등을 주제로 강의와 실습을 주도함. 아동학대예방교육 시 '아동학대의 사례와 예방 방법'을 주제로 보고서를 꼼꼼하게 작성하여 제출함. 최근 1년 동안 일어난 아동학대 관련 뉴스를 스크랩하여 구체적인 사례를 제시하였고, 신고의무자에 대한 신변보호 대책과 부모교육 및 엄중한 처벌이 병행되어야 함을 강조함.

22. 작곡과

노동인권교육을 통해 노동자의 정당한 권리에 대해 배우고 평소 자신이 작곡한 곡의 저작권료를 받을 수 있는 방법을 찾아본 결과, 작곡, 작사, 연주곡을 한국음악저작권협회나 한국음악실연자연합회에 등록하면 된다고 발표함. 인성교육의 개념을 자신의 내면을 바르고 건전하게 가꾸고 타인·공동체·자연과 더불어 살아가는 데 필요한 인간다운 성품과 역량을 기르는 것을 목적으로 하는 교육이라고 정확하게 설명하고 음악을 활용한 인성교육 프로그램을 제안함. 프로그램 제안 배경으로 음악이 인간의 신체와 정서에 미치는 과학적 근거와 음악치료의 효과를 검색하여 마음의 안정을 주고 뇌의 활동을 증가시켜 내면을 바르게 가꾸고 타인과 상호작용할 수 있어 인성교육에 적합하다고 발표함. 학급의 문화예술부장으로 교내 및 지역사회에서 기획된 다양한 문화예술 공연을 소개하는 포스터를 학급 친구들과 공유함.

 ### 23. 조소과

환경교육을 통해 쓰레기 섬의 심각성을 깨닫게 되었으며, 재활용품을 활용한 조각에 관심을 가지고 조사함. 폐타이어, 페트병, 버려진 옷감 등 조각품에 활용될 수 있는 소재가 매우 다양하다는 사실을 알게 되었고, 환경과 공존할 수 있는 조각가가 되겠다는 포부를 밝힘. 작가의 철학이 작품에 투영됨을 깨닫고, 자연을 더 사랑하고 자신의 일을 통해 사람들에게 선한 영향력을 주기 위해 노력하겠다는 소감문을 작성함. 취미 소개하기 시간에 다양한 조형물을 찍은 사진과 그 조형물과 주변 환경에 대한 자신의 느낌을 기록한 스크랩북을 소개하고, 어디를 가더라도 조형물이 눈에 띄어 시작했는데 작품을 보는 안목이 생겼다며 친구들에게도 같이 해보자고 권유함. 교내와 인근 학교의 교훈이 새겨진 조형물 사진을 보여주면서 너무 비슷함을 지적하고, 학교마다 개성을 살린 다양한 조형물이 설치되길 바란다는 의견을 제시함.

24. 조형예술학과

재능기부 프로젝트에 참여하여 학급 친구들의 개성이 투영된 아바타를 종이로 만들어 전시함. 아바타를 섬세하고 살아있는 듯한 표정과 몸짓으로 표현하여 뛰어난 관찰력과 세밀한 표현력을 보여줌. 친구들에게 아바타를 제시하여 누구인지 맞히게 하면서 재미를 선사하였으며, 대부분의 친구들이 아바타만 보고 어떤 친구인지 알아냄. 학급 환경 개선 프로젝트의 담당자로 선정되어 교실을 깨끗이 청소한 후 교탁을 시트지로 꾸밈. 교탁 내부 공간에 항상 많은 물품들이 차 있어 지저분하고 원하는 것을 빨리 찾지 못한다는 문제점을 개선하기 위해 깔끔하고 수납 용도에 맞는 정리함을 직접 제작함. 지역 향토사 교육을 통해 우리 지역 소개하기 팸플릿을 만들어 전시함. 관광객이 팸플릿만 보고도 여행 목적에 따른 관광지 선택, 이동 동선, 여행 경비를 계획할 수 있도록 꼼꼼하게 제작함. 환경교육을 통해 환경오염의 심각성을 깨닫고 우리 반에서 버려진 폐품을 활용한 조형물 만들기 프로젝트를 주도하여 쓰레기 줄이기 캠페인과 더불어 쓰레기도 예술 작품으로 재탄생할 수 있음을 직접 보여줌.

 25. 태권도학과

교내 축제(2021.08.27.)에서 태권도 품새 공연을 선보임. 공연 준비를 위해 희망자 7명을 섭외하여 2달 동안 직접 품새 동작을 가르쳐주는 열의를 보였으며, 동작 숙지에 어려움을 느낀 친구가 공연을 포기하려고 하자 격려와 함께 추가 연습을 지도해주면서 팀원들을 끝까지 이끌어나가는 모습을 보임. 공연 구성 시에도 본인보다는 팀원들이 더 돋보일 수 있도록 동작과 대형들을 계획하였으며, 최종 공연 시 완성도 높은 무대를 선보여 친구들에게 호응을 얻음. 축제 공연이 모두 끝난 후 친구들과 함께 강당에 배치된 의자를 접어서 창고에 정리해놓고, 강당 바닥에 놓여 있는 매트를 수거하여 다음에도 잘 사용할 수 있도록 정리해놓음. 강당에 떨어져 있는 쓰레기도 정리해서 운동하는 체육관이 깨끗하게 유지될 수 있도록 체육 교사를 도와 칭찬을 받음.

 26. 패션디자인학과

환경교육 후속활동으로 '환경과 패션 산업'을 주제로 보고서를 제출함. 화학 섬유생산 및 염색 과정에서 일어나는 물 대량소비, 버려진 섬유와 옷의 소각으로 인한 이산화 탄소 배출, 매립으로 인한 토양 오염 등 패션 산업으로 인한 환경오염의 사례를 뉴스 자료를 활용하여 구체적으로 제시함. 패스트 패션의 문제점을 지적하고 그 대안으로 슬로 패션, 환경과 동물을 생각한 비건 패션 등을 소개하며 환경과 지속가능한 패션 산업의 방향에 대해 발표함. 코로나19로 인한 비대면 3D 패션쇼 영상을 보여주며 패션과 첨단기술의 융합은 필수임을 강조함. 3D 패션쇼의 장점으로 현실에서는 구현하기 어려운 상상 속 공간 구현이 가능하여 현실보다 더 다양한 볼거리를 볼 수 있으며, 디자이너의 작가 정신이 더 잘 전달될 수 있는 점을 꼽음. 재능기부 프로젝트에 참여하여 반 친구들의 피부색과 얼굴형을 고려한 티셔츠의 디자인과 색을 결정하고, 가상 착용서비스 앱을 활용하여 친구들에게 경험시켜 줌.

27. 한국무용전공

학교 재능기부 프로젝트에 참여하여 한국전통무용에 관심 있는 후배들 5명에게 한국무용 강습을 3회 진행함. 강습 시 한국무용과 서양무용, 현대무용의 차이점, 한국무용을 배워야 하는 이유 등을 PPT 자료로 제작하여 이해하기 쉽게 설명해 줌. 쉬운 동작부터 어려운 동작까지 난이도를 구분하여 참여 학생들이 자신의 수준에 맞게 배우며 흥미를 느낄 수 있도록 가르쳐 주었고, 즐거운 분위기 속에서 활동이 이루어질 수 있도록 차분하게 학생들을 이끌어나가는 모습을 보임. 대한민국무용을 학교에 알리는 3분 홍보 영상을 만들기 위해서 강습에 참여한 후배들 가운데 희망자를 지원받고, 한국전통무용 중에서 기본적인 동작을 함께 연습한 후 춤을 추는 모습을 촬영함. 영상을 촬영할 때 '마음이 고와야 춤도 곱다'라는 뜻의 의미를 생각하면서 한국전통무용을 표현한 후, 완성된 홍보 영상을 학교 홈페이지에 탑재하여 선생님과 친구들로부터 칭찬을 받음.

28. 한국화전공

급훈 공모전에 멋진 붓글씨로 작품을 제출함. 진로 주제발표 시간에 국립중앙박물관 홈페이지에 접속하여 '2019년 폴란드 한국 문화재 특별전(한국미술, 삶과 예술에 깃들다)' 영상을 보여주며 폴란드에 우리 문화재를 전시하기 위한 과정을 자세히 소개함. 유물 보존 처리, 포장 방법, 운송 시 유의점, 한국 전통미술 문화를 폴란드에 소개하기 위한 기획 의도에 맞는 작품 선정, 현지에서의 설치 과정 등 우리가 편히 보는 전시회가 많은 사람들의 노력의 결과임을 보여주었고, 특히 학예사의 역할을 구체적으로 소개함. 전시회를 통해 서로 다른 문화를 가진 국가 간의 소통과 이해를 바탕으로 더 좋은 관계를 맺을 수 있다는 점을 강조함. 한 달 동안 마니또 친구를 세심하게 관찰하여 친구에게 필요한 도움을 적절하게 주고자 노력하였고, 마니또를 발표하는 날에 친구 얼굴을 멋있게 직접 그린 수묵화를 선물로 주어 많은 친구들에게 감동을 줌.

29. 회화과

교실 벽 꾸미기 프로젝트에 참여하여 교실 벽에 도화지를 붙여 작품을 선보임. '우리의 십대'라는 주제로 학급에서 볼 수 있는 우리들의 다양한 모습을 익살스럽게 표현함으로써 친구들의 웃음과 감동을 자아냄. 교통안전교육 후속활동으로 교통안전 주의판을 제작하여 교문 주변에 전시함. 체인지 메이킹 활동에 참여하여 학교생활의 불편한 점을 찾고 대안을 제시함. 화장실 문에 아름다운 그림과 글귀가 있으면 좋겠다는 의견을 제시하고 관심이 있는 친구들을 모아 함께 작업함. 선생님의 허락을 받고 화장실 문 곳곳에 다양한 그림과 명언을 붙여 학생들의 정서교육에 도움을 줌. 책 소개하기 시간에 '명화들이 말해주는 그림 속 그리스 신화(이진숙)'를 소개하며 그림과 함께 자연스럽게 그리스 신화를 읽게 되어 일석이조라고 발표함. 학급 자치 시간에 주제와 관련된 다양한 아이디어를 자유롭게 표현하며 자신과 다른 의견에도 경청하는 태도를 보임.

02. 동아리활동

1 기재요령

정규 교육과정 동아리활동(정규 교육과정 내 청소년단체활동 포함), 학교교육계획에 의한 정규 교육과정 이외의 자율동아리활동(동아리명 및 간단한 동아리 소개), 정규 교육과정 이외 학교스포츠클럽활동 클럽명과 이수시간, 학교교육계획(정규 교육과정 포함)에 의해 학교에서 주최하고 주관하여 실시한 활동, 타 고등학교에서 주최하고 주관한 국내 체험활동 중 학교장이 승인한 체험활동, 교육 관련 기관에서 주최하고 주관하여 실시한 국내 체험활동 중 학교장이 승인한 체험활동을 입

동아리활동 영역은 자기 평가, 학생상호 평가, 교사 관찰 등의 방법으로 평가하고, 참여도, 협력도, 열성도, 특별한 활동실적 등을 참고하여 실제적인 활동과 역할 위주로 입력합니다. 학생은 연간 1개 이상의 정규 교육과정 내 동아리활동에 참여할 수 있습니다. 학교교육계획에 의한 학생의 자율동아리활동은 학년 당 한 개만 입력하고, 동아리 소개를 30자 이내(동아리명과 공백 포함)로 입력할 수 있습니다.

2 평가 가이드

☐ 정규동아리는 본인의 관심분야와 관련된 동아리를 가입하여 활동하는 것이 좋습니다. 학교 여건 때문에 본인이 원하는 정규동아리에 들어가지 못했다 하더라도 동아리활동을 통해서 본인의 인성이나 협업 역량이 드러날 수 있도록 노력한다면 학생부종합전형에서 좋은 평가를 받을 수 있습니다. 자율동아리는 2021학년도 1학년 입학생이 치르게 되는 2024학년도 대입부터 더 이상 학생부종합전형에 반영되지 않습니다.

예체능계열 맞춤형 동아리활동

LIST

디자인반, 만화애니메이션반, 사진반, 미디어영상반,

조각반, 서양화반, 한국화반, 국악반,

성악반, 밴드반, 스포츠과학반, 시네마탐구반,

씨큐리티반, 뮤지컬반, 공연기획반 등

추천 동아리활동

디자인

디자인반, 만화애니메이션반, 사진반, 미디어영상반, 캐릭터반, 조각반, 서양화반, 한국화반, 시네마탐구반, 공연기획반 등

응용예술

만화반, 만화애니메이션반, 사진반, 게임제작반, 영상제작반, 캐릭터반, 시네마탐구반, 공연기획반 등

무용·체육

스포츠과학반, 시네마탐구반, 씨큐리티반, 무용반, 뮤지컬반, 공연기획반, 케이팝반, 한국무용반 등

미술·조형

디자인반, 만화애니메이션반, 사진반, 미디어영상반, 도자기반, 조각반, 조형반, 서양화반, 한국화반 등

연극·영화

미디어영상반, 밴드반, 스포츠과학반, 영화감상반, 시네마탐구반, 연극반, 영화반, 뮤지컬반, 공연기획반 등

음악

만화애니메이션반, 미디어영상반, 국악반, 성악반, 밴드반, 시네마탐구반, 뮤지컬반, 공연기획반 등

예체능계열 맞춤형 동아리활동 기재 예시

(디자인반)(34시간) 자신의 생각을 시각적으로 표현하는 것을 즐기는 학생으로 동아리 소개 인포그래픽을 제작함. 단순하면서도 정보를 명료하게 전달하였고 눈에 띄는 색감을 잘 활용함. 부원들과 연간 계획 세우기 활동에서 다양한 작품 감상, 디자인 연습, 결과물 산출, 전시회 순으로 월별 계획서를 제출하여 선정됨. 산업디자인에 관심이 많아 전자제품매장에서 다양한 제품의 사진을 찍어와 각 제품의 기능과 디자인의 관계를 논리적으로 설명함. 최근 소비자들은 개개인의 취향이 반영된 맞춤형 제품을 선호하기 때문에 한 가지 제품이라도 다양한 디자인 개발이 필요하다고 발표함. 평소 물건을 사용할 때 불편한 점을 메모하였다가 자신만의 아이디어로 불편함을 개선한 디자인을 스케치한 스크랩북을 제출함. 나무젓가락과 고무줄로 필요한 물건 만들기 활동에서 언제 어디서나 바른 자세로 책을 읽고 싶었던 경험을 떠올려 휴대 가능한 접이식 간이 독서대를 만들어 제출함. 부원들과 서로의 디자인에 대해 객관적으로 피드백해주고, 창의적이고 독창적인 아이디어를 고안하기 위해서는 많은 디자인 작품을 감상하고 생활의 불편함을 메모하는 습관을 갖는 것이 중요하다고 발표함.

관련학과 산업디자인학과, 시각디자인학과, 실내디자인학과, 패션디자인학과

(만화애니메이션반)(34시간) 문학 교과서의 일부를 읽고 만화로 표현하기 활동에서 등장인물의 성격이 잘 반영된 캐릭터를 실감나게 그렸고, 내용 전달이 쉽게 대사로 잘 표현함. 좋아하는 애니메이션 소개하기 시간에 어릴 때 만화를 좋아하게 된 계기를 제공한 캐릭터를 소개함. 지금까지도 전 세계에 수출되어 많은 어린이들의 사랑을 받는 캐릭터의 가치와 애니메이션이 드라마나 영화로 제작된 사례를 소개하며 애니메이션 산업이 선진국형 고부가가치 비즈니스임을 강조함. 부원들의 개성이 잘 표현된 캐릭터를 그려 동아리 홍보물을 제작함. 뛰어난 관찰력으로 단순해보이지만 개개인의 특성이 잘 드러나도록 표현해 누구를 그린 것인지 맞힐 수 있어 웃음을 자아냄. 상상력이 풍부하여 다양한 스토리텔링이 가능하고 그것을 그림으로 잘 표현하므로 만화가에 적합함. 만화애니메이션 학과 소개 영상을 보면서 스토리를 구성하고, 캐릭터를 창조하는 그림 실력과 기술활용능력이 중요하다는 점을 배워 다양한 사람들을 만나 풍부한 감정을 느끼는 것이 작품기획에 도움이 되므로 많은 경험을 쌓기 위해 노력하겠다는 소감문을 제출함.

관련학과 만화애니메이션학과, 미디어영상학과, 사진학과

(스포츠과학반)(34시간) 스포츠 분야에 관심이 많고 신체를 통한 활동에 적극적으로 참여함. 구기 종목에 소질이 있고 튼튼한 체력과 건강을 유지하기 위해서 계획을 세워 꾸준히 운동함. 국내와 해외 스포츠를 비교·분석하고 PPT를 만들어 발표함. 스포츠지도사가 되기 위해 스포츠 종목과 운동 처방에 대한 지식을 습득하려고 노력하는 모습을 보임.

관련학과 경호학과, 사회체육과, 스포츠건강관리학과, 스포츠과학과

(사진반)(34시간) 재능기부 프로젝트에 참여하여 '학급 내 사진전'을 개최함. 본인이 직접 찍은 친구들의 다양하면서도 자연스러운 표정이 담긴 사진을 친구들의 사물함에 붙여 감상 기회를 제공함. 친구들로부터 자신도 몰랐던 표정을 알게 해주어 고맙다는 인사를 받음. 진로 연계 추천 도서 소개하기 시간에 '사진 구도가 달라지는 아이디어100(문철진)'을 통해 다양한 구도의 사진을 찍는 데 도움을 받았다며, 본인이 생각하지 못했던 구도의 사진을 보여주면서 사진 촬영 시 익숙한 구도에서 벗어난 창의적 발상이 중요하다고 강조함. 동아리 전시회에 '항상 그 자리에 있지만 언제나 다른 우리 학교'라는 주제로 계절에 따라, 시간에 따라, 학교 행사에 따라 시시각각 변하는 그러나 항상 그 자리에서 우리를 반겨주는 학교의 다양한 모습을 사진으로 전시하여 많은 친구들의 감탄을 자아냄. 3년을 매일 등교했지만 정작 알지 못했던 우리 학교의 모습에 대해 생각해 볼 수 있는 기회가 되었다는 피드백을 받음.

관련학과 만화애니메이션학과, 미디어영상학과, 사진학과

(미디어영상반)(34시간) '미디어의 개념과 영향력'을 주제로 보고서를 제출함. 미디어의 개념, 미디어가 우리의 삶에 긍정적 또는 부정적 영향을 미친 구체적인 사례를 제시한 후 올바른 미디어 활용에 대한 자신의 생각을 정리함. 정보의 홍수 속에서 정보가 갖는 순기능과 역기능을 논리적으로 정리했으며 미디어 리터러시의 중요성을 강조함. 생각을 영상으로 표현하기 활동에서 친구들과 협력하여 주제 선정, 시나리오 작성, 등장인물 섭외, 촬영 일정 및 장소 선정, 소품 준비 등 일련의 과정에 적극적으로 참여하였고 건강하게 의사소통하면서 영상 제작에 최선의 노력을 다함. 영상 발표 후 작가의 의도와 주제 전달이 명확하다는 피드백을 받음.

관련학과 만화애니메이션학과, 미디어영상학과, 사진학과

(조각반)(34시간) '나도 큐레이터' 시간에 평소 좋아하는 조각 작품을 PPT로 준비하여 부원들과 함께 감상함. 작품을 먼저 보여준 후에 부원 한 명 한 명에게 감상평을 물어보며 관심을 유도하고, 다양한 감상평을 함께 공유하면서 작품과 작가에 대해 친절하게 설명함. 같은 작품에 대한 다양한 감상평을 함께 공유하고 작가의 의도와 비교할 수 있도록 발표를 구성한 점이 돋보임. 감상의 본질은 작품을 분석하고 평가하거나 작가의 의도를 맞추는 것이 아니라, 그저 감상자 자신의 눈으로 작품을 느끼고 감동을 받거나 스스로 작가가 되어야 하는 것이라고 강조함. 다만 작가에 대해서 알면 그만큼 작품이 더 잘 보이는 것뿐이라고 자신의 생각을 설득력 있게 전달함.

관련학과 조소과, 조형예술학과

(서양화반)(34시간) 자신의 느낌과 생각을 그림이나 만들기로 표현하기를 좋아하고 다양한 미술 작품을 감상하고 싶다는 가입 동기를 밝힘. 다양한 교과와 미술 활동 연계하기, 실습역량 향상, 미술 작품 감상 등 미술학도에게 필요한 활동 위주로 희망 활동 리스트를 계획하여 제출함. '교과서 속 미술'을 주제로 수업시간에 배운 내용 중 감명 깊은 내용을 주제로 그리기 활동에서 가속화되고 있는 지구온난화의 위험성과 우리의 노력으로 아름다운 지구를 지키자는 메시지를 그림으로 표현함. 지구온난화의 위험성을 강조하기보다 희망적인 내용을 표현하여 보는 이로 하여금 희망을 품고 환경보호에 동참해야겠다는 의지를 갖게 함. 데생 수업에서 부원들과 각자의 미술도구를 비교하면서 각 도구의 기능과 장단점에 대해 의견을 교환함. 4B연필을 활용하여 축구공을 그리고 서로의 그림을 비교하면서 차이점을 찾아 연필을 어떻게 잡았는지, 선을 어떻게 그었는지 등 차이의 원인을 파악하기 위한 토의 활동에 적극적으로 참여함.

관련학과   서양화과, 조소과, 조형예술학과, 회화과

(한국화반)(34시간) 벼루에 먹을 갈 때 편안함을 느끼고, 먹의 향이 좋아 한국화를 시작하였으며, 그림을 그릴 때 마음이 차분해져 한국화 전공을 희망함. 한국화 재료 알아보기 활동에서 인사동에 방문하여 다양한 재료에 대해 직접 조사하면서 명칭과 용도를 정리한 보고서를 제출함. 한국화로 교과서 표지 만들기 활동에서 각 교과의 특징이 잘 드러나는 디자인을 고안한 후 붓과 먹으로만 표현함. 내가 좋아하는 한국화 작품 소개하기 시간에 각자 좋아하는 한국화 작품 3개를 PPT로 소개하고, 좋아하는 이유와 감상평 및 작가의 작품 세계에 대해 발표함. 아름다운 풍경을 섬세하게 그린 작품을 좋아하여 본인도 자연과 풍경 그리기 연습을 하고 있다고 발표함. 자신의 작품도 보여주며 부원들의 감상평 및 피드백을 꼼꼼히 메모함.

관련학과   동양화과, 한국화전공, 회화과

(국악반)(34시간) K-POP이 전 세계적으로 사랑받고 있는 이유를 분석하기 위해 인기 가수들의 공통점을 조사하여 발표함. 중독성 있는 멜로디와 춤과 노래 실력을 겸비한 화려한 퍼포먼스, 특히 솔로보다 그룹이 인기 있는 이유가 마치 공동체와 협력해야 하는 고된 농사일을 흥겹게 하고자 여럿이 함께 신명 나게 연주하고, 상모 돌리기나 버꾸춤 등 화려한 볼거리를 갖춘 농악과 비슷하다고 설명함. 동아리 발표회에서 사물놀이를 준비하여 전교생들에게 즐거운 시간을 선물함. 사물놀이에 앞서 꽹과리, 북, 장구, 징이 의미하는 바를 설명하여 우리 음악에 대한 이해를 도움. 영화음악이나 팝송의 국악 버전 곡을 소개하며, 국악의 세계화를 위해서는 국악 고유의 특성을 유지하면서도 다양한 장르의 음악과 접목하려는 노력이 필요하다고 강조함.

관련학과   국악과, 음악학과

(성악반)(34시간) 음색이 맑고 깨끗하며 독일 곡과 이탈리아 곡을 정확한 발음으로 연주하기 위해 외국어 공부를 열심히 함. 곡을 연습하기에 앞서 작곡가와 작곡 배경에 대해 조사하고, 연주곡에 대한 이해를 바탕으로 발성과 표정 연기를 연습함. '클래식 용어 사전 만들기' 프로젝트에 참여하여 흔히 접하는 클래식 용어를 누구나 알기 쉽게 쓴 설명서를 급식실 주변에 게시하여 급식을 기다리는 학생들이 쉽게 읽을 수 있도록 함. 많은 성악가의 연주 영상과 다양한 곡의 연주 영상을 시청하고 자신만의 곡 해석과 느낌을 첨부한 감상문을 제출함. 동아리 발표회 연주곡을 연습하기 위해 같은 곡을 부른 다른 성악가들의 영상을 보면서 각 성악가의 장점을 분석하고 자신만의 색으로 발전시켜 발표함. 교과와 성악의 접목 활동에서 '메밀꽃 필 무렵(이효석)'의 한 장면을 서정적인 느낌의 아리아로 창작하여 부원들 앞에서 발표함.

관련학과 성악과, 실용음악학과, 음악학과

(밴드반)(34시간) 수준급의 기타 연주 실력을 갖춰 밴드부에서 핵심적인 역할을 함. 연주곡을 선정할 때 보컬이 잘 부를 수 있는 노래를 선택할 수 있도록 배려하며, 선정된 곡을 완벽하게 연주하기 위해 성실하게 연습함. 기타를 항상 가지고 다니면서 틈날 때마다 연습하고 친구들에게 연습한 곡을 들려주며 즐거움을 선사함. 교내 어디에서든 기타 연습을 하는 모습을 자주 볼 수 있으며 자연스럽고 편안한 모습으로 연주함. 리듬감과 박자감이 좋아 다양한 곡을 잘 소화함. 악기를 소중히 다루며 연습 후에도 끝까지 남아서 뒷정리를 함. 곡을 해석하는 과정에서 부원들의 의견을 경청하고 자신의 의견도 분명하게 전달하는 등 의사소통을 잘하며, 혼자보다는 함께 연주하는 기쁨을 즐기는 학생임.

관련학과 기악과, 실용음악학과, 음악학과, 작곡과

(시네마탐구반)(34시간) 연극이나 영화감독 관련 분야의 진로를 희망하는 학생으로 영상매체 촬영과 편집을 좋아함. 스마트폰 영상 편집 프로그램인 키네마스터를 활용하여 코로나 거리두기 단계별 유의사항에 대한 영상을 제작하고 학교 홈페이지에 탑재하여 온라인 캠페인을 실시함. 온라인 수업과 관련된 다큐멘터리를 시청한 후 감상문을 작성하고, 영상매체를 활용한 온라인 발표 자료를 작성하여 제출함. 친구들의 호기심을 자극하고, 발표의 마무리를 영상으로 활용하여 수업이 지루하지 않도록 구성한 점이 돋보임.

관련학과 사진영상학과, 연극영화전공

(씨큐리티반)(34시간) 국내 대형 항공 회사의 경호원이 되기를 희망하는 학생으로, 전년도 국내 범죄 발생 현황을 조사한 후에 분석 자료를 작성함. 개인별 주제발표 시간에 국내 범죄 발생 현황과 대책을 제시하여 친구들로부터 좋은 평가를 받음. 대입정보 탐색사이트에서 경호 관련 학과가 개설된 대학을 조사하고 학과별 교육과정을 비교 분석함. 분석한 자료를 바탕으로 PPT를 제작하여 학과별 특징과 졸업 후 진출 분야에 대해서 명확하게 발표함.

관련학과　경호학과, 사회체육과, 스포츠건강관리학과, 스포츠과학과, 태권도학과

(뮤지컬반)(34시간) 국내에서 활동하는 뮤지컬 배우를 조사하고 배우별 특징과 최근에 참여한 공연을 조사하여 발표함. 국내 창작 뮤지컬의 현황을 조사하고 앞으로는 어떻게 발전해나가야 할지 동아리 부원들과 토의함. 뮤지컬을 공연하기 위해서 필요한 무대, 음악, 배우 등의 요소들과 관련된 자료를 찾아보고, 동아리원과 뮤지컬 대본을 읽고 연습에 참여함. 대사, 노래, 안무 등을 연습한 후 학교 축제에서 '친구'를 주제로 뮤지컬 공연을 하였고, 공연을 관람하는 친구들에게 박수갈채를 받음.

관련학과　공연예술학과, 무용학과, 뮤지컬학과, 성악과, 실용음악과, 연극영화전공, 한국무용학과

(공연기획반)(34시간) 음악 감상을 좋아하고, 연극이나 뮤지컬 등의 공연에 관심이 많음. 공연 기획하기 활동에서 학교 축제에서 전시할 활동과 공연할 프로그램을 기획하고 동아리 부원들과 축제 포스터를 제작함. 공연예술 관련 도서를 읽고 공연을 진행하기 위해 필요한 투자 유치, 제작 과정, 정산까지의 과정을 조사해봄. 공연예술과 마케팅의 관계에 대해서 토론해보고, 공연을 기획하기 위해서는 다양한 공부와 노력이 필요하다는 것을 배움.

관련학과　공연예술학과, 무용학과, 뮤지컬학과, 연극영화전공, 음악학과, 한국무용학과

03. 봉사활동

1 기재요령

봉사활동 실적에는 학교교육계획에 의해 실시한 봉사활동과 학생 개인계획에 의해 실시한 봉사활동의 구체적인 실적을 입력합니다. 학생 개인계획에 의해 실시한 봉사활동은 학교장이 승인한 경우만 입력하고, 봉사활동 실적에서 '장소 또는 주관기관명'란의 '학교' 또는 '개인'의 구분은 봉사활동 계획 주체에 따라 입력합니다.

봉사활동 시간은 1일 8시간 이내로 인정하는 것이 원칙이며, 평일 수업시간이 7교시인 경우 1시간, 6교시인 경우 2시간, 4교시인 경우 4시간, 휴업일(토요일·공휴일·방학·재량휴업일)인 경우 8시간 이내로 인정합니다. 헌혈은 1일 최대 봉사활동 인정 가능 시간(8시간)의 제한을 받지 아니하고, 1회당 4시간으로 연 3회의 범위 내에서 실적으로 인정합니다.

1365 자원봉사포털(나눔포털)(행정안전부)·VMS(보건복지부)·DOVOL(여성가족부)과 교육정보시스템의 봉사실적 연계를 통해 학생 개인계획에 의한 봉사활동 실적을 입력합니다.

2 평가 가이드

☐ '개인' 봉사활동 실적은 2021학년도 1학년 입학생이 치르게 되는 2024학년도 대입부터는 더 이상 반영되지 않습니다. 단, '학교' 봉사활동 실적은 학생부종합전형에 반영되므로 학기 단위나 학년 단위로 장기간 실시하는 교내 봉사활동은 신청 후 지속적으로 참여하는 것이 좋습니다.

예체능계열 추천 봉사활동

LIST

교실 게시판 도우미, 쓰레기 분리수거 도우미, 자원 절약 도우미,
급식 질서 도우미, 멘토-멘티 학습 멘토링 활동, 학교 행사 지원 활동,
학생회 임원선출 도우미, 복도 벽화그리기 도우미, 예술 행사 도우미,
행사 안전 도우미, 축제 진행 도우미 등

04. 진로활동

1 기재요령

진로희망분야, 학교교육계획(정규 교육과정 포함)에 의해 학교에서 주최하고 주관하여 실시한 진로활동과 관련된 사항, 진로지도와 관련된 상담 및 관찰·평가 내용, 타 고등학교에서 주최하고 주관한 국내 체험활동 중 학교장이 승인한 체험활동, 교육 관련 기관에서 주최하고 주관하여 실시한 국내 체험활동 중 학교장이 승인한 체험활동을 입력합니다.

진로활동 영역의 '특기사항'란에는 다음과 같은 사항을 참고하여 실제적인 활동과 역할 위주로 입력합니다. 특기· 진로희망과 관련된 학생의 자질, 학생이 수행한 노력과 활동, 학생의 특기·진로를 돕기 위해 학교와 학생이 수행한 활동과 결과를 입력합니다. 학생·학부모와 진로상담을 한 결과, 학생의 활동 참여도, 활동 의욕, 태도의 변화 등 진로활동과 관련된 사항을 입력합니다. 학급 담임교사, 상담교사, 교과담당교사, 진로전담교사의 상담 및 관찰·평가 내용 등도 입력할 수 있습니다.

2 평가 가이드

☐ 진로활동에 기록된 내용을 통해서 학생의 관심분야와 전공적합성 등을 이해할 수 있습니다. 학생부종합 전형에서는 진로활동을 통해서 어떤 분야에 대한 조사를 했는지, 그 분야와 관련된 탐구활동은 무엇을 했는지 알고 싶어 합니다. 전 학년이 실시하는 진로활동보다는 학생 개인의 개별화된 내용을 중심으로 평가를 실시하고 기록한다면 대학에서 학생에 대해 더 많은 정보를 얻을 수 있습니다.

☐ 2022 개정교육과정부터는 진로활동을 진로탐구활동으로 확장하여 실시할 예정입니다. 학생의 진로와 관련된 탐구활동을 중심으로 실시하고 기록한다면 관심분야에 대한 학생의 열정과 노력의 모습을 엿볼 수 있을 것입니다.

예체능계열 추천 진로활동

LIST

진로심리검사, 희망전공 탐색, 대학정보 탐색, 진학 설계,
직업정보 탐색, 직업인 인터뷰, 진로 독서활동, 직업인 초청 특강,
직업인 인터뷰, 롤모델 탐구활동, 직업체험활동,
진로포트폴리오 작성활동, 대학생 멘토링 활동, 전공체험의 날,
선배와의 대화, 진로 진학 콘서트, 진로탐구활동 등

추천 진로활동

디자인

대학 학과(디자인 관련 학과) 탐방활동, 직업인 인터뷰 활동, 직업(산업디자인 관련 직업) 체험활동, 디자인 관련 기업 탐방, 직업인(디자인 분야 직업) 초청 특강, 진로포트폴리오 작성활동, 진로심리검사 활동 등

응용예술

직업(사진가, 배우) 체험활동, 대학 학과 탐방활동, 전공(사진영상학과, 미디어영상학과) 체험의 날 활동, 나의 꿈 발표하기 활동, 진로포트폴리오 작성활동, 진로심리검사 활동, 직업인 인터뷰 활동, 직업인 초청 특강 등

무용·체육

대학 학과(무용, 스포츠 관련 학과) 탐방활동, 직업인 인터뷰 활동, 직업(무용가, 스포츠 선수, 경호 관련 직업) 체험활동, 경호 관련 기관 및 기업 탐방, 직업인(예술가, 운동선수) 초청 특강, 희망직업 미니북 만들기 활동, 나의 꿈 발표하기 활동, 진로포트폴리오 작성활동 등

미술·조형

대학 학과(도예학과, 회화과) 탐방활동, 직업인 인터뷰 활동, 직업(도예가, 화가) 체험활동, 미술관 탐방, 직업인(예술가) 초청 특강, 나의 꿈 발표하기 활동, 진로포트폴리오 작성활동, 진로심리검사 활동, 전공체험의 날 활동, 직업인 초청 특강 활동 등

연극·영화

대학 학과(연극영화 관련 학과) 탐방활동, 직업인 인터뷰 활동, 직업(영화배우, 연극배우 관련 직업) 체험활동, 뮤지컬 공연장 탐방, 직업인(배우 관련 직업) 초청 특강, 희망직업 미니북 만들기 활동, 나의 꿈 발표하기 활동, 진로포트폴리오 작성활동, 진로심리검사 활동, 직업인 인터뷰 활동, 전공체험의 날 활동 등

음악

대학 학과(국악과, 음악학과) 탐방활동, 직업인 인터뷰 활동, 직업(피아니스트 및 성악가) 체험활동, 공연 관련 기관 및 기업 탐방, 직업인(작곡가) 초청 특강, 나의 꿈 발표하기 활동, 진로포트폴리오 작성활동, 진로심리검사 활동, 직업인 인터뷰 활동, 대학생 멘토링 활동 등

예체능계열 맞춤형 진로활동 기록 사례

 매시간 활동에 적극적으로 참여하며 주어진 과제와 자신의 삶을 연계시키기 위해 노력함. 활동 결과를 항상 꼼꼼하게 정리하여 진로 역량 향상의 도구로 잘 활용함. 교사의 설명을 경청하며 발문에 항상 웃는 얼굴로 대답하여 수업 분위기 향상에 도움을 주고, 자신의 생각을 적극적으로 발표함. 자신의 꿈을 자유롭게 사고하고 어떤 상품이든 더 아름답게 만들어서 사람들의 삶을 풍요롭게 만드는 디자이너로 소개함. 진로 주제발표를 신청하여 디자이너가 되고 싶은 이유, 되는 방법, 필요한 역량 등을 자세히 조사하고 세련된 PPT로 제작하여 발표함. 발표 마무리에 자신의 작품을 보여주어 친구들의 찬사를 받음. 친구들의 급작스러운 질문에도 당황하지 않고 아는 범위에서 차분히 잘 설명해줌. 비폭력 대화법을 배워 친구들과 연습하면서 자신의 것으로 만들기 위해 노력함. 집에서도 연습하여 동생과의 관계가 좋아졌고, 말의 형식도 중요하지만 상대를 존중하는 마음가짐이 더 중요하다고 발표함. 나도 체인지 메이커 활동에 참여하여 디자이너들의 창업사례를 탐색해보고 아이디어를 실천으로 옮기는 자세를 배워야겠다는 소감문을 제출하였고, 평소 끈이 있는 운동화는 끈이 풀려 불편하고, 끈이 없는 슬립온은 실용적이고 편안하지만 디자인이 너무 심플하다는 점을 개선하여 슬립온의 발등에 유명작가의 명화를 그려 넣은 '명화 신발'을 아이디어로 제출함.

관련학과　산업디자인학과, 시각디자인학과

 학과 멘토링에서 건축학과와 실내디자인학과를 신청하여 대학생으로부터 생생한 진로 정보를 탐색함. 자신이 조사한 것과 대학생 멘토의 설명을 비교하며 새로 알게 된 정보를 잘 정리하였고, 궁금한 점을 직접 질문하여 해결하는 적극적인 태도를 보임. 창밖의 풍경, 천장의 높이에 따라 아이의 뇌파가 달라지는 방송을 보고, 공간이 사람의 삶의 질에 미치는 영향을 알아보고자 '주목하라, 삶의 공간에 관한 디자인과 인테리어(비피기술거래)'를 읽고 독서록을 제출함. 실내 디자인뿐 아니라 친환경 건축자재에 관심이 많아 인체 피해 및 환경오염을 최소화할 수 있는 지속가능한 실내 디자인에 대해 공부하고 싶다는 포부를 밝힘. 특히 인명사고로 이어진 대형물류센터의 화재 영상을 보여주며 건축 자재와 실내 구조의 중요성을 강조함. 나도 직업인 활동에서 실내디자이너로서 교실을 자신의 아이디어대로 구상한 스케치를 친구들 앞에서 발표함. 특히 긴 외투 및 땀에 젖은 체육복 등을 보관하기 어려워 불편하다는 점을 개선하고자 사용하지 않는 사물함을 활용한 교실 내 드레스룸을 만들어 친구들의 찬사를 받음. 통계청 통계개발원에서 발표한 '국민 삶의 질 지표 : 국민 삶의 질 보고서 2020' 자료에서 2017년 이후 매년 주거환경 만족도가 떨어지고 있는 지표를 보여주며 사회복지 차원에서 주거환경 개선을 위한 정책의 필요성을 강조함.

관련학과　실내디자인학과

항상 웃는 얼굴로 인사하며 매시간 집중해서 수업에 임함. 교사의 설명을 하나라도 놓치지 않겠다는 의지가 느껴지며 활동지를 꼼꼼하게 잘 작성함. 특히 배우고 느낀 점을 의미 있게 작성하며 배운 것을 자신을 성장시키는 데 활용하는 모습이 돋보임. 패션디자이너를 꿈꾸는 학생으로 자신을 깔끔하고 감각적으로 잘 꾸미고 친구들에게도 이미지와 잘 어울리는 의상의 색과 디자인, 코디 등을 잘 조언해줌. 진로 주제발표 시간에 롤모델로 코코 샤넬을 소개하며 여성을 코르셋, 긴 치마 등 불편한 패션에서 짧아진 치마, 여성 바지, 끈이 달린 가방 등 편안한 패션으로 해방시켜주고, 인조 보석 등을 활용하여 패션이 계급의 경계를 허물게 했다는 점을 하나하나 사례를 들어 설명함. 고정 관념에서 벗어나 용기 있게 자신의 철학을 실천하는 자세를 배우고, 단순히 옷을 예쁘게 만들기보다는 삶의 질을 높이는 패션디자이너가 되고 싶다는 포부를 당당히 밝힘. 빅데이터, 사물인터넷, 인공지능 등 4차 산업혁명 시대의 패션 산업 변화에 대한 기사를 스크랩하여 희망직업군의 동향을 면밀히 분석하고 준비하는 자세가 기특함. '학부모와 함께하는 진로진학 길찾기'에 참여하여 현재 자신의 객관적인 위치를 확인하고 희망 대학과 학과에 진학하기 위한 구체적인 학습계획을 세워 실천의지를 다지는 소감문을 작성함.

관련학과 산업디자인학과, 시각디자인학과, 실내디자인학과, 패션디자인학과

밝고 명랑한 학생으로 항상 무언가를 그리는 습관을 가지고 있음. 홀랜드 흥미유형검사 결과 예술형이 높게 나왔고, 예술형 친구들끼리 모여 여행 계획을 짜고 발표하는 시간에 모든 일정을 그림으로 표현하여 친구들에게 예술형의 특징을 직접적으로 보여줌. 평소 발표나 질문을 통해 자유분방하고 개방된 사고방식을 엿볼 수 있음. 관찰력이 뛰어나 친구들의 특징이 잘 표현된 캐릭터를 그려 종종 선물함. 쉬는 시간에도 칠판에 친구들의 모습을 자주 그려 수업시간에 들어가면 누굴 그렸는지 맞힐 수 있었음. 진로 주제발표 시간에 자신의 상상을 글과 그림으로 자유롭게 표현할 수 있는 만화의 매력이 무궁무진하다고 설명하며 다양한 스토리 구성을 위해 많은 경험을 해보고 싶다고 발표함. 영화 '인사이드 아웃'을 보고 머리와 마음에서 일어나는 보이지 않는 과학적 현상을 재미있고 감동적인 영상으로 표현하여 쉽게 이해할 수 있도록 구성한 점에 놀라움을 느꼈고, 작가는 다방면에 관심을 갖고 다양한 분야의 사람들과 협업할 수 있는 대인관계능력이 필요하다고 정리함. 4차 산업혁명에 따른 만화 산업의 변화에 관심을 갖고, '4차 산업혁명 시대, 만화와 기술의 융합(양지훈)'을 읽은 후 친구들과 토론 활동에 참여하여 기술과 융합한 만화 산업의 미래에 대해 본인의 의견을 제시함.

관련학과 만화애니메이션학과

'커리어넷 검사 결과 해석하기' 활동에 적극적으로 참여하여 자기 이해의 폭을 넓히기 위해 노력함. 홀랜드 검사에서 예술형이 높게 나왔으며, 같은 예술형 친구들끼리 모여 여행 계획을 세우고 발표함. 여행 계획이 다른 조에 비해 다소 느슨하고 여행지 동선, 먹을 것, 즐길 것 등을 그림으로 표현하여 다른 조 친구들로부터 예술가답다는 피드백을 받음. 미래 직업 세계 탐색하기 활동에서 인공지능이 미술에 미치는 영향을 탐색하여 오토 드로우, 퀵 드로우, 아트 앤 컬처를 직접 활용해보고 친구들에게 소개함. 사진의 발명에도 불구하고 그림이 사라지지 않고 새로운 방향으로 발전했듯 인공지능을 예술작업의 도구로 활용해야 한다고 주장함. 홈쇼핑에서 미술 작품 판매 및 렌털 방송을 보고 미술 작품의 판매 과정을 조사함. 최근 비대면 거래 활성화로 가상공간에서 작품을 전시하고 온라인 플랫폼에서 그림을 판매하는 시스템, 작품의 가격을 산정하는 방법 등에 대해 정리함. 진로 주제발표 시간에 미술 작품을 감상할 수 있는 앱을 소개하고 작품 사진과 자신의 감상평을 PPT로 발표함. 자신만의 관점이나 느낀 점과 더불어 다양한 시선, 작가의 의도를 고려하여 감상평을 작성한다고 발표함.

관련학과 동양화과, 서양화과, 조소과, 조형예술학과, 한국화전공, 회화과

수업태도가 바르고 교사의 설명과 발문에 적극적으로 참여함. 수업 주제에 대한 이해가 빠르고, 활동 후 배우고 느낀 점 등을 잘 정리하여 자신의 진로 역량 향상에 활용함. 미디어 관련 학과를 지망하는 학생으로 '학급별 진로 주제 동영상 만들기' 활동에서 연출을 담당하여 역할분담, 시나리오 작업, 장소 섭외, 분장, 소품 등을 꼼꼼하게 챙기고 친구들의 참여를 독려하여 마감일에 맞춰 완성도 높은 동영상을 만드는 데 크게 기여함. 체인지 메이커 활동에 참여하여 학생들의 도서관 이용률을 높이고자 사서 선생님과 협력하여 한 달간 도서관 방문 학생 수와 대출 권수 등 도서관 이용 실태를 조사하였으며, 도서관 홍보영상과 포스터를 제작하여 중앙현관과 급식실 주변에 홍보함. 학기말고사 이후에는 북 카트에 책을 싣고 이동도서관을 운영하여 전교생의 책 읽기를 독려함. 더 나아가 학교 앱에서 도서 대출을 신청할 수 있는 시스템이 필요하다는 아이디어를 냄. 커리어넷, 워크넷, 어디가 진로진학사이트를 자유롭게 활용하여 희망직업, 학과, 설치 대학, 입학전형, 전년도 입시 결과 등 자신에게 필요한 진로진학정보를 성실하게 조사하고 탐색하며 궁금한 것은 상담을 통해 해결하는 적극적인 학생임. 진로진학계획이 구체적이고 실천하려는 의지가 강하여 학교생활 전반에 활동적으로 참여함.

관련학과 미디어영상학과, 사진학과

차분하고 생각이 깊은 학생으로 얌전한 듯 보이나 발표에 적극적으로 임하고 자신의 생각을 조리 있게 잘 표현함. 수업태도가 바르고 진로에 대해 진지하게 고민하며 매시간 활동의 의미를 잘 정리함. '명함 만들기' 활동에서 자신을 '흙 빚는 디자이너'로 소개하고 친환경 재료인 흙이 예술품이 되어 삶의 질을 높여준다는 의미를 전달함. 최근 중요한 결정을 내린 경험을 순서대로 정리하면서 합리적인 의사결정 유형임을 확인하고, 평소 의사결정에 많은 시간이 소요되어 고민이었는데 신중하게 결정하기 때문이었음을 알게 되었다고 발표함. 손으로 뭔가를 만드는 것을 좋아하고 흙의 촉감과 향기가 좋아 도예학과를 희망한 학생으로, 설치 대학 리스트를 검색하고 학과 홈페이지에 접속하여 교육과정을 꼼꼼히 정리한 후 제출함. 교과 연계 진로활동 시간에 음악 시간에 배운 가곡 '별'을 듣고 느낀 서정적인 아름다움과 연상되는 이미지를 스케치하고, 밤하늘을 보며 떠오른 마냥 행복했던 어린 시절을 색종이를 이용하여 생동감 있게 표현함. 100여 장의 사진 중 '지금의 나와 미래의 나'를 표현하는 사진을 각각 골라 따라 그리고, 고른 이유를 쓰는 활동에 참여함. 이때, '지금의 나'는 시간에 쫓기는 사진을 골라 학교와 학원에 다니며 바쁜 하루를 보내는 자신의 모습을 표현하였고, '미래의 나'는 자연을 벗 삼아 사랑하는 가족과 시간을 보내는 사진을 골라 좋아하는 일을 하며 가족들과 휴식을 취하고 싶은 자신의 소망을 표현함.

관련학과 도예학과

'나도 전문 직업인(가수)' 활동에서 미래의 본인 음반 표지를 만들어 발표함. 아름답고 서정적인 노랫말과 멜로디로 사람들의 순수한 마음을 자극하여 아름다운 세상을 만드는데 일조하는 가수가 되고 싶다는 포부를 밝힘. 좋아하는 노래를 직접 불러주어 친구들에게 감동을 선물하였으며 훌륭한 가수가 되기 위해 노래 연습뿐만 아니라 다양한 문학과 미술 등 예술 작품을 감상하기 위해 노력하고 있다며 앞으로의 진로 계획을 차분히 설명함. 성실하고 책임감이 강한 학생으로 자신의 느낌을 섬세하게 표현하는 장점이 있음. 실용음악학과 대학생과의 만남을 신청하여 진학에 대한 구체적인 정보를 수집하고 평소 궁금했던 것을 질문지로 작성해 꼼꼼하게 물어보고 메모함. 교과 융합 진로활동으로 음악과 수학을 연계하여 '음악 속 수학'을 주제로 보고서를 제출함. 아인슈타인이 바이올린 연주회를 한 사례와 바흐가 수학을 이용하여 작곡한 사례 등 수학자나 과학자 중 악기 연주를 수준급으로 하는 사람들을 보며 수학과 음악의 관계가 궁금해져 주제로 선정함. 악보 속 박자와 분수의 관계, 현의 길이와 음의 높낮이, 빠르기와 규칙성, 악보를 보고 양손으로 피아노를 칠 때 나타나는 우뇌와 좌뇌의 동시작용 등 많은 근거를 들어 수학과 음악의 상관관계를 설명함. 현악기와 관악기에서 소리가 나는 과학적 원리를 설명하여 필요한 악기를 직접 만들 수 있다고 설명함.

관련학과 성악과, 실용음악학과

차분한 태도로 수업에 임하며 자신의 생각과 느낌을 자유롭게 표현함. 교과 연계 진로활동에서 '환경오염으로 인한 기후변화'를 주제로 자연의 아름다움을 감탄할 정도로 극대화시켜 우리가 지켜야 할 자연의 소중함을 표현함. 비폭력 대화 수업에서 5가지 의사소통 유형별 대화사례를 듣고 일치형 의사소통 방식이 서로 존중하며 자신의 생각과 감정을 효과적으로 전달할 수 있는 대화법임을 간접 체험함. 평소 자신의 언어습관을 성찰하며 비폭력 대화법을 실천하기 위한 구체적 계획을 세웠고 수업시간에 실천하기 위해 노력하는 모습을 보임. 희망학과 입학전형 탐색하기 활동을 통해 설치 대학 리스트를 정리하고 희망 대학의 입학처 홈페이지에 접속하여 모집요강을 꼼꼼하게 읽은 후 필요한 정보를 깔끔하게 정리함. 직업인 체험활동에서 캘리그라퍼를 신청하여 직업 경로, 활동 분야 등 직업 정보를 보고서에 꼼꼼하게 정리함. 다양한 도구를 이용하여 예쁜 글씨체를 모방해서 써 보고 자신만의 글씨체를 연습하여 부모님께 감사의 마음을 전하는 캘리그라피 작품을 완성함. 많은 영화나 드라마 포스터의 글씨체를 보면서 그 느낌에 대해 써 보고, 영화의 내용과 분위기를 글씨체에 담아내기 위해 노력한 작가의 노고와 창의성의 중요성에 대해 생각해보았다는 소감문을 제출함.

관련학과 동양화과, 서양화과, 조소과, 조형예술학과, 한국화전공, 회화과

매사 진지하고 깊이 생각하며 언행이 예의 바른 학생임. 매시간 발표에 참여하여 자신의 생각과 느낌을 차분히 잘 표현함. 진로 주제발표 시간에 자신의 피아노 연주 동영상을 보여주어 친구들의 찬사를 받음. 피아노 건반이 88개인 이유를 퀴즈로 내서 친구들의 관심을 유도한 후 사람이 들을 수 있는 음역대를 표현하는 데 88개가 가장 적당하다고 알려줌. 피아노 소리를 좋아하고 88개의 건반으로 무한대의 음악을 연주할 수 있는 피아노의 매력을 설명함. 교실 불을 끄고 음악에만 집중할 수 있는 분위기를 형성한 후 쇼팽의 빗방울 전주곡을 들려줌. 친구들에게 감상평을 물어보며 서로의 감상을 공유할 수 있는 시간을 제공함. 자신은 피아노 연주를 들으며 떠오르는 이미지를 통해 작곡가가 어떤 감정과 이야기를 음악으로 표현했는지 공감하기 위해 노력하고, 음악을 감상한 후 작곡가의 생애나 시대적 배경을 공부하여 작곡가의 입장이 되어보려고 노력함으로써 음악에 대한 이해를 높이고 있다고 발표함. 친구들에게 클래식 감상을 위한 입문서로 '나혼자 음악회(이현모)'를 소개해 줌. 비폭력 대화 일지 쓰기를 신청하여 일주일간 자신이 했던 대화를 성찰하며 기록하여 제출함. 비폭력 대화 순서대로 대화하려고 노력하였고, 자신의 느낌을 정확하게 표현하기 위해 감정 단어들을 정리함.

관련학과 기악과, 성악과, 실용음악학과, 음악학과, 작곡과

밝고 명랑하며 인사성이 밝은 학생으로 수업 시작 시 분위기를 좋게 하는 데 크게 기여함. 항상 정돈된 책상과 바른 자세로 수업에 임하며 그날그날 배우고 느낀 점을 잘 정리하여 요약함. 성실하고 책임감이 강하며 노래를 잘하는 것을 자신의 장점으로 꼽음. 진로 주제발표 시간에 국악과 가요, 팝, 탱고, 클래식, 플라멩코, 랩, 뮤지컬, 트로트, 비보이 등 다양한 장르와 협업한 실례들을 보여주며 국악이 어떤 장르와도 잘 어울리는 소중한 우리 음악임을 강조함. 국악을 공부하는 학생으로서 국악의 세계화와 장르를 넘나들며 많은 사람들에게 국악의 매력을 알리기 위해 노력하고 싶다는 포부를 당당히 밝힘. 수업 분위기가 처져 교사가 노래를 부탁했을 때 기꺼이 친구들을 위해 노래를 불러주는 등 무대가 체질인 학생임. 문제해결 카드 탐색 활동을 통해 사소한 불편함도 그냥 넘어가지 않고 해결한 다양한 창업사례를 분석하며 국악의 대중화 서비스를 구상함. 생활 속에서 자주 접해야 익숙해지고, 익숙해져야 또 접하는 선순환 구조가 만들어진다고 생각하여 '생활 속 국악' 프로젝트를 계획함. 학교 종소리를 국악으로 바꾸자는 의견을 학생회에 제안하였고, 친구들에게 '아침잠이 확 깨는 신명 나는 국악 알람 리스트'를 작성하여 교실에 게시함. 매일 점심시간에 1~2곡의 국악을 들려주고자 분위기별로 분류한 플레이리스트를 작성하여 방송반에 전달함으로써 전교생에게 국악을 감상할 수 있는 기회를 제공함.

관련학과 국악과

'나 소개하기' 시간에 악보와 음악 용어들로 가득 찬 자신의 머릿속을 그려서 깨어있는 시간의 대부분을 음악 생각을 하며 보내는 음악 바라기로 표현함. 내 친구 소개하기 시간에 일주일간 친구를 관찰한 일지를 발표함. 친구의 장점과 고쳤으면 하는 점, 더불어 표정을 읽고 친구의 감정선을 표현한 부분에서 섬세함을 엿볼 수 있었음. 악보를 통해 자신의 희로애락을 누구에게나 전달할 수 있는 음악의 매력에 빠져 더 깊이 공부하고 싶다고 발표함. 진학 계획 세우기 시간에 희망 대학 입학처 홈페이지에 접속하여 모집요강을 꼼꼼하게 읽은 후 필요한 정보를 메모하였고, 실천계획을 단기·중기·장기적으로 정리하여 제출함. 평소 악보를 보며 음악을 듣는 습관을 들여 음악을 들으면 악보가 그려질 수 있도록 노력하고 있다고 발표함. 인공지능이 피아노를 연주하고 작곡하는 뉴스 영상을 보고 4차 산업혁명이 음악에 미치는 영향에 대해 조사한 보고서를 제출함. 4차 산업혁명의 개념과 특징을 정리하여 사람이 음악을 연주하고, 작곡하고, 감상하는 일련의 활동에 기술이 어떤 영향을 줄지 상상해 봄. 튜닝 테스트를 통해 인공지능이 연주한 것과 사람이 연주한 것을 구분해보는 체험을 직접 해보고, 인공지능은 악보를 있는 그대로 정확하게 연주하지만 사람은 연주자의 곡 해석에 따라 악보와 차이가 나는 연주가 가능하다는 점을 인식함. 인공지능이 아무리 발달하더라도 인간 고유의 창의성을 따라잡기 힘들다는 점을 강조하였고, 인공지능을 두려워하기보다는 창작의 도구로 활용할 수 있는 능력을 키우기 위해 노력하자고 마무리함.

관련학과   음악학과, 작곡과

교사와 친구들에게 예의가 바르며 인사성이 밝음. 교사의 설명에 긍정적인 반응을 보이며 발표 기회가 있을 때마다 적극적으로 자신의 생각을 발표함. 인간은 뱃속에서부터 엄마의 규칙적인 심장 박동을 들으며 음악적 감각을 익혔을 것이라는 생각에 '음악의 발생'을 주제로 진로 주제탐구보고서를 제출함. 음악의 발생과 관련된 여러 학자의 다양한 가설을 소개하며 태초의 인류는 생존과 생식을 위한 도구로 리듬과 음의 높낮이를 활용했다고 발표함. 희망 진로 발표하기 시간에 '나는 왜 음악을 좋아하는가?', '음악의 매력은 무엇인가?'라는 본질적인 질문에 대한 답을 찾기 위해 자신이 주로 언제, 어떤 음악을 듣는지, 음악을 들으면 어떤 기분이 드는지 꼼꼼하게 기록한 일지를 소개하였고, 음악의 기능을 7가지로 정리하여 발표함. 음악을 단순히 즐긴다기보다 음악의 본질에 대해 깊이 있는 호기심을 갖춘 학생임. 나의 성장일지로 자신의 음악 감상평과 음악평론가의 기사를 비교하여 정리한 스크랩북을 제출함. '학부모와 함께하는 진로진학 길찾기'에 신청하여 자신의 학교생활을 객관적으로 분석하고 진학 준비 방법에 대한 구체적인 정보를 수집함.

관련학과   국악과, 기악과, 성악과, 실용음악학과, 음악학과, 작곡과

대입정보제공 사이트 활용 수업을 통해 스포츠 산업 관련 전공을 위해서는 어느 대학, 어떤 학과에 진학해야하는지 조사해봄. 탐색한 대학의 입시요강을 내려 받은 후에 학생부종합전형의 전형 방법과 평가요소를 읽어보고 평소 기본적인 학업에 최선을 다해야 한다는 것을 배움. 직업조사활동에 참여하여 스포츠 영상 분석관의 영상을 시청하고 스포츠 영상 분석관은 스포츠 선수들의 움직임을 분석하여 좋은 성과를 내는 방법을 연구하는 직업임을 알게 됨. 선수들의 기량 향상을 위해 세세한 부분까지 과학적으로 접근해 발전 방향을 제시하는 모습을 보고, 선수들의 운동 실력을 측정하기 위해 다양하고 발전된 기술들이 적용된다는 것을 깨달음. 빅데이터 체험활동에 참여하여 컴퓨터실에서 빅데이터 분석 프로그램 사용법을 익혔으며, 스포츠 선수 5명의 운동 실적과 관련 있는 자료를 조사하여 데이터 분석 프로그램에 자료를 입력한 후 운동선수의 스포츠 역량을 분석해 봄. 5명의 자료를 비교하여 어떤 선수의 스포츠 기량이 높은지 분석하고, 각 선수의 경기 실적 향상을 위해 필요한 훈련 방법이나 개선해야하는 운동 자세 등을 찾아봄. 체험 후 소감 발표하기에서 빅데이터 분석을 통해서 스포츠 분야가 과학과 기술을 접목한 스포츠 과학으로 발전하고 있다는 것을 깨달았으며, 평소 여러 과목에서 배우는 내용들이 모두 중요하다는 것을 느껴 운동뿐만 아니라 학업에도 최선을 다하기로 다짐함.

관련학과   사회체육학과, 스포츠건강관리학과, 스포츠과학과

장점 자랑하기 시간에 더 나은 연주 실력을 갖추기 위해 힘든 연습도 하루하루 즐겁게 하고 있음을 꼽고, 친구들에게 기타로 자작곡을 연주하여 들려줌. 진로 주제탐구활동으로 '음원 자동추천 플레이리스트의 생성 원리'를 주제로 보고서를 제출함. 예전에는 좋아하는 음악을 스스로 직접 골라 감상했는데 요즘은 자동으로 추천받은 플레이리스트를 감상하는 자신을 발견하고, 많은 음악들 중에서 듣고 싶은 음악을 직접 골라야 하는 수고를 덜고 몰랐던 음악을 감상할 수 있어 좋지만 본인의 음악 선택권이 배제된 느낌을 받았으며 어떤 원리로 추천 리스트가 구성되는지 궁금하여 탐구 주제로 선정함. 빅데이터와 인공지능의 발달로 인해 인구통계학적 분석, 협업 필터링, 시맨틱 분석 등의 방법으로 자동추천 플레이리스트가 생성됨을 조사하였고, 4차 산업기술의 발달이 개개인의 삶에 미치는 영향에 대해 고민해야 하며 자기주도적인 태도가 더욱 중요하다고 강조함. 커리어넷, 워크넷, 어디가 사이트에 접속하여 희망직업, 학과, 대학의 정보를 자세히 탐색하고 필요한 정보를 꼼꼼하게 메모함. 진로 결정과 관련된 궁금증이 생기면 정보탐색 및 교사와의 상담 신청 등을 통해 적극적으로 해결하기 위해 노력함. 부모와 진로 갈등을 겪고 있는 사연을 동영상으로 보고 부모님의 걱정은 이해되나 삶의 주인공은 자신이므로 선택과 책임은 본인에게 있음을 강조하여 발표함.

관련학과　국악과, 기악과, 성악과, 실용음악학과, 음악학과, 작곡과

미래 나의 직업 발표하기 활동에서 경호원과 관련된 직업을 조사하여 발표함. 평소 경호원에 관심이 많아 관련 영상이나 영화 등을 즐겨 시청했고, 경호원이 하는 역할이나 미래의 전망 등에 대한 자료를 조사하여 PPT를 작성함. 작성한 자료를 바탕으로 경호원이 하는 일이 무엇인지, 경호원의 하루 일과가 어떻게 되는지, 경호원의 직업적 매력이 무엇인지를 조사한 후 관련 사진을 함께 제시하여 설명함. 발표 중간에 콘서트가 끝난 후 관객들이 무사히 콘서트장을 빠져나갈 수 있도록 경호원들이 안전을 위해 최선을 다하는 영상을 제시하며 본인도 다른 사람들의 안전을 도모하고 지킬 수 있는 사람이 되고 싶다고 발표함. 발표 뒷부분에 경호원의 전망을 조사하여 기업에서의 경호와 보안업무, 청소년 폭력이나 스토킹 같은 생활 범죄 등으로 신변보호 서비스를 사용하고자 하는 일반인들이 늘어날 가능성이 커지고 있어 전체적인 전망이 좋아질 것이라고 발표하여 친구들의 호응을 얻음. 자료 조사 과정을 통해 본인이 희망하는 직업을 준비하는 방법에 대해 구체적으로 알 수 있어 의미 있는 시간이었다고 소감을 발표함. 사이버 대학 탐방하기 활동에서 관심 있는 대학의 입학처 홈페이지에 방문하여 경호학과의 교육과정을 조사한 후 경호학개론, 안전관리학, 응급처치법, 시큐리티산업보안론, 경호비서학, 국가안보대테러론 등의 과목을 이수해야한다는 것을 조사함. 나중에 대학에 진학하여 수업을 이해하기 위해서는 현재 고등학교 체육수업뿐만 아니라 다른 과목에도 열심히 참여해야 한다며 공부에 최선을 다하기로 다짐함.

관련학과　경호학과, 태권도학과

학급 내 소공연 활동에서 학급 전체 학생의 공연을 구상하고 순서를 정해서 소공연이 원활하게 진행될 수 있도록 노력함. 코로나19로 인해 학교 축제를 진행하지 못하므로 학급 내 소공연의 형태로 본인의 진로를 발표하자고 제안하였고, 평소 희망분야였던 공연기획자로서의 역할을 실천하는 기회를 가짐. 사회적 거리두기 때문에 친구들이 공연하는 모습을 미리 촬영하여 교실에서 함께 시청할 수 있도록 함. 공연 시나리오를 작성하여 참여하는 친구들에게 미리 전달해주고, 시나리오에 맞추어 연습한 후에 영상을 촬영할 수 있도록 함. 공연하는 모습을 실감나게 보여주기 위해 친구들이 귀가한 방과후 에 선생님께 허락을 받고 교실 밖이나 운동장 등 학교의 여러 공간에서 촬영함. 완성된 소공연 영상을 학급에서 시청한 후 학급 친구들로부터 박수갈채를 받음. 희망직업 조사하기 프로젝트에서 공연기획자가 되기 위해서는 대학에서 예술경영, 공연기획, 연극영화 등의 관련 학과에 진학하여 공연기획에 대한 이론과 기획실습을 익히거나 공연기획사, 극장 및 극단의 직원으로 시작하여 실무를 익힐 수 있다는 것을 조사한 후 관련 내용을 표로 정리함. 공연기획을 위해서는 무대, 조명, 음향, 의상 등 공연 전반에 대한 지식을 고루 갖추어야 하고, 공연을 무대에 올려 많은 관객을 모으려면 홍보나 마케팅 관련 역량도 필요하므로 평소 다양한 과목에 관심을 가지고 공부하는 것이 중요하다는 것을 깨달았다며 희망직업 조사보고서를 작성함. 학급 내 소공연 활동을 통해서 공연기획자가 해야 하는 일을 간접적으로 체험해 볼 수 있어서 좋은 경험이었다고 소감문을 작성함.

관련학과 공연예술학과, 무용학과, 뮤지컬학과, 연극영화학과, 한국무용전공

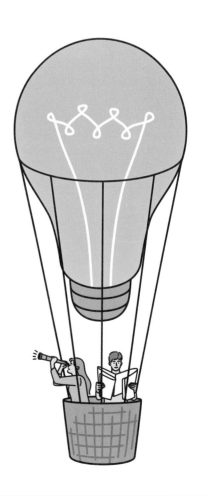

교과학습발달상황

세부능력 및 특기사항 포함

1 기재요령

교과별 성취기준에 따른 성취수준의 특성 및 학습활동 참여도, 자기주도적 학습에 의한 변화와 성장 정도를 중점적으로 기재합니다. 정규 교육과정의 교과 성취기준에 따라 수업 중 연구보고서(소논문) 작성이 가능한 과목은 특기할 만한 사항이 있는 과목 및 학생에 대하여 연구보고서(소논문) 실적(제목, 연구 주제 및 참여인원, 소요 시간)을 제외하고 '세부능력 및 특기사항'을 기재할 수 있습니다. 연구보고서(소논문) 작성 가능 과목은 수학과제 탐구, 사회문제 탐구, 융합과학 탐구, 과학과제 연구, 사회과제 연구입니다.

'세부능력 및 특기사항'란은 학생참여형 수업 및 수업과 연계된 수행평가 등에서 관찰한 내용을 입력합니다. 지필평가와 수행평가 결과를 토대로 과목별 성취기준에 따른 성취수준의 특성 및 참여도·태도 등 특기할 만한 사항을 구체적이고 객관적으로 입력합니다.

과목별 세부능력 및 특기사항은 모든 교과(군)의 모든 학생을 대상으로 입력합니다. 교과수업에 참여하지 못한 학생의 경우, 그 사유를 세부능력 및 특기사항란에 입력합니다. 교과수업에 참여하지 학생은 순회교육대상학생(순회교육으로 특이사항 없음), 장기결석생(장기결석으로 특이사항 없음), 위탁학생(위탁학생으로 특이사항 없음)등이 있습니다.

수업량 유연화에 따른 학교 자율적 교육활동은 「초·중등교육과정 총론(교육부고시 제2019-211호)」, 「고교 서열화 해소 및 일반고 교육역량 강화 방안(교육부 학교혁신정책과-6170, '19.11.25.)」에 따라 관련 내용을 해당 과목의 '세부능력 및 특기사항' 또는 '개인별 세부능력 및 특기사항'에 입력할 수 있습니다. 학교 자율적 교육활동이 교과와 연계되는 경우에는 해당과목의 '세부능력 및 특기사항'에 입력할 수 있고, 특정 과목의 세부능력 및 특기사항으로 한정하기 어려운 경우 등에는 '개인별 세부능력 및 특기사항'에 입력할 수 있습니다.

2 평가 가이드

☐ 학생부종합전형에서 교과 성적을 평가할 때는 전교과, 주요 교과, 학년별 성적 추이, 지원학과와 관련된 연계교과 성적을 종합적으로 평가합니다. 공통과목, 일반선택, 진로선택, 체육·예술 교과의 교과세특에 기록되어 있는 내용을 통해서 지원전공에 대한 열정 및 성취 능력을 살펴봅니다. 교과세특에서는 발표, 토의토론, 탐구실험, 보고서, 감상문, 모둠활동 등 학생 스스로 지식을 습득해가는 과정을 통해 학업 역량을 파악하고 발전가능성 등을 엿볼 수 있습니다. 진로선택과목은 석차등급이 산출되지 않기 때문에 전공과 관련된 과목 이수 및 수업시간의 학생의 모습을 볼 수 있는 교과세특의 중요성은 더 커질 것입니다.

3 교과학습발달상황 양식

교과학습발달상황은 크게 교과 성적과 세부능력 및 특기사항으로 구분되어 있습니다.

📄 교과학습발달상황

[학년]

학기	교과	과목	단위수	원점수/과목평균 (표준편차)	성취도 (수강자수)	석차등급	비고
1							
2							
이수단위 합계							

과목	세부능력 및 특기사항

<진로 선택 과목>

학기	교과	과목	단위수	원점수/과목평균 (표준편차)	성취도 (수강자수)	성취도별 분포비율	비고
이수단위 합계							

과목	세부능력 및 특기사항

<체육·예술>

학기	교과	과목	단위수	성취도	비고
1					
2					
이수단위 합계					

과목	세부능력 및 특기사항

⚙️ 수강자수별 등급인원 조견표

인원	1등급	2등급	3등급	4등급	5등급	6등급	7등급	8등급	9등급
14	1	1	1	3	2	3	1	1	1
25	1	2	3	4	5	4	3	2	1
50	2	4	6	8	10	9	6	3	2
75	3	5	9	13	15	13	9	5	3
100	4	7	12	17	20	17	12	7	4

4 교과 성적 반영방식

학생부종합전형에서 교과 성적을 평가할 때는 이수과목, 단위수, 원점수, 과목평균, 표준편차, 석차등급, 수강자수, 성취도, 교과 세부능력 및 특기사항 등을 분석하여 종합적으로 평가합니다.

2015 개정교육과정에 따른 학생 평가방식

2015 개정교육과정 교과별 평가			
보통교과	공통과목		5단계 9등급 (단, 과학탐구 실험 3단계)
	선택과목	일반선택과목	5단계 9등급 (단, 체육·예술:3단계)
		진로선택과목	3단계
전문교과	전문교과 I		3단계

구분			원점수/과목평균 (표준편차)			성취도 (수강자수)		석차 등급
			원점수	과목평균	표준편차	성취도	수강자수	
보통 교과	공통과목		○	○	○	5단계	○	○
	일반선택과목	기초/탐구/생활·교양	○	○	○	5단계	○	○
		체육·예술	X	X	X	3단계	X	X
	진로선택과목	기초/탐구/생활·교양/ 체육·예술	○	○	X	3단계	○	X
		교양교과(군)	X	X	X	P	X	P

✎ 내신 등급별 비율

구분	1등급	2등급	3등급	4등급	5등급	6등급	7등급	8등급	9등급
등급별 비율(%)	4	7	12	17	20	17	12	7	4
누적비율(%)	4	11	23	40	60	77	89	96	100

✎ 성취도 5단계(A~E) 평정 과목

점수구간	성취도
90%이상	A
80%이상~90%미만	B
70%이상~80%미만	C
60%이상~70%미만	D
60%미만	E

100

 성취도 3단계(A~C) 평정 과목

점수구간	성취도
80점 이상	A
60점 이상 ~ 80점 미만	B
60점 미만	C

5 체육·예술 일반선택과목 교과 성적 반영 예시

⚙️ 체육·예술 일반선택 교과 성적 예시

학기	교과	과목	단위수	성취도	비고
1	체육	운동과 건강	2	A	
2	예술	음악	3	A	
1	체육	운동과 건강	2	A	
2	예술	음악	3	A	
이수단위 합계			10		

6 체육·예술 진로선택과목 교과 성적 반영 예시

⚙️ 체육·예술 진로선택 교과 성적 예시

학기	교과	과목	단위수	원점수/과목평균	성취도	성취도별 분포비율	비고
1	체육	스포츠 생활	1	83/82.1	A	A(63.3) B(33.9) C(2.8)	
2	예술	음악 연주	1	86/83.4	A	A(71.6) B(26.7) C(1.7)	
1	체육	체육 탐구	1	85/81.2	A	A(68.1) B(29.8) C(2.1)	
2	예술	미술 창작	1	84/83.7	A	A(72.1) B(25.6) C(2.3)	
이수단위 합계			4				

교과 영역	교과(군)	공통과목	선택과목	
			일반선택	진로선택
기초	국어	국어	화법과 작문, 독서, 언어와 매체, 문학	실용 국어, 심화 국어, 고전 읽기
	수학	수학	수학 I , 수학 II , 미적분, 확률과 통계	실용 수학, 기하, 경제 수학, 수학 과제 탐구, 기본 수학, 인공지능 수학
	영어	영어	영어 회화, 영어 I , 영어 독해와 작문, 영어 II	실용 영어, 영어권 문화, 진로 영어, 영미 문학 읽기, 기본 영어
	한국사	한국사		
탐구	사회 (역사/ 도덕 포함)	통합사회	한국지리, 세계지리, 세계사, 동아시아사, 경제, 정치와 법, 사회·문화, 생활과 윤리, 윤리와 사상	여행지리, 사회문제 탐구, 고전과 윤리
	과학	통합과학, 과학탐구 실험	물리학 I , 화학 I , 생명과학 I , 지구과학 I	물리학 II , 화학 II , 생명과학 II , 지구과학 II , 과학사, 생활과 과학, 융합과학
체육·예술	체육		체육, 운동과 건강	스포츠 생활, 체육 탐구
	예술		음악, 미술, 연극	음악 연주, 음악 감상과 비평, 미술 창작, 미술 감상과 비평
생활·교양	기술·가정		기술·가정, 정보	농업 생명 과학, 공학 일반, 창의 경영, 해양 문화와 기술, 가정과학, 지식 재산 일반, 인공지능 기초
	제2외국어		독일어 I , 프랑스어 I , 스페인어 I , 중국어 I , 일본어 I , 러시아어 I , 아랍어 I , 베트남어 I	독일어 II , 프랑스어 II , 스페인어 II , 중국어 II , 일본어 II , 러시아어 II , 아랍어 II , 베트남어 II
	한문		한문 I	한문 II
	교양		철학, 논리학, 심리학, 교육학, 종교학, 진로와 직업, 보건, 환경, 실용 경제, 논술	

예체능계열 맞춤형 세부능력 및 특기사항 기재 예시

[단원명]
읽기

성취기준

📌 [10국02-02] 매체에 드러난 필자의 관점이나 표현 방법의 적절성을 평가하며 읽는다.

- 읽기가 독자의 머릿속에서 자신만의 독창적인 의미를 구성하는 것이 아니라 독자가 속한 구체적인 상황과 사회·문화적인 맥락 속에서 다른 구성원들과 상호작용하며 의미를 만들어가는 과정임을 이해하고 글을 읽는 자세를 기르기 위해 설정하였다.

사회적 거리두기에 대한 신문기사를 읽고, 사회적 거리두기의 장점과 단점을 비교한 후 사회적 거리두기를 해야 하는 이유를 3가지로 제시함. 교실에서 지킬 수 있는 사회적 거리두기 실천 방법에 대해 토론한 후 본인의 생각을 정리하여 글로 작성함. 사회적 거리두기 실천 방법에 대한 적절한 근거를 제시하여 논리적으로 작성함. 작성한 글을 기반으로 교실에서 사회적 거리두기를 해야 하는 이유와 실천 방안에 대한 영상을 스마트폰으로 제작함. 동영상 속에서 발표하는 자세가 바르고 목소리가 차분하여 본인의 생각을 적절하게 표현하는 능력을 확인할 수 있었으며, 영상 분야에 소질이 있는 것을 확인함.

관련학과 만화애니메이션학과, 미디어영상학과, 사진학과   핵심키워드 사회적 거리두기

국어 교과군
국어

[단원명]
읽기

성취기준

📌 [10국02-02] 매체에 드러난 필자의 관점이나 표현 방법의 적절성을 평가하며 읽는다.

- 읽기가 독자의 머릿속에서 자신만의 독창적인 의미를 구성하는 것이 아니라 독자가 속한 구체적인 상황과 사회·문화적인 맥락 속에서 다른 구성원들과 상호작용하며 의미를 만들어가는 과정임을 이해하고 글을 읽는 자세를 기르기 위해 설정하였다.

유명한 국악곡 및 오페라의 가사를 직접 옮겨 쓰면서 음률에 맞춰 가사를 써보는 연습을 함. 가사가 전달하려는 의미와 감정을 해석하고, 자신이라면 어떻게 표현할 지에 대해 발표함. 진로를 탐색하면서 느낀 점과 준비해야 할 것들을 재치 있고 개성 있는 노래 가사로 작성하여 제출함. 희망과 설렘, 두려움이 교차하는 복잡 미묘한 감정을 은유적으로 잘 표현함. 유명 뮤지컬 배우의 인터뷰를 읽고, 음악에서 가사가 차지하는 비중과 의미에 대해 생각해보고 정확한 발음으로 전달하는 것이 중요하다는 감상문을 제출함. 특히 성악은 언어로 소통하는 분야이므로 기본적으로 6개 국어 교과목이 필수임을 알게 되었고, 언어 공부에 더 많은 노력을 기울이겠다는 포부를 밝힘.

관련학과 국악과, 기악과, 성악과, 실용음악과, 실용음악학과, 음악학과, 작곡과   핵심키워드 가사 작성

국어 교과군
국어

> [단원명]
> **읽기**

성취기준

📌 **[10국03-01] 쓰기는 의미를 구성하여 소통하는 사회적 상호작용임을 이해하고 글을 쓴다.**

- 쓰기가 의미를 구성하는 과정이라는 점과 구성한 의미를 독자와 소통하는 사회적 상호작용이라는 점을 이해하고 글을 쓰는 자세를 기르기 위해 설정하였다. 필자는 쓰기 맥락을 고려하는 가운데 자신이 가지고 있는 배경지식과 다양한 자료에서 얻은 내용을 과정에 따라 종합하고 조직하고 표현하면서 의미를 구성한다.

신문을 활용한 글쓰기 활동에서 야구 국가대표팀의 선발 과정과 관련된 기사를 읽고 글을 작성함. 우리나라 운동선수와 관련된 병역특례법을 중심으로 문제점과 해결방안에 대한 본인의 생각을 정리하여 논리적으로 주장함. 예체능 분야도 글쓰기 활동을 통해 미래 본인이 사회에서 참여하는 분야에 대해 글로 소개하거나 인터뷰를 진행하는 데 중요한 역량을 기를 수 있다는 것을 배움. 이를 위해 다양한 분야의 글을 읽고 배경지식을 쌓기 위해 노력함.

관련학과   경호학과, 체육학과, 사회체육학과, 생활체육학과, 스포츠경영학과, 스포츠건강관리학과, 스포츠과학과, 태권도학과

핵심키워드   2018 자카르타-팔렘방 아시안게임

국어 교과군
화법과 작문

> [단원명]
> **화법과 작문의 본질**

성취기준

📌 **[12화작01-02] 화법과 작문 활동이 자아 성장과 공동체 발전에 기여함을 이해한다.**

- 의사소통과 자아 인식의 관계, 사회적 상호작용으로서 화법과 작문의 역할을 이해하고 의사소통에 반영하는 것에 중점을 두었다. 개인 내적 차원의 의사소통은 개인이 가진 자아를 인식하고 관리하며, 남들이 자신을 바라보는 것을 인식하고 조정하는 과정이다.

자신이 좋아하는 미술 작품을 선정하여 친구들 앞에서 도슨트 역할을 수행함. 친구들이 작품을 쉽게 이해할 수 있도록 작가의 특징, 작가가 활동한 시대적 배경 등에 대해 자세히 설명하고, 친구들이 다양한 관점에서 작품을 이해할 수 있도록 도와주고자 노력함. 친구들의 질문에도 당황하지 않고 차분히 답하고, 발표 후 자신이 아는 것을 쉽게 설명하기 위해서는 사전준비가 필요하며 핵심을 정확하고 간결하게 전달하는 것이 중요하다는 소감을 밝힘.

관련학과   도예학과, 동양화과, 미디어영상학과, 사진학과, 산업디자인학과, 서양화과, 시각디자인학과, 실내디자인학과, 조소과, 조형예술학과, 패션디자인학과, 한국화전공, 회화과

핵심키워드   작품설명발표

성취기준

📌 [12화작02-02] 갈등 상황에서 자신의 생각, 감정이나 바라는 바를 진솔하게 표현한다.

- 대화에서 갈등이 발생할 때 갈등을 증폭시키지 않고 처리할 수 있는 대화 방법을 배움으로써 대화 상황에서 갈등을 관리하고 상대방과의 관계를 유지하는 능력을 기르기 위해 설정하였다. 이러한 대화 방법의 예로 '나-전달법'을 들 수 있다. 이는 다른 사람을 평가하고 해석하는 대신 자신이 느끼는 감정과 경험을 표현하는 방법으로 '사건, 감정, 기대'로 메시지를 구성해 전달한다. 상대측 입론과 반론의 논리적 타당성에 대해 반대신문하며 토론한다.

- 반대신문 단계를 운영하며 토론의 수준을 심화하는 데에 초점을 맞추어 설정하였다. 반대신문 단계는 입론 및 반론 단계에서 상대측이 발언한 내용에 대해 논리적 허점이 드러나도록 묻고 상대측의 답변을 듣는 토론의 절차로, 질문을 통해 토론의 흐름을 주도할 수 있는 중요한 과정이다.

최근 판소리와 피아노의 협업 무대 및 국악과 힙합의 콜라보 영상을 보여주며, 국악과 현대음악의 실험적 결합에 대한 실제 사례를 제시함. 젊은 사람들이 국악을 친숙하게 느끼도록 하려면 젊은이들에게 익숙한 힙합과 결합하여 접근하는 것이 바람직하다는 의견을 제시함. 국악 고유의 특성을 못 느낄 수 있다는 반대의견에도 상대의 입장을 잘 수용해주면서 차분하게 자신의 입장을 잘 전달함. 음악이란 많은 사람들이 서로 공유하고 공감할 때 더 큰 가치가 있음을 강조하고, 국악 고유의 색깔을 유지하면서 다른 장르의 음악과 결합시켜보는 등 다양한 시도를 하려는 노력이 필요하다며 부드럽지만 분명하게 자신의 의견을 잘 전달함.

| 관련학과 | 국악과, 기악과, 성악과, 실용음악과, 음악학과, 작곡과 | 핵심키워드 | 국악과 현대음악의 결합 |

성취기준

📌 [12화작02-02] 갈등 상황에서 자신의 생각, 감정이나 바라는 바를 진솔하게 표현한다.

- 대화에서 갈등이 발생할 때 갈등을 증폭시키지 않고 처리할 수 있는 대화 방법을 배움으로써 대화 상황에서 갈등을 관리하고 상대방과의 관계를 유지하는 능력을 기르기 위해 설정하였다. 이러한 대화 방법의 예로 '나-전달법'을 들 수 있다. 이는 다른 사람을 평가하고 해석하는 대신 자신이 느끼는 감정과 경험을 표현하는 방법으로 '사건, 감정, 기대'로 메시지를 구성해 전달한다.

관심 있는 분야의 인터뷰 영상을 보고 표현하는 활동에서 농구 감독이 경기가 끝난 후에 한 인터뷰의 영상을 시청함. 두 농구 감독의 인터뷰 방법의 차이에 대해 분석한 후 토의에 참여함. 토의 결과, 어떻게 인터뷰하는 것이 청중과의 갈등 상황을 만들지 않으면서도 잘 설득할 수 있는지 핵심 요소에 대해서 알게 됨. 운동선수들도 본인이 느끼는 감정과 경험을 표현하는 방법과 대화하는 방법을 배우고 익히는 것이 중요하다는 것을 깨달음.

| 관련학과 | 경호학과, 공연예술학과, 무용학과, 뮤지컬학과, 체육학과, 사회체육학과, 생활체육학과, 스포츠경영학과, 스포츠건강관리학과, 스포츠과학과, 연극영화학과, 한국무용전공, 현대무용전공, 발레전공, 태권도학과 | 핵심키워드 | 농구 감독 |

[단원명]
독서의 분야

성취기준

📌 [12독서03-01] 인문·예술 분야의 글을 읽으며 제재에 담긴 인문학적 세계관, 예술과 삶의 문제를 대하는 인간의 태도, 인간에 대한 성찰 등을 비판적으로 이해한다.

학과 안내서를 꼼꼼하게 읽고, 예술가에게 필요한 핵심 역량(음악: 음악적 감성, 창의융합 사고, 소통, 문화적 공동체, 음악정보처리, 자기관리 / 미술: 미적 감수성, 시각적 소통능력, 창의융합능력, 미술 문화 이해 능력, 자기주도적 미술 학습능력)을 꼼꼼하게 정리하여 제출함. 예술가로서 이론과 실기를 겸비하기 위해서는 성실함과 인내심이 요구되며, 특히 예술은 인간에 대한 이해를 바탕으로 표현될 때 많은 사람들의 공감을 받을 수 있다고 강조함. 자기 자신을 이해하기 위해 평소 자신의 감정에 좀 더 귀 기울이고, 이것을 어떻게 표현할 수 있는지 그때그때 떠오르는 아이디어를 메모하는 습관을 기르기 위해 노력하고 있다고 발표함.

(관련학과) 국악과, 기악과, 도예학과, 동양화과, 만화애니메이션학과, 미디어영상학과, 사진학과, 산업디자인학과, 서양화과, 성악과, 시각디자인학과, 실내디자인학과, 실용음악과, 음악학과, 작곡과, 조소과, 조형예술학과, 패션디자인학과, 한국화전공, 회화과

(핵심키워드) 학과 안내서

[단원명]
독서의 태도

성취기준

📌 [12독서04-01] 장기적인 독서 계획을 세워 자발적으로 독서를 실천함으로써 건전한 독서 문화를 형성한다.

• 지속적 독서활동을 통해 바람직한 독서 습관을 기르고 평생 독자로서의 소양을 갖추도록 하기 위해 설정하였다. 장기적인 독서 계획은 일 년 혹은 평생 동안 읽고 싶은 책의 목록을 작성하는 것으로, 한편의 글이나 한 권의 책에 대한 독서로 그치지 않고 꾸준한 독서 실천의 의지와 노력을 다지기 위한 것이다.

학교 홈페이지에서 희망 진로와 관련된 추천 도서 목록을 출력하여 1년간 읽을 도서 목록을 순서대로 정리하여 제출함. 학교 도서관 대출 이벤트에 참가하여 진로와 관련된 도서를 대출해 옴. 친구들과 희망 진로 독서클럽을 만들어 서로 선택한 책을 읽을 수 있도록 독려하는 규칙을 세움. 독서 후에는 독서를 통해 배운 점과 느낀 점, 자신의 삶에 적용할 점을 간략히 정리하는 독서 기록장을 작성하여 제출함.

(관련학과) 전 예체능계열

(핵심키워드) 독서 계획

국어 교과군
독서

[단원명]
독서의 방법

성취기준

📌 **[12독서02-04]** 글에서 공감하거나 감동적인 부분을 찾고 이를 바탕으로 글이 주는 즐거움과 깨달음을 수용하며 감상적으로 읽는다.

- 글이 주는 즐거움과 깨달음을 수용하고 내면화하는 감상적 독해 능력을 기르기 위해 설정하였다. 좋은 글을 읽으면 때로 기쁨과 즐거움을 느끼기도 하고 때로 말 못 할 슬픔에 잠기기도 하며, 삶의 교훈이나 깨달음을 얻게 되기도 한다. 이렇듯 글을 읽고 다양한 감동과 교훈을 얻는 것은 감정이 정화되는 과정이자, 삶을 성숙하게 하는 특별한 경험임을 이해하도록 지도한다.

인터넷 서점에 접속하여 스포츠와 관련된 도서를 검색하고, 본인의 진로를 구체화할 수 있는 도서를 선정함. 조사한 책을 찾아서 읽은 후, 본인의 꿈과 관련 있고 기억에 남는 감동적인 문구를 선정하여 짧은 문장으로 작성함. 친구들과 함께 본인의 진로를 공유할 수 있는 문구를 중심으로 표어를 작성하여 독서 시간에 게시한 후 동료로부터 좋은 평가를 받음. 글이 주는 즐거움과 깨달음을 얻고 체육 관련 분야의 다양한 책을 읽기로 다짐하며 독서 계획을 작성함.

관련학과 경호학과, 공연예술학과, 무용학과, 뮤지컬학과, 체육학과, 사회체육학과, 생활체육학과, 스포츠경영학과, 스포츠건강관리학과, 스포츠과학과, 연극영화학과, 한국무용전공, 현대무용전공, 발레전공, 태권도학과

핵심키워드 체육 분야 도서, 스포츠

국어 교과군
언어와 매체

[단원명]
언어와 매체의 본질

성취기준

📌 **[12언매01-02]** 국어의 특성과 세계 속에서의 국어의 위상을 이해한다.

📌 **[12언매01-03]** 의사소통의 매개체로서 매체의 유형과 특성을 이해한다.

- 의사소통의 매개체로 활용되는 다양한 매체의 유형을 구분하여 이해하고, 그 유형별 특성을 바탕으로 하여 소통하는 능력을 기르기 위해 설정하였다. 오늘날 의사소통 매개체로 활용되는 책, 신문, 전화, 라디오, 사진, 광고, 영화, 텔레비전, 컴퓨터, 인터넷, 이동 통신 기기 등 다양한 매체들의 유형을 알고, 그 유형별 특성을 이해하도록 한다.

오디오북, 동영상, 줄글을 읽게 한 후 뇌를 촬영하면 줄글을 읽을 때 뇌가 가장 활성화된다는 기사를 읽고, 원하는 정보를 찾는 데 책보다는 동영상이 편리하여 자주 사용한다는 사실에 착안하여 책과 동영상의 장단점을 비교 분석하고 발표함. 천천히 음미하며 읽는 독서의 장점과 감각적인 동영상의 장점을 활용한 새로운 매체의 개발을 고민함. 책의 목록에 나열된 소주제만 읽고 어떤 주제일지 상상한 후 그림으로 표현하여 소주제 시작 전 페이지에 삽입함. 그리고 실제 소주제를 읽고 난 뒤의 느낌과 감상을 그림과 간단한 글로 표현하여 소주제가 끝난 뒤 페이지에 삽입하는 '주체적인 독자되기 프로젝트'를 기획함. 같은 책이라도 독자가 어떻게 해석하느냐에 따라 다른 독서가 될 수 있다는 점에서 착안하여 작가의 의도와 독자의 감상을 결합한 하나의 새로운 책으로 재탄생시키는 시도임을 강조함.

관련학과 국악과, 기악과, 만화애니메이션학과, 미디어영상학과, 성악과, 실용음악학과, 음악학과, 작곡과

핵심키워드 책과 동영상의 장단점

📌 성취기준

📌 [12언매03-01] 매체의 특성에 따라 정보가 구성되고 유통되는 방식을 알고 이를 의사소통에 활용한다.

- 기술 발달에 따른 새로운 매체의 등장으로 인해 정보가 구성되고 유통되는 방식에 생긴 변화를 이해하고, 이를 바탕으로 하여 정보를 의사소통에 적절히 활용하는 능력을 기르기 위해 설정하였다. 현대 사회에서는 책, 신문, 잡지, 라디오, 텔레비전, 인터넷, 이동 통신 기기 등 다양한 매체를 통해 정보를 수용할 수 있다. 목적, 수용자, 매체의 특성을 고려하여 다양한 매체 자료를 생산한다.

- 매체 자료를 생산할 때에는 정보 전달과 설득, 심미적 정서 표현, 사회적 상호작용 등 소통하려는 목적을 고려하여 적절한 방법을 사용해야 한다. 또한 수용자의 연령과 성은 어떠한가, 수용자는 다수인가 소수인가, 전달하려는 내용에 대한 배경지식은 어느 정도인가 등도 고려해야 한다.

친구들에게 자신의 관심분야를 설명하는 동영상 만들기를 신청함. 친구들의 관심을 유도하기 위해 쉬운 퀴즈로 시작하였고, 감각적인 색감과 디자인을 활용하여 미술 교사가 되고 싶은 이유와 되는 방법 등을 설명하는 동영상을 제작함. 글로만 설명하기보다는 다양한 색감과 영상을 활용함으로써 더 쉽고 명료하게 자신의 의도를 전달하고 이목을 끌 수 있었다고 발표함. 어떤 내용을 전달하거나 의사소통할 때 글과 그림, 영상을 적재적소에 활용함으로써 표현의 다양성을 확보하고 더욱 쉽게 전달할 수 있다고 설명함. 더불어 사람들의 이목을 끌기 위해서는 디자인적인 요소가 중요하다고 강조함.

| 관련학과 | 도예학과, 동양화과, 만화애니메이션학과, 미디어영상학과, 사진학과, 산업디자인학과, 서양화과, 시각디자인학과, 실내디자인학과, 조소과, 조형예술학과, 패션디자인학과, 한국화전공, 회화과 | 핵심키워드 | 관심분야 발표 |

📌 성취기준

📌 [12언매03-01] 매체의 특성에 따라 정보가 구성되고 유통되는 방식을 알고 이를 의사소통에 활용한다.

- 기술 발달에 따른 새로운 매체의 등장으로 인해 정보가 구성되고 유통되는 방식에 생긴 변화를 이해하고, 이를 바탕으로 하여 정보를 의사소통에 적절히 활용하는 능력을 기르기 위해 설정하였다. 현대 사회에서는 책, 신문, 잡지, 라디오, 텔레비전, 인터넷, 이동 통신 기기 등 다양한 매체를 통해 정보를 수용할 수 있다.

매체를 활용한 수업에서 진로와 관련된 영상을 시청하고 표현하는 활동에 참여함. 관심 있는 스포츠 종목을 정해 같은 내용을 다룬 다양한 영상을 선정하여 시청한 후, 각 영상에서 표현하는 방식을 비교하고 분석함. 비교하고 분석한 결과를 비평하는 글로 작성하여 모둠별로 발표하고 서로 평가하는 활동을 하면서 정보를 분석하는 능력이 우수하다는 평가를 받음. 관심 있는 분야와 관련된 다양한 매체를 조사하고 비교하고 분석하는 역량이 뛰어남.

| 관련학과 | 경호학과, 공연예술학과, 무용학과, 뮤지컬학과, 체육학과, 사회체육학과, 생활체육학과, 스포츠경영학과, 스포츠건강관리학과, 스포츠과학과, 연극영화학과, 한국무용전공, 현대무용전공, 발레전공, 태권도학과 | 핵심키워드 | 매체 표현 |

성취기준

📌 **[12문학02-03]** 문학과 인접 분야의 관계를 바탕으로 작품을 이해하고 감상하며 평가한다.

- 문학이 다양한 인접 분야와 밀접한 관련을 맺고 있음을 이해함으로써 문학의 외연에 대한 이해를 넓히고, 입체적인 태도로 문학의 수용과 생산 활동에 참여하는 태도를 기르기 위해 설정하였다. 문학은 언어예술이라는 점에서 음악, 미술, 연극, 영화, 무용 등 다양한 예술 분야와 밀접한 관계가 있다. 또한 인간의 삶을 탐구하는 언어 활동이라는 점에서 역사와 철학 등 인문 분야와 관련을 맺고 있으며, 인간을 둘러싼 시대적·사회적 상황을 반영한다는 점에서 사회, 문화 현상 등과도 깊은 관련을 맺고 있다.

문학 교과서 중 한 작품을 골라 읽은 후, 자신만의 시각으로 재해석하여 만화 그리기로 제작하고 친구들에게 발표함. 만화를 그리다보니 자신이 이해한 대로 스토리를 표현할 수밖에 없음을 경험하였고, 문학을 각색하여 다른 예술 작품으로 전환할 경우 각색자의 의도와 해석이 녹아들어 원작자의 의도와는 다르게 표현될 수도 있으므로 원작자의 의도를 그대로 녹여내기 위해서는 원작자와 각색자뿐 아니라 예술 작품에 참여하는 모든 출연자들과의 끊임없는 의사소통이 중요하다고 발표함. 좋은 문학 작품은 다른 예술 영역에도 영향을 미쳐 영감을 주고 다양한 형태로 재창조될 수 있으며, 그로 인해 오히려 문학 작품에 대한 관심이 더 높아질 수 있음을 이해함. 따라서 서로에게 유리한 선순환 구조를 만들기 위해 노력하는 것이 중요하다고 발표함.

관련학과	국악과, 공연예술학과, 기악과, 도예학과, 동양화과, 만화애니메이션학과, 무용학과, 뮤지컬학과, 미디어영상학과, 사진학과, 산업디자인학과, 서양화과, 성악과, 시각디자인학과, 실내디자인학과, 실용음악과, 연극영화학과, 음악학과, 작곡과, 조소과, 조형예술학과, 패션디자인학과, 한국화전공, 한국무용전공, 회화과
핵심키워드	문학작품을 만화로 표현

국어 교과군
문학
[단원명]
문학의 수용과 생산

성취기준

📌 **[12문학02-05]** 작품을 읽고 다양한 시각에서 재구성하거나 주체적인 관점에서 창작한다.

문학 교과서에서 좋아하는 시를 골라 읽고, 자신의 감상평을 글로 정리함. 평소 자신의 생각을 그림으로 표현하는 능력이 뛰어나 시를 읽고 난 후에 떠오르는 이미지와 색을 골라 정성껏 그림으로 표현하여 제출함. 문학 작품에 대한 이해를 높이기 위해 작가의 일생과 작가가 활동한 시대의 예술 사조의 사상과 분위기에 대해 조사하여 발표함. 문학 작품을 제대로 이해하기 위해서는 실제 그 당시, 그 작가가 되어 한 구절 한 구절의 의미를 깊이 있게 음미하기 위해 노력하는 자세가 필요하다고 발표함. 친구들과 서로의 감상을 공유하면서 같은 작품을 읽어도 사람마다 느끼는 것에 공통점과 차이점이 있음을 확인하고, 자신과 타인의 의견을 모두 존중하는 마음가짐이 중요하다고 발표함.

관련학과	도예학과, 동양화과, 만화애니메이션학과, 미디어영상학과, 사진학과, 산업디자인학과, 서양화과, 시각디자인학과, 실내디자인학과, 조소과, 조형예술학과, 패션디자인학과, 한국화전공, 회화과
핵심키워드	시를 그림으로 표현

문학

[단원명]
한국 문학의 성격과 역사

성취기준

📌 [12문학03-06] 지역 문학과 한민족 문학, 전통적 문학과 현대적 문학 등 다양한 양태를 중심으로 한국 문학의 발전상을 탐구한다.

- 한국 문학의 내적 다양성과 외적 전개 양상을 살펴봄으로써 한국 문학에 대한 입체적이고 포괄적인 이해를 돕고 한국 문학의 발전상을 모색하는 태도를 기르기 위해 설정하였다. 공간적으로는 국가 단위의 한국 문학에만 국한하지 않고 지역 문학의 총체로서 한국 문학을 이해하는 한편, 분단 이후의 북한 문학과 재외 국민이 한국어로 생산한 문학을 한민족 문학의 범주에 포함하여 살펴봄으로써 통일 후 민족 문학의 발전상을 모색해보도록 안내한다.

한국 문학 작품 조사 활동에서 1920년대부터 현재까지의 문학 작품 중 예술이나 스포츠 분야를 소재로 활용한 작품을 조사함. 조사한 내용을 시대별로 분석한 후, 당시의 문학 작품에 그 분야가 드러난 이유와 의의에 대하여 분석하는 글을 작성함. 작성한 글을 토대로 토론 활동에 참여하여 한국 문학 발전에 예술이나 스포츠 영역이 어떻게 영향을 주었는지 논리적으로 주장하여 좋은 평가를 받음.

| 관련학과 | 경호학과, 공연예술학과, 무용학과, 뮤지컬학과, 체육학과, 사회체육학과, 생활체육학과, 스포츠경영학과, 스포츠건강관리학과, 스포츠과학과, 연극영화학과, 한국무용전공, 현대무용전공, 발레전공, 태권도학과 | 핵심키워드 | 문학의 발전 |

국어 교과군
실용 국어

[단원명]
정보의 해석과 조직

성취기준

📌 [12실국02-03] 정보를 체계적으로 조직하여 대상과 상황에 적합하게 표현한다.

- 체계적으로 내용을 조직하고 대상과 상황을 고려하여 표현하는 능력을 기르기 위해 설정하였다. 보고서 작성, 발표 등 실제적인 언어 표현 활동을 중심으로 핵심적인 내용을 짜임새 있게 조직하는 방법에 중점을 둔다. 정보 전달과 설득의 내용 구조를 학습한 후 상황과 대상을 고려하여 논리적, 체계적으로 내용을 조직하도록 한다. 아울러 효과적인 표현 전략도 함께 익히도록 한다.

관심 직업에 대해 탐색한 후, 자신의 명함을 만들어 사물함에 붙임. 관심 직업에 대한 다양한 정보 중에서 명함에 들어갈 내용을 골라 요약하고, 가독성이 높게 잘 배치함. 이목을 끌기 위해 자신의 얼굴을 특징이 잘 드러나는 캐리커처로 표현하고, 직업의 특성을 이모티콘으로 만들어 자신을 소개함으로써 친구들에게 자신을 각인시키는 데 효과적인 방법을 잘 활용함.

| 관련학과 | 전 예체능계열 | 핵심키워드 | 명함 만들기 |

성취기준

📌 [12실국05-02] 독서와 글쓰기를 통하여 자기를 성찰하고 교양을 함양한다.

• 독서 습관과 성찰적 글쓰기를 통해 교양 함양 능력을 기르기 위해 설정하였다. 독서나 글쓰기에 대한 지식 습득보다는 글을 즐겨 읽으며 자신의 생각을 써 보는 활동을 통해 개인의 삶을 성찰하고 교양을 기르는 데 중점을 둔다. 다양한 읽을거리를 스스로 찾아 읽고 자신의 독서 습관을 점검하는 것은 읽기의 생활화 측면에서 매우 중요하다.

인터넷 서점에 접속해서 관심 도서를 검색하여 자신만의 독서목록을 작성함. 독서목록을 통해 관심 도서들의 공통점을 찾아 기록하고, 희망 진로 관련 도서와 그 외의 관심 도서로 분류함. 지난 한 달 동안의 독서 습관을 기록하면서 독서량을 늘리고, 바람직한 독서 습관을 갖추기 위해 '하루에 10페이지 읽기 프로젝트'를 목표로 세운 후 30분 일찍 등교하여 실천에 옮기고자 노력함. 학교 도서관에 방문하여 읽고 싶은 책을 직접 찾아보면서 자신이 책을 고른 이유와 책을 소개하는 글을 작성하여 제출함.

관련학과) 전 예체능계열 　　　　　　　　　　핵심키워드) 독서목록 및 독서습관

성취기준

📌 [12실국01-02] 국어의 어법에 맞고 의미가 정확한 문장을 사용한다.

• 자신의 생각을 정확하게 전달하기 위해 문장 차원에서 고려해야 할 국어의 어법을 익히기 위해 설정하였다. 관련되는 문법 지식을 모두 다루기보다 문장을 정확하고 표현 의도에 맞게 사용하는 데에 중점을 두어 지도한다.

올바른 우리말 표현 활동에서 운동선수나 예술인들의 인터뷰 영상을 시청하고 어법이 올바른지 분석하는 활동을 실시함. 인터뷰 하는 장면을 언어적 측면을 중심으로 분석한 후, 토론 활동을 통해서 본인과 다른 친구들과의 차이를 비교해 봄. 우리말의 어법이나 표현방식에 적절한 부분과 부족한 부분을 찾아내었으며, 예체능 분야를 준비하기 위해서 올바른 표현 방법이 중요하다는 것을 깨닫고 어법에서 실수하기 쉽거나 중요한 부분을 노트에 기록하는 꼼꼼한 학생임.

관련학과) 경호학과, 공연예술학과, 무용학과, 뮤지컬학과, 체육학과, 사　　핵심키워드) 인터뷰
회체육학과, 생활체육학과, 스포츠경영학과, 스포츠건강관리학
과, 스포츠과학과, 연극영화학과, 한국무용전공, 현대무용전공,
발레전공, 태권도학과

심화 국어 ▶ [단원명]
창의적 사고와 문화 활동

성취기준

📌 [12심국03-02] 자신의 생각과 느낌을 창의적이고 아름답게 표현한다.

- 타인의 생각을 이해하고 수용하는 활동과 그 결과를 자신의 관점에서 판단하는 활동, 그리고 이를 재구성하거나 창작하는 활동을 통해 창의적인 사고를 배양하기 위해 설정하였다. 자신의 생각을 창의적이고 아름답게 표현하는 과정을 통해 타인의 문제의식과 세계관, 가치관을 이해하며 자신의 생각을 타인과 교류하는 효과적인 방법이 무엇인지를 생각하고 타인과 효과적으로 소통하는 가운데 창의적인 사고를 배양하도록 한다.

고흐의 '별이 빛나는 밤에'를 본 후 '고흐는 밤하늘을 바라보며 어떤 생각을 했기에 강렬한 색감으로 휘몰아치듯 표현했을까?'라는 작가의 의도에 궁금증이 생겨 고흐의 생애와 활동 당시의 시대적 배경, 다른 작품을 찾아보고 싶다는 감상평을 작성함. 조원들과 각자의 감상평을 공유하면서 같은 작품을 보고도 서로 다른 생각과 느낌을 가질 수 있음을 직접 경험함. 밤하늘의 별에 닿을 듯한 나무를 보며 자신도 나무처럼 별에 닿기를 희망한다는 친구의 감상평을 경청하면서 친구와 희망에 대해 이야기하는 계기를 가짐. 작품 하나로도 자신의 내면 또는 타인과 이야기할 수 있는 경험을 통해 예술 작품이 사람들에게 어떤 영향을 주는지 생각해보는 계기가 되었다는 소감문을 제출함.

(관련학과) 전 예체능계열　　　　　　　　　　　　　(핵심키워드) 미술 작품 감상평

심화 국어 ▶ [단원명]
윤리적 사고와 학문 활동

성취기준

📌 [12심국04-01] 쓰기 윤리의 중요성을 인식하고 책임감 있는 태도로 글을 쓴다.

- 학술적 글쓰기의 쓰기 윤리를 이해하고 글을 쓰는 자세를 기르기 위해 설정하였다. 쓰기 윤리를 위반하는 기준에 대한 명확한 이해를 바탕으로 다른 사람이 생산한 자료를 표절하지 않고 올바르게 인용하기, 연구 결과를 과장하거나 왜곡하지 않고 사실에 근거하여 기술하기 등에 중점을 두어 쓰기 윤리의 중요성을 인식시키고 이를 준수하는 태도 함양에 중점을 두어 지도한다. 매체 이용과 표현의 윤리를 준수하는 태도를 지닌다.

- 매체 이용의 윤리를 이해하고 글을 쓰는 자세를 기르기 위해 설정하였다. 매체 이용 윤리의 중요성과 무분별한 매체 사용으로 인한 피해의 심각성을 인식하도록 하는 데 중점을 둔다. 다양한 매체 자료를 이용하여 조사·연구·관찰한 결과를 보고서로 작성하거나 발표하는 활동을 통해 매체 이용 윤리를 준수하는 태도를 기르도록 한다.

논문 표절 관련 기사를 읽고, 논문 표절의 기준과 올바른 인용법을 비교하여 정리함. 출처를 밝히는 것이 표절과 인용의 가장 큰 차이점임을 인식하고, 타인의 창작물을 자신의 창작물처럼 발표하는 표절의 위험성을 인지함. 최근 표절 검색 프로그램 등 다양한 방법으로 쉽게 표절 여부를 찾을 수 있어 개개인의 정직성과 투명성이 그 어느 때보다 중요함을 강조함. 특히 음악이나 미술 작품도 작가 개인의 창작물임을 인식하고, 작가의 피와 땀의 결정체인 작품을 함부로 도용하지 않도록 노력해야 함을 강조하여 발표함.

(관련학과) 국악과, 기악과, 만화애니메이션학과, 미디어영상학과, 성악과, 실용음악과, 음악학과, 작곡과　　　(핵심키워드) 표절 기준

심화 국어

[단원명]
논리적 사고와 의사소통

성취기준

📌 [12심국01-03] 정보를 정확하고 논리적으로 전달한다.

- 계획하기 단계 이후 실제 한 편의 글을 완성하거나 청중을 대상으로 발표를 하는 표현과 전달 능력을 기르기 위해 설정하였다. 정보를 전달하는 글과 말의 구체적인 표현 전략과 전달 방법을 익히도록 한다. 사실적 정보를 정확하고 논리적으로 전달하기 위해서는 주관적 관점으로 정보를 과장·축소·왜곡하지 않아야 한다.

신문기사를 활용한 표현력과 전달력 기르기 활동에서 운동선수와 관련된 인터뷰 기사를 찾아본 후, 인터뷰하는 선수가 전달하는 정보를 분석해봄. 인터뷰 내용에서 운동선수의 주관적 관점이 드러난 부분을 찾아내고 과장된 부분이나 축소된 부분이 있는지 토론해봄. 본인이 희망하는 분야의 전문가라고 가정한 후 인터뷰 기사를 작성하고 모둠 활동에서 발표하여 친구들로부터 논리적인 인터뷰 기사라는 긍정적인 평가를 받음.

관련학과) 경호학과, 공연예술학과, 무용학과, 뮤지컬학과, 체육학과, 사회체육학과, 생활체육학과, 스포츠경영학과, 스포츠건강관리학과, 스포츠과학과, 연극영화학과, 한국무용전공, 현대무용전공, 발레전공, 태권도학과

핵심키워드) 주관적 관점

고전 읽기

[단원명]
고전의 수용

성취기준

📌 [12고전02-01] 인문·예술, 사회·문화, 과학·기술, 문학 등 다양한 분야의 고전을 균형 있게 읽는다.

- 학습자가 전인적 인격을 갖춘 인간으로 성장할 수 있도록 인문·예술, 사회·문화, 과학·기술, 문학 등 다양한 분야의 고전을 균형 있게 찾아 읽는 태도를 기르기 위해 설정하였다. 관심을 가지고 흥미를 느끼는 분야, 자신에게 중요하거나 필요하다고 판단되는 분야로부터 출발하여 점차 분야를 확대해나가도록 지도한다.

고전의 개념과 고전이 현재 자신의 삶에 어떤 영향을 미치는지에 대한 궁금증을 가지고, 고전을 모티브로 탄생한 다양한 예술 작품을 찾아 발표함. 고전을 통해 인간의 본성을 이해함으로써 인간성을 회복할 수 있고, 감상자에 따라 다양한 형태로 재해석될 수 있다고 정리함. 서양 예술의 뿌리인 그리스 신화를 읽은 후 신의 특징이 잘 나타나도록 이미지화하고, 신들의 이름과 관계를 잘 정리함으로써 알아보기 쉽게 개념도를 작성하여 제출함.

관련학과) 만화애니메이션학과, 미디어영상학과

핵심키워드) 고전

성취기준

📌 [12고전02-01] 인문·예술, 사회·문화, 과학·기술, 문학 등 다양한 분야의 고전을 균형 있게 읽는다.

• 학습자가 전인적 인격을 갖춘 인간으로 성장할 수 있도록 인문·예술, 사회·문화, 과학·기술, 문학 등 다양한 분야의 고전을 균형 있게 찾아 읽는 태도를 기르기 위해 설정하였다. 관심을 가지고 흥미를 느끼는 분야, 자신에게 중요하거나 필요하다고 판단되는 분야로부터 출발하여 점차 분야를 확대해나가도록 지도한다.

그리스 신화에서 신들의 탄생과정 속에 내포된 의미를 파악하고자 노력함. 특히 아버지를 거세하고 권력을 잡은 크로노스가 자식들을 삼키는 것이 부모 세대가 자녀 세대를 자신의 틀 속에 가둔다는 의미를 상징한다는 해석에 동의함. 그리스 신화 속 사건을 통해 인간의 본성을 알아보고자 관련 영상을 찾아봄.

관련학과) 국악과, 기악과, 도예학과, 동양화과, 만화애니메이션학과, 미디어영상학과, 사진학과, 산업디자인학과, 서양화과, 성악과, 시각디자인학과, 실내디자인학과, 실용음악과, 음악학과, 작곡과, 조소과, 조형예술학과, 패션디자인학과, 한국화전공, 회화과

핵심키워드) 고전

성취기준

📌 [12고전03-02] 고전을 읽고 공동의 관심사나 현대 사회에 유효한 문제를 중심으로 통합적인 국어 활동을 수행한다.

• '인간의 본성', '사회와 갈등', '문명과 기술', '예술과 문화', '전쟁과 평화' 등 공동의 관심사나 현대 사회의 중요한 문제라고 할 만한 주제를 중심으로 관련되는 고전을 찾아 읽고, 그 문제들에 대해 탐구하는 능력을 기르기 위해 설정하였다. 탐구한 결과를 바탕으로 발표, 토론, 서평, 논술 등 다양하고 통합적인 국어 활동을 수행하는 데 중점을 두되 하위 영역의 구별에 따른 분절적 국어 교육의 폐해를 극복하고, 실제 언어생활에서 요구되는 통합적 국어 능력을 기르는 데 주안점을 둔다.

고전 읽기 활동에서 희망분야인 예술 관련 서적을 찾아본 후 독서활동에 참여함. 독서활동을 통해 예술과 문학이 어떻게 상호보완하면서 발전했는지 분석해보고, 그 속에 드러난 인간 사회의 가치관과 삶의 방식인 문화에 대해 토론해봄. 토론 결과를 중심으로 예술과 문화의 관계에 대해서 글로 작성한 후 3분 스피치 활동을 실시함. 예술과 문학의 상호 관계를 논리적으로 설명하고 배우고 느낀 점을 잘 발표하여 친구들로부터 많은 호응을 받음.

관련학과) 국악과, 기악과, 도예학과, 동양화과, 만화애니메이션학과, 미디어영상학과, 사진학과, 산업디자인학과, 서양화과, 성악과, 시각디자인학과, 실내디자인학과, 실용음악과, 음악학과, 작곡과, 조소과, 조형예술학과, 패션디자인학과, 한국화전공, 회화과

핵심키워드) 예술과 문화의 관계

성취기준

📌 [10영03-01] 친숙한 일반적 주제에 관한 글을 읽고 세부 정보를 파악할 수 있다.

· 일상생활이나 학업과 관련된 친숙한 일반적 주제에 관한 글을 읽고 필요한 정보를 이해할 수 있다는 의미이다. 전체적인 흐름을 대략적으로 파악하는 활동보다는 세부적이고 구체적인 정보를 찾아 파악하는 활동을 하도록 한다.

평소 영어 시간에 쉽고 익숙한 영어 단어를 잘 활용하여 자신의 의견을 단순하고 명료하게 잘 표현하며 영어 읽기를 즐겨함. 어려운 지문의 경우, 친구들과 협력하며 의미를 파악하기 위해 노력하는 모습이 돋보임. 적극적인 자세로 수업에 임하며 영어 사용에 두려움이 없음. 영어 기사를 읽고 주제와 핵심 내용을 영어로 잘 요약하여 작성함. 기사 내용의 요약과 더불어 기사에 대한 자신의 의견을 영어로 작성하여 제출함. 또한 적극적으로 발표를 신청하는 등 영어로 말할 기회를 자주 활용함.

(관련학과) 도예학과, 동양화과, 서양화과, 시각디자인학과, 조소과, 조형예술학과, 회화과   (핵심키워드) 영어 기사 읽기

성취기준

📌 [10영04-01] 일상생활이나 친숙한 일반적 주제에 관하여 듣거나 읽고 세부 정보를 기록할 수 있다.

· 일상생활에서의 친숙한 일반적 주제에 관해 듣거나 읽고 대상이나 상황에 대한 구체적인 정보를 문장으로 기록할 수 있다는 의미이다. 대상, 상황, 그림, 사진, 도표 등에 관해 묘사 및 설명하는 글을 읽고 구체적이고 상세한 정보를 정확하게 파악하는 읽기 활동과 연계하여 의사소통능력을 신장하도록 한다. 일상생활이나 친숙한 일반적 주제에 관한 그림, 도표 등을 설명하는 글을 쓸 수 있다.

루브르 박물관 홈페이지에 접속하여 루브르 박물관을 소개하는 글을 읽고, 영어로 요약한 후 퀴즈를 만들어 친구들에게 흥미를 유발하는 프레젠테이션을 준비함. 자신을 루브르 박물관 가이드라고 소개하고, 관광객에게 박물관 입장부터 주요 전시작품을 영어로 소개하는 영상을 제작하여 친구들에게 보여줌. 친숙한 단어를 적재적소에 잘 활용하여 상대방에게 의미가 잘 전달될 수 있도록 노력함. 세계화 시대와 시공간의 제약을 받지 않는 지식정보화 시대에 살고 있기 때문에 영어활용능력이 자신의 활동무대를 넓혀줄 수 있음을 확신하고 매시간 영어 공부에 매진하는 모습을 보임.

(관련학과) 도예학과, 동양화과, 서양화과, 시각디자인학과, 조소과, 조형예술학과, 회화과   (핵심키워드) 루브르 박물관

[단원명]
쓰기 영역

성취기준

📌 [10영04-01] 일상생활이나 친숙한 일반적 주제에 관하여 듣거나 읽고 세부 정보를 기록할 수 있다.

• 일상생활에서의 친숙한 일반적 주제에 관해 듣거나 읽고 대상이나 상황에 대한 구체적인 정보를 문장으로 기록할 수 있다는 의미이다. 대상, 상황, 그림, 사진, 도표 등에 관해 묘사 및 설명하는 글을 읽고 구체적이고 상세한 정보를 정확하게 파악하는 읽기 활동과 연계하여 의사소통능력을 신장하도록 한다. 일상생활이나 친숙한 일반적 주제에 관한 그림, 도표 등을 설명하는 글을 쓸 수 있다.

미술 관련 학과로 진학을 희망하는 학생으로 미술을 해야겠다고 마음먹은 계기를 떠올려 영어로 4컷 만화를 직접 그려 발표함. 롤모델로 삼은 예술가의 작품을 사진으로 찍어와 각 작품을 보여주며 작품에 대한 간단한 설명과 자신의 감상을 영어로 발표함. 가끔 영어 표현이 서툴러 당황하는 모습을 보였지만 포기하지 않고 끝까지 작품을 영어로 소개함. 미술에 대한 열정을 느낄 수 있었으며 끝까지 해내려는 모습이 기특함. 시대별 미술사조를 영어로 소개하여 친구들의 지식 확장에 도움을 줌.

관련학과 전 예체능계열   핵심키워드 4컷 만화

영어 교과군
영어

[단원명]
말하기

성취기준

📌 [10영02-03] 일상생활이나 친숙한 일반적 주제에 관해 자신의 의견이나 감정을 표현할 수 있다.

• 일상생활에서의 친숙한 일반적 주제에 관해 자신의 의견을 조리 있고 설득력 있게 표현하고, 다른 사람과 효과적으로 의견이나 감정을 교환할 수 있다는 의미이다. 찬반 의견이 있는 주제에 대해 서로의 의견이나 감정을 주고받는 짝 활동, 학습자 수준에 맞는 흥미 있는 주제를 정하여 모둠별로 토론하거나 발표하는 활동을 통하여 의사소통능력을 향상시키도록 한다.

자신의 의견이나 감정을 표현하는 활동에서 본인이 희망하는 체육 관련 내용을 중심으로 발표함. 자신이 좋아하는 스포츠 선수의 영어 인터뷰 영상을 찾아 시청한 후 가장 인상적인 질문과 답변을 글로 작성함. 본인이 스포츠 선수라고 가정하고 인터뷰 질문에 대한 본인의 답변을 작성한 후 발표함. 발표 내용 중에서 스포츠 선수가 되기 위해 노력했던 부분에 대해서 본인의 의견을 조리 있고 설득력 있게 표현함.

관련학과 경호학과, 공연예술학과, 무용학과, 체육학과, 사회체육학과, 생활체육학과, 스포츠경영학과, 스포츠건강관리학과, 스포츠과학과, 한국무용전공, 현대무용전공, 발레전공, 태권도학과   핵심키워드 운동선수 영어 인터뷰

영어 회화 [단원명] 듣기 영역

성취기준

📌 [12영회01-01] 일반적 주제에 관한 말이나 대화를 듣고 세부 정보를 파악할 수 있다.

• 일상생활이나 학업과 관련된 일반적 주제에 관한 말이나 대화를 듣고 전체적인 흐름을 이해하여 화자의 의도나 말의 목적을 이해할 수 있다는 의미이다. 화자의 의도나 목적을 파악하고, 찾아내는 학습 활동을 통하여 일상생활에 필요한 의사소통능력을 배양하도록 한다.

'음악을 읽는 방법'이라는 영어 동영상을 반복하여 보면서 영어 자막을 그대로 옮겨 적음. 동영상에서 설명한 음악의 3요소를 영어로 요약한 후 암기하여 발표함. 외국 뮤지컬 영화 중 등장인물들이 서로 대화하는 장면을 5분간 자막 없이 시청한 후 대화 내용을 요약한 후 번역본과 비교하여 발표함. 짝과 함께 해당 장면의 영어 대본을 찾아 역할을 나누고 암기한 후 영화의 한 장면을 친구들 앞에서 재연함. 미국 드라마를 3분간 보고 내용을 요약정리함. 같은 드라마를 본 친구에게 물어볼 질문과 답안을 직접 작성한 후 친구와 영어로 묻고 답하는 발표를 진행함.

관련학과) 국악과, 기악과, 만화애니메이션학과, 미디어영상학과, 성악과, 실용음악과, 음악학과, 작곡과

핵심키워드) 음악의 3요소

영어 회화 [단원명] 말하기 영역

성취기준

📌 [12영회02-03] 일상생활이나 친숙한 일반적 주제에 관해 자신의 의견이나 감정을 표현할 수 있다.

📌 [12영회02-05] 일상생활이나 친숙한 일반적 주제에 관해 그림, 도표 등을 활용하여 의사소통할 수 있다.

고대 예술이 현대미술에 미친 영향을 영어로 설명하기 위해 프레젠테이션을 제작함. 깔끔하고 감각적인 배경 화면에 고대 예술 작품과 현대미술 작품을 비교하면서 공통점과 차이점을 설명하기 위해 노력함. 현대미술의 세 개념인 모더니즘, 아방가르드, 포스트모더니즘의 태동 배경과 특징을 설명함으로써 미술과 시대의 사상이 연관되어 있음을 설명함. 3만~7만 년 동안 이어온 재현적 미술에 대한 반동으로 점, 선, 면, 색으로 이루어진 모더니즘 순수미술이 태동하였음을 설명함. 또 현실적인 삶과 동떨어진 순수미술에 대한 반향으로 아방가르드가 등장하였고 다시 순수미술로 돌아가자는 포스트모더니즘까지 이해하기 쉽게 현대미술의 핵심 개념을 영어로 설명함. 영어로 발표하기 위해 대본을 작성하고 읽기 연습을 반복하여 물 흐르듯 편안하게 발표함.

관련학과) 도예학과, 동양화과, 서양화과, 시각디자인학과, 실내디자인학과, 조소과, 조형예술학과, 한국화전공, 회화과

핵심키워드) 영어 프레젠테이션

성취기준

📌 [12영회01-04] 일반적 주제에 관한 말이나 대화를 듣고 화자의 의도나 말의 목적을 파악할 수 있다.

- 일상생활이나 학업과 관련된 일반적 주제에 관한 말이나 대화를 듣고 전체적인 흐름을 이해하여 화자의 의도나 말의 목적을 이해할 수 있다는 의미이다. 화자의 의도나 목적을 파악하고, 찾아내는 학습 활동을 통하여 일상생활에 필요한 의사소통능력을 배양하도록 한다.

광고를 활용한 영어수업에서 예체능 관련 광고를 검색한 후 인상 깊은 영상을 선정한 후 체육 관련 광고를 시청함. 스포츠 관련 광고를 시청한 후 광고의 주요 내용을 요약하여 문장으로 작성하고 광고를 통해서 느낀 점을 영문으로 작성함. 이 활동을 통해서 예체능 분야의 전문가가 되기 위해서 영어가 필요하다는 것을 깨닫고 영어 공부 계획을 작성하고 실천하기 위해서 노력함. 친구들과 영어 공부 계획 나눔 시간을 통해서 서로 피드백을 주고받으며 열심히 실천하기로 다짐함.

| 관련학과 | 경호학과, 공연예술학과, 무용학과, 뮤지컬학과, 체육학과, 사회체육학과, 생활체육학과, 스포츠경영학과, 스포츠건강관리학과, 스포츠과학과, 연극영화학과, 한국무용전공, 현대무용전공, 발레전공, 태권도학과 | 핵심키워드 | 광고 소개하기 |

성취기준

📌 [12영 I 01-02] 일반적 주제에 관한 말이나 대화를 듣고 주제 및 요지를 파악할 수 있다.

- 일상생활이나 학업과 관련된 일반적 주제의 말과 대화를 듣고 중심 내용을 이해할 수 있다는 의미이다. 전체적인 흐름과 전반적인 내용을 파악하여 의사소통능력을 향상시키도록 한다.

좋아하는 외국 배우의 인터뷰 영상을 친구들에게 보여주면서 동시통역사 역할을 수행함. 외국 배우가 한마디 하면 영상을 멈춘 후 번역해줌. 배우가 전달하고자 하는 의미를 잘 파악해서 이해하기 쉽게 번역하였고, 자신이 리포터라면 배우에게 물어보고 싶은 질문을 영어로 작성해 옴. 또 최근 국제 영화제에서 수상한 우리나라 여배우의 수상 소감이 화제가 되어 영상을 같이 보면서 사용된 어휘가 비교적 쉬운 단어라 누구나 이해하기 쉽다고 짚어주면서 영어의 본질은 의사소통임을 강조함. 간단하고 쉬운 영어 단어로도 간결하고 쉽게 하고 싶은 말을 전달할 수 있는 자신감을 갖자고 주장함.

| 관련학과 | 국악과, 기악과, 만화애니메이션학과, 미디어영상학과, 성악과, 실용음악과, 음악학과, 작곡과 | 핵심키워드 | 인터뷰 동시통역 |

성취기준

📌 [12영 I 02-04] 친숙한 일반적 주제에 관한 정보를 묻고 답할 수 있다.

• 일상생활이나 학업과 관련된 친숙한 일반적 주제에 대한 필요한 정보를 교환할 수 있다는 의미이다. 파악한 정보를 전달하고, 자신의 의견을 표현하되, 추가적인 정보를 얻기 위해 질문하기, 요청하기 등과 같은 의사소통 전략을 이용하여 표현할 수 있는 다양한 활동을 제시하여 의사소통능력을 향상시키도록 한다.

자신이 평소 좋아하는 예술가를 만나 인터뷰한다는 가정하에 리포터로서 질문을 만들기 위해 사전에 인터뷰 대상자에 대해 조사함. 인터뷰이의 작품을 찾아보고 작품을 보며 궁금한 점을 영어로 작성하고, 자신만의 영어 감상평을 발표함. 주요 질문은 작가가 그림을 그릴 때 중요하게 생각하는 점은 무엇인가? 영감은 어떻게 얻는가? 등 평소 미술을 좋아하고 전공하고자 하는 학생으로서 궁금한 점을 쉬운 영어 단어와 문법을 잘 활용하여 질문지를 작성함.

관련학과 | 국악과, 기악과, 도예학과, 동양화과, 만화애니메이션학과, 미디어영상학과, 사진학과, 산업디자인학과, 서양화과, 성악과, 시각디자인학과, 실내디자인학과, 실용음악과, 음악학과, 작곡과, 조소과, 조형예술학과, 패션디자인학과, 한국화전공, 회화과

핵심키워드 | 예술가 인터뷰

성취기준

📌 [12영 I 03-04] 일반적 주제에 관한 글을 읽고 필자의 의도나 글의 목적을 파악할 수 있다.

• 일상생활이나 학업과 관련된 일반적 주제에 관한 글을 읽고 글의 의도나 목적을 파악하여 적절히 의사소통할 수 있다는 의미이다. 함축적인 의미를 파악하고, 글의 전반적인 맥락을 이해하는 학습 활동을 통해 의사소통능력을 향상시키도록 한다.

신문을 활용한 수업에서 본인의 관심분야와 관련된 기사를 검색한 후 영어로 요약하는 활동에 참여함. 스포츠 관련 기사를 검색한 후 외국 뉴스의 기사 '2016 리우데자네이루: 육상선수 애비 다고스티노, 니키 햄블린, 올림픽 정신의 진정한 의미를 보여주다'를 읽고 기사에 나오는 두 선수의 이야기를 영어로 요약함. 스포츠 정신을 중심으로 기사 내용을 요약한 후 글로 작성하여 수업시간에 전시활동을 실시함. 친구들로부터 요약한 글이 논리적이고 느낀 점에 공감이 간다는 평가를 받음.

관련학과 | 경호학과, 공연예술학과, 무용학과, 체육학과, 사회체육학과, 생활체육학과, 스포츠경영학과, 스포츠건강관리학과, 스포츠과학과, 한국무용전공, 현대무용전공, 발레전공, 태권도학과

핵심키워드 | 올림픽 영어기사

영어 독해와 작문

> [단원명]
> ## 읽기 영역

성취기준

📌 **[12영독03-01]** 비교적 다양한 주제에 관한 글을 읽고 세부 정보를 파악할 수 있다.

- 일상생활이나 학업과 관련된 비교적 다양한 주제의 글을 읽고 필요한 정보를 파악할 수 있다는 의미이다. 실용문과 기초 학문의 글에서 자주 활용되는 표현을 익혀서 의사소통능력을 향상시키도록 한다. 비교적 다양한 주제에 관한 글을 읽고 주제 및 요지를 파악할 수 있다.

- 일상생활이나 학업과 관련된 비교적 다양한 주제의 글을 읽고 중심 내용을 파악하여 글을 포괄적으로 이해할 수 있다는 의미이다. 실생활과 다양한 진로와 전공 분야에서 필요로 하는 읽기 능력을 향상시키도록 한다.

노벨문학상을 받은 가수의 노래 가사를 영어로 그대로 옮겨 적으며 가사가 전달하려는 요지를 파악하여 발표함. 가사에서 처음 본 단어의 뜻을 유추해 보고, 직접 사전을 찾아보며 노랫말에 가장 어울리는 단어를 찾아 번역함. 노래 가사 속에 내포된 함축적인 의미를 파악하고자 노력함. 자신이 아나운서가 되어 이 가수의 노벨문학상 수상 소식을 영어로 말하고, 노벨문학상을 받은 이유를 분석하여 설명에 덧붙임.

(관련학과) 국악과, 기악과, 성악과, 실용음악과, 음악학과, 작곡과   (핵심키워드) 팝송 가사

영어 독해와 작문

> [단원명]
> ## 쓰기 영역

성취기준

📌 **[12영독04-05]** 미래의 계획이나 진로 등에 관하여 글을 쓸 수 있다.

- 자신의 꿈과 미래에 대한 생각이나 계획을 일관성 있게 쓸 수 있다는 의미이다. 글의 주제에 대한 사례나 적절한 근거를 들어 통일성 있는 글을 쓰도록 한다. 실생활에서 필요로 하는 쓰기 능력과 다양한 진로와 전공 분야에서 요구되어지는 쓰기 능력을 향상시키고, 자신의 생각을 자유롭게 표현하면서 창의성과 비판적 사고 능력을 함양하도록 한다.

유명한 작곡가와의 가상 인터뷰 기사를 영어로 작성함. 특히 작곡가가 되고 싶었던 동기, 진로 경로, 작곡가로서 행복한 점, 힘든 점 등을 꼼꼼하게 질문지로 작성하였고, 그에 따른 가상 답변도 재치 있게 잘 작성함. 실제 인터뷰 대상자의 영상이나 인터뷰 기사를 읽으며 자신의 답변과 비교해 봄. 자신이 유명해져서 외국에 진출한다면 받고 싶은 질문과 그에 따른 답변을 미리 영어로 작성해 봄.

(관련학과) 기악과, 성악과, 실용음악과, 작곡과, 음악학과   (핵심키워드) 가상 인터뷰 질문지

영어 독해와 작문 ▶ [단원명] 읽기

성취기준

📌 [12영독03-02] 비교적 다양한 주제에 관한 글을 읽고 주제 및 요지를 파악할 수 있다.

- 일상생활이나 학업과 관련된 비교적 다양한 주제의 글을 읽고 중심 내용을 파악하여 글을 포괄적으로 이해할 수 있다는 의미이다. 실생활과 다양한 진로와 전공 분야에서 필요로 하는 읽기 능력을 향상시키도록 한다.

글을 읽고 주제 및 요지를 파악하는 활동에서 미국 잡지 디 애틀랜틱(The Atlantic)의 기사 '정체성 위기를 겪고 있는 미국 박물관들'을 읽고 중요한 내용을 요약하여 글로 작성함. 기사에서 예술기관들이 직면한 인종적 포괄성에 대한 문제를 다루고 있다는 것을 파악하고, 중심 내용을 작성한 후 이에 대한 본인의 의견을 뒷받침하는 문장을 중심으로 작성함. 작성한 내용을 중심으로 영어 마인드맵을 작성하여 교실에 게시한 후 친구들의 칭찬을 받음.

(관련학과) 도예학과, 동양화과, 서양화과, 시각디자인학과, 실내디자인학과, 조소과, 조형예술학과, 한국화전공, 회화과

(핵심키워드) 예술기관의 인종 포괄성

영어Ⅱ ▶ [단원명] 말하기 영역

성취기준

📌 [12영Ⅱ02-04] 비교적 다양한 주제에 관하여 상황과 목적에 맞는 의사소통 전략을 사용하여 묻고 답할 수 있다.

- 효과적인 의미 교환 및 전달을 위하여 의미 확인, 화제 전환, 설명 다시 요청하기 등 적절한 의사소통 전략을 선택하여 상황과 목적에 맞는 의사소통을 할 수 있다는 의미이다. 다양한 상황에서의 학습자 간의 상호작용이 활발한 모둠 활동을 통하여 효과적인 의미 협상이 일어나도록 한다.

해외 유명 영화제에서 수상한 우리나라 감독의 수상 소감 영상을 찾아 동시통역사의 영어를 그대로 옮겨 쓴 후 읽어 봄. 영어를 다시 한국어로 번역한 후 실제 감독의 수상 소감과 비교하여 발표함. 훗날 자신의 작품이 해외에 진출하여 수상하는 상상을 하며 자신의 작품을 영어로 소개하는 글을 작성함. 제작 동기, 줄거리, 전하고 싶은 메시지를 간결하고 쉬운 영어로 정확하게 표현함.

(관련학과) 만화애니메이션학과, 미디어영상학과, 연극영화학과

(핵심키워드) 수상 소감 통역

성취기준

📌 [12영Ⅱ04-03] 비교적 다양한 주제에 관해 자신의 의견이나 감정을 쓸 수 있다.

초현실주의의 대표 화가인 르네 마그리트가 한 말인 "나는 회화를 이용하여 사유를 가시화한다."를 영어로 표현하고, 사상을 그림으로 표현한 작가를 소개함으로써 작가의 생각과 느낌을 그림으로 표현하는 것이 미술의 본질적인 의미라는 의견에 동의한다고 발표함. 특히 초현실주의가 프로이트의 이론을 근거로 무의식의 세계에 도달하기 위한 기법을 창안했다는 점, 마그리트의 작품이 다양한 대중문화인에게 영감을 준 사실을 설명하며 미술과 심리학, 대중문화가 모두 연결되어 있어 미술은 우리의 삶과 동떨어진 것이 아니라 우리 삶 자체를 반영함을 강조함. 정형화되지 않은 예술 작품은 감상하는 사람에 따라 자유롭게 자신의 생각과 느낌을 말 할 수 있는 것이 큰 장점이라고 영어 문장으로 요약하여 정리함.

관련학과) 미술학과, 회화과, 미술사학과, 서양화과   핵심키워드) 르네 마그리트

영어 교과군
영어Ⅱ ▸ [단원명]
듣기

성취기준

📌 [12영어Ⅱ01-02] 다양한 주제에 관한 말이나 대화를 듣고 주제 및 요지를 파악할 수 있다.

• 일상생활이나 학업과 관련된 다양한 주제의 말이나 대화를 듣고 주제나 요지와 같은 중심 내용을 이해할 수 있다는 의미이다. 전체적인 흐름과 전반적인 내용을 파악하는 활동을 통하여 의사소통능력을 향상시키도록 한다.

인터뷰 영상을 통한 주제 파악하기 활동에서 2018 평창 동계올림픽 개최지 선정 프레젠테이션에 참여한 피겨스케이팅 선수의 인터뷰를 영상을 시청함. 피겨스케이팅 선수의 영상을 통해서 말하고 싶은 핵심 주제를 파악한 후 글로 작성함. 당시의 피겨스케이팅 선수의 심정이 어땠을지 생각한 후 영어로 작성함. 작성한 내용을 중심으로 토의 활동에 적극적으로 참여하여 핵심 주제와 선수의 심정에 대해서 의견을 발표하고 다른 친구들의 의견에 경청하는 모습을 보임.

관련학과) 경호학과, 공연예술학과, 무용학과, 체육학과, 사회체육학과, 생활체육학과, 스포츠경영학과, 스포츠건강관리학과, 스포츠과학과, 한국무용전공, 현대무용전공, 발레전공, 태권도학과   핵심키워드) 2018 평창 동계올림픽 유치 연설

영어 교과군
실용 영어

[단원명]
말하기 영역

성취기준

📌 **[12실영02-05-00]** 실생활 중심의 다양한 주제에 관해 그림, 도표, 서식 등을 활용하여 설명할 수 있다.

- 실생활 중심의 다양한 주제에 관해 그림, 도표, 서식 등을 활용하여 의미 교환을 할 수 있다는 의미이다. 시각 자료를 활용하거나 다양한 방법으로 의미나 정보를 표현하여 효과적인 의사소통능력을 기르도록 한다.

단순한 그림과 인포그래픽으로 명료하게 제시된 학과정보를 보고, 학과의 목적, 적성, 관련 학과, 진출 분야에 대해 구체적으로 파악함. 이를 바탕으로 나의 진로희망을 주제로 자신의 재능, 관심분야, 연습 방법, 포부를 10줄 정도의 영어 문장으로 작성하여 제출함. 전개가 논리적이고, 읽는 이로 하여금 이해하기 쉽게 잘 정리했음.

관련학과 전 예체능계열　　　　　　　　**핵심키워드** 진로희망

영어 교과군
실용 영어

[단원명]
듣기

성취기준

📌 **[12실영01-01]** 실생활 중심의 다양한 주제에 관한 방송, 광고, 안내 등을 듣고 세부 정보를 파악할 수 있다.

- 실생활에서 학습자들이 쉽게 접할 수 있는 다양한 주제에 관한 말이나 대화를 듣고 세부 정보를 이해할 수 있다는 의미이다. 주변에서 흔히 들을 수 있는 방송, 광고, 안내 등에 포함된 세부 정보를 다양한 듣기 전략을 사용하여 파악하는 학습 활동을 통하여 의사소통능력을 향상시키도록 한다.

대중매체를 활용한 수업에서 올림픽 역사상 가장 많은 메달을 딴 선수에 관한 영상을 조사한 후 '이것이 마이클 펠프스를 특별하게 만드는 것이다'를 선택하여 시청함. 영상속의 마이클 펠프스가 성공할 수 있었던 10가지 이유를 시청하고, 10가지 이유를 정리하여 글로 작성함. 이 영상을 보고 느낀 점을 본인의 진로인 체육계열과 연관 지어 영어 문장으로 작성한 후, 발표하기 활동에서 꿈을 이루기 위해서 다양한 노력이 필요하고, 의사소통능력을 향상시키기 위해 노력하겠다고 다짐함.

관련학과 체육학과, 체육교육과, 사회체육학과, 스포츠학과　　　　　　**핵심키워드** 마이클 펠프스

성취기준

📌 [12영화02-03] 영어권 문화와 우리 문화를 비교·대조하여 서로의 의견을 주고받을 수 있다.

• 영어를 사용하는 국가들의 문화와 우리 문화를 비교·대조하여 서로의 생각이나 의견을 교환할 수 있다는 의미이다. 또한 두 문화의 공통점과 차이점을 찾아내어 발표하는 학습 활동을 통하여 타 문화에 대한 유용한 정보를 파악하고, 타 문화와 관련된 폭넓은 체험을 통해 유연하고 개방적인 사고를 신장시키도록 한다.

우리나라와 외국의 예술고등학교의 음악과 교육과정을 비교 분석한 논문을 찾아 읽고, 요약함. 그 결과 입학 고사에서 실기 고사뿐 아니라 인터뷰를 실시하여 음악성과 인성을 평가하는 공통점을 찾았고, 차이점은 한국에 비해 미국, 캐나다, 호주, 영국 등 대부분의 외국에서는 클래식뿐만 아니라 재즈, 음악 공학, 전자 음악 등 다양한 교과목을 제공하며, 세분화된 이론 과목을 제공하는 특징이 있었다고 발표함. 우리나라도 음악의 다양성을 어릴 때부터 수용하는 문화와 배움을 통해 서로 다른 장르의 음악을 편견 없이 접하고, 실험적으로 결합할 수 있는 소양을 갖춤으로써 더욱 창의적이고 세계무대로 진출할 수 있는 음악가를 양성할 수 있다고 주장함.

관련학과) 국악과, 기악과, 성악과, 실용음악과, 음악학과, 작곡과   핵심키워드) 우리나라와 외국의 예고

영어 교과군
영어권 문화 ▶[단원명]
쓰기 영역

성취기준

📌 [12영화04-03] 영어권 문화에 관해 자신의 의견이나 감정을 쓸 수 있다.

• 영어권 문화에 관해 다양하고 적절한 어휘와 언어 형식을 활용하여 자신의 의견이나 감정을 정확하게 쓸 수 있다.

뉴욕 맨해튼의 오쇼가 발표한 한국인이 가장 좋아하는 브로드웨이 뮤지컬이 '라이언 킹'이라는 기사를 소개함. 결과의 근거는 2013년 11월부터 2014년 10월까지 브로드웨이 뮤지컬 예매 한국인 고객 15,000여 명을 분석한 결과이며, 이해하기 쉬운 줄거리, 창의적인 무대와 분장, 화려한 의상으로 볼거리 제공, 엘튼 존의 아름다운 음악이 관객을 끄는 요인이라는 분석을 토대로 한국인이 외국 뮤지컬을 선택하는 기준을 제시함. 역으로 외국인들이라면 우리나라 음악의 어떤 점을 좋아할 수 있을지 고민해 봄. 가상의 외국 친구에게 한국에 방문하면 같이 가고 싶은 국악 공연을 소개하는 영어 인포그래픽을 작성하여 외국 친구에게 소개하듯 발표함. 국악과 명상을 결합시킨 프로그램을 유창한 발음으로 소개함.

관련학과) 국악과, 기악과, 성악과, 실용음악과, 음악학과, 작곡과   핵심키워드) 뮤지컬

영어권 문화

[단원명]
쓰기 영역

성취기준

📌 [12영화04-03] 영어권 문화에 관해 자신의 의견이나 감정을 쓸 수 있다.

• 영어권 문화에 관해 다양하고 적절한 어휘와 언어 형식을 활용하여 자신의 의견이나 감정을 정확하게 쓸 수 있다.

2022년은 '한국 가곡 100주년을 맞이하는 해'임을 알리고자 외국인에게 가곡의 역사를 소개하는 영작문을 작성함. 1876년 강화도 조약 때 도입된 서양 음악을 시작으로 1885년에 기독교와 찬송가가 보급되어 외국 선율에 애국적이고 민족적인 정서를 담은 가사를 붙여 만든 창가가 시작되었고, 서양식 노래를 우리나라 사람이 작사, 작곡한 창작 창가가 한국 가곡의 시작임을 소개함. 1905년에서 1920년대에 걸쳐 창작 창가가 많이 작곡되었으며 1920년대에 한국의 정서를 담은 독립적인 한국 가곡이 생겼고, 최초의 한국 가곡은 홍난파의 '봉선화'임을 발표함. 윤동주의 시에 곡을 붙인 '바람이 불어' 가곡 영상을 보여주며 서로 다른 시대를 산 시인과 음악가의 훌륭한 협업작품을 통해 또 다른 감동을 받을 수 있음을 보여주었고, 음악인은 음악에 대한 이해와 공부를 기본으로 인문학적, 과학적 소양 또한 중요하다고 강조함.

관련학과   국악과, 기악과, 성악과, 실용음악과, 음악학과, 작곡과   핵심키워드   가곡

영어 교과군
영어권 문화

[단원명]
듣기

성취기준

📌 [12영화01-01] 영어권 문화에 관한 말이나 대화를 듣고 생활양식, 풍습, 사고방식 등을 파악할 수 있다.

• 영어권 문화에 대한 말이나 대화를 듣고 문화적 맥락에서 세부 정보를 파악하여 목적, 상황, 형식에 맞게 의사소통할 수 있다는 의미이다. 화자의 말을 경청하여 다양한 세부 정보를 이해하는 학습 활동을 통하여 실생활에 적용할 수 있도록 한다.

영어권 문화를 조사하는 활동에서 본인의 진로와 관련된 영상을 조사한 후 메이저리그나 미국프로농구 같은 유명경기를 미국 해설가가 해설하는 영상을 시청함. 우리나라의 농구 해설가가 해설하는 영상을 보면서 해설하는 방법이나 상황별 인식하는 태도를 분석함. 외국 해설가와 국내 해설가의 공통점과 차이점을 비교하고 분석하여 영어권 문화의 생활양식, 풍습, 사고방식 등이 한국인들과 어떻게 차이가 있는지 글로 잘 표현함. 작성한 글을 중심으로 외국 경기 해설가의 핵심 내용을 발표하고, 문화적인 차이점을 중심으로 국내외 해설가의 관점의 차이를 잘 비교 분석하여 논리적으로 발표함. 동료평가에서 진로와 관련된 주제를 잘 선정하고 분석하는 능력이 탁월하며 적절한 단어를 사용하여 본인의 발표하고 싶은 내용을 잘 전달한다고 칭찬을 받음.

관련학과   경호학과, 공연예술학과, 무용학과, 뮤지컬학과, 체육학과, 사회체육학과, 생활체육학과, 스포츠경영학과, 스포츠건강관리학과, 스포츠과학과, 연극영화학과, 한국무용전공, 현대무용전공, 발레전공, 태권도학과   핵심키워드   유명경기의 미국 해설가

진로 영어 ▶ [단원명] 듣기 영역

성취기준

📌 [12진영01-01] 다양한 직업 및 진로에 관한 말이나 대화를 듣고 세부 정보를 파악할 수 있다.

- 일상생활에서의 다양한 직업 및 진로에 관한 말이나 대화를 듣고 구체적인 세부 사항을 이해할 수 있다는 의미이다. 학습자들이 미래에 가질 수 있는 다양한 직업 및 진로에 관한 말이나 대화 속의 구체적인 세부 정보를 정확히 파악하고, 찾아내는 학습 활동을 통하여 효율적인 듣기를 위한 다양한 전략을 익히고 특정 상황에서의 문제 해결 능력을 향상시키도록 한다.

음악감독의 일상을 보여주는 프로그램을 보고 1시간 무대공연을 위해 무대 뒤에서 쏟는 열정과 에너지는 10시간 이상이 소요된다는 인터뷰에 적극적으로 동의하며 피아노 연주가가 되기 위해서는 고된 연습 과정을 묵묵히 견뎌내는 인내심이 필요하다는 요지의 영어 일기를 작성하여 제출함. 힘든 과정을 견뎌낼 수 있는 원천은 연주에 대한 열정과 연습 후 맛보는 성취감이라고 작성함. 평소 주어진 과제를 묵묵히 해내며 발표를 할 때마다 내면의 힘이 느껴지는 자신만의 색깔이 분명한 학생임. 진중하면서도 섬세하고 성실한 성품이 연주자의 길에 적합함.

관련학과) 전 예체능계열   핵심키워드) 음악감독 역할

진로 영어 ▶ [단원명] 말하기 영역

성취기준

📌 [12진영02-06] 다양한 직업 및 진로에 필요한 인터뷰를 적절하게 수행할 수 있다.

- 일상생활에서의 다양한 직업 및 진로 분야에서 인터뷰를 성공적으로 수행할 수 있다는 의미이다. 향후 자신들의 직업 및 진로 분야의 면접 상황이나 성공한 사람과의 인터뷰를 할 때 자신의 생각을 적절하게 표현하는 활동을 통해 자신 있게 의사소통을 할 수 있도록 한다.

수업시간에 항상 적극적으로 대답하고 활동에 능동적으로 참여함. 영어 시간에 영어만 사용하기 위해 노력하며 간단한 영어라도 정확하게 발음하려고 신경 쓰는 모습을 보임. 미술을 전공하는 학생들을 위한 조언을 주제로 영어 스피치 대본을 작성하여 발표함. 고등학생 수준에 맞는 어휘와 문법을 구사할 줄 알며 간결하면서도 의미가 잘 전달되는 문장을 작성하였고 힘 있는 태도로 잘 발표함.

관련학과) 전 예체능계열   핵심키워드) 미술전공

성취기준

📌 [12진영-03-01] 다양한 직업 및 진로에 관한 글을 읽고 세부 정보를 파악할 수 있다.

- 일상생활에서의 다양한 직업 및 진로를 소개하거나 설명하는 글을 읽고 필요한 정보를 파악할 수 있다는 의미이다. 학습자들이 미래에 가질 수 있는 다양한 직업 및 진로에 관한 글에 나타나 있는 세부 사항을 파악하는 학습 활동을 통해 학습자들이 자신들의 흥미와 적성에 맞는 직업 및 진로를 탐구할 수 있는 기회를 제공하도록 한다.

관심분야의 기사를 읽고 새로 배운 점을 찾아 영어로 발표하기 수업에서 큐레이터의 역할과 영향력에 대해 작성함. 큐레이터가 하는 일과 역량에 대해 쉬운 어휘와 단문과 중문을 섞어서 상대가 이해하기 쉽게 잘 작성하여 발표함. 가정법을 사용하여 자신이 큐레이터가 된다면 신인 작가들을 발굴하는 전시를 기획하여 젊은 작가들이 꿈과 희망을 잃지 않고 도전할 수 있는 기회를 제공하기 위해 노력하겠다는 포부를 밝힘.

───

관련학과 미술학과, 서양화과, 미학과, 미술사학과, 조소학과, 디자인학부, 회화과, 판화과

핵심키워드 큐레이터

성취기준

📌 [12진영02-06] 다양한 직업 및 진로에 필요한 인터뷰를 적절하게 수행할 수 있다.

- 일상생활에서의 다양한 직업 및 진로 분야에서 인터뷰를 성공적으로 수행할 수 있다는 의미이다. 향후 자신들의 직업 및 진로 분야의 면접 상황이나 성공한 사람과의 인터뷰를 할 때 자신의 생각을 적절하게 표현하는 활동을 통해 자신 있게 의사소통을 할 수 있도록 한다.

본인이 희망하는 직업 인터뷰 활동에서 체육 관련 계열에서 필요한 주제와 대화 내용을 조사하여 핵심 내용을 표로 정리함. 운동선수나 체육 관련 분야를 희망하는 학생으로 영어권 나라를 방문하였을 때, 원활한 업무 수행을 위해 필요한 대화 내용을 가상으로 작성함. 작성한 원고를 중심으로 인터뷰 영상을 제작한 후 동영상 자료를 온라인 수업방에 탑재하여 동료들로부터 우수하다는 평가를 받음. 본인의 진로를 다른 사람들이 이해하기 쉬운 단어와 적절한 길이의 문장으로 발표하여 주장하고 싶은 내용을 잘 설명했다고 피드백을 받음. 앞으로 본인의 진로를 구체적으로 준비하기 위해서 다양한 노력이 필요하고 영어로 의사소통하는 능력이 중요하다는 것을 깨닫고 더 노력하기로 다짐함.

───

관련학과 경호학과, 공연예술학과, 무용학과, 뮤지컬학과, 체육학과, 사회체육학과, 생활체육학과, 스포츠경영학과, 스포츠건강관리학과, 스포츠과학과, 연극영화학과, 한국무용전공, 현대무용전공, 발레전공, 태권도학과

핵심키워드 진로정보 조사

영미 문학 읽기 ▶ [단원명] 읽기 영역

성취기준

📌 [12영문03-03] 문학 작품을 읽고 줄거리, 주제, 요지를 파악할 수 있다.

- 문학 작품을 읽고 전체적인 흐름을 이해하여 중심 내용을 파악하는 능력을 기른다는 의미이다. 문학 작품을 읽으면서 줄거리를 정리하고, 주제나 요지를 파악하는 활동을 통해 문학 작품을 이해하고, 감상하는 능력을 기르도록 한다.

영어 소설을 읽고 줄거리와 주제를 잘 파악하여 미니북을 만들어 제출함. 특히 등장인물의 성격이 잘 표현된 캐릭터를 그리고 등장인물의 핵심 성격을 파악할 수 있는 소설 속 대화를 영어로 옮겨 적어 친구들이 이해하기 쉽게 만듦. 독서 후 느낀 점과 자신의 삶에 적용할 점, 친구에게 소개하는 글을 쉬운 어휘를 잘 활용하여 전달력 있게 작성함. 짝에게 미니북을 설명한 후 책 내용을 묻는 질문지를 작성하여 친구의 답을 듣고 자신이 제대로 설명했는지 확인함. 짝꿍의 미니북을 경청해서 듣고 짝꿍의 질문에도 최선을 다해 답을 해 주는 협력적인 태도가 돋보임.

관련학과) 전 예체능계열   핵심키워드) 영소설 미니북

영미 문학 읽기 ▶ [단원명] 쓰기

성취기준

📌 [12영문04-05] 문학 작품을 읽고 감상이나 비평하는 글을 쓸 수 있다.

글을 읽고 감상이나 비평하는 글쓰기 활동에서 외국소설을 소개하는 사이트에 접속한 후 스포츠 관련 기사를 검색한 후 읽기 활동을 함. 스포츠에 대한 소설을 소개하는 기사 '여기 모든 스포츠에 대해 쓰인 가장 위대한 소설들이 있다.'를 읽고 적절한 단어를 사용하여 번역함. 기사에서 소개하는 스포츠 관련 소설을 읽은 후 좋은 스포츠 소설의 요건에 대해 영문으로 글을 작성한 후, 작성한 글을 중심으로 느낀 점과 깨달은 점에 대해서 발표하는 모습에 적절한 단어사용 능력이 돋보임.

관련학과) 스포츠학과, 사회체육학과, 체육학과, 체육교육과   핵심키워드) 스포츠 소설

성취기준

📌 **[10한사01-02]** 고대 사회의 종교와 사상을 시기별로 이해하고, 정치·사회적 기능을 파악한다.

- 재래 신앙과 외래 종교 및 사상이 고대 사회에 미친 다양한 영향을 살펴보고, 신라 말기의 사회 변화 속에서 선종, 풍수지리설의 유행이 갖는 의미를 이해하도록 한다. 고려 시대 통치 체제의 성립과 변화를 국제 질서의 변동과 연결 지어 파악한다.

- 고려 시대 동아시아 국제 질서와 국내 정치의 변동에 따라 나타나는 통치 체제와 제도 운영의 양상을 시기별로 탐구하여 비교한다. 고려 말기 신진 사대부의 성장을 권문세족과의 정치적 대결보다 성리학 수용에 따른 개혁의 추진에 중심을 두고 이해하도록 한다. 조선 시대 신분의 구성과 특성을 살펴보고, 양난 이후 상품 화폐 경제가 발달하면서 신분제에 변동이 나타났음을 이해한다.

한국 춤의 역사를 조사하여 발표함. 고대의 춤은 무속행사 시 의식을 행할 때 거행되던 식의 무용이 많았고, 삼국시대에 들어 무용이 예술적인 형태를 갖추었음을 설명함. 특히 고구려 고분 벽화 무용총의 무용도에 그려진 서서 뒤로 팔을 뻗은 채 한민족 특유의 어깨춤을 추는 모습을 통해 고구려인들의 동적이고도 발랄한 기질을 상상할 수 있고, 우리 민족의 낙천적인 감성이 이미 고구려 때부터 표현되었음을 강조함. 학급 친구들에게 무용도 동작을 함께 재현해 보자고 제안한 후 동작을 통해 어떤 느낌이 들었는지 물어보고 경청하는 시간을 통해 생동감 있는 발표를 진행함.

| 관련학과 | 한국무용학과, 무용학과 | 핵심키워드 | 한국 춤의 역사 |

성취기준

📌 **[10한사01-03]** 고려 시대 통치 체제의 성립과 변화를 국제 질서의 변동과 연결 지어 파악한다.

- 고려 시대 통치 체제와 제도 운영의 특징을 동아시아 국제 질서 및 국내 정치 변동과 연결 지어 시기별로 비교하여 설명할 수 있다.

고려 시대 음악의 특징을 구체적으로 조사한 후 아악, 당악, 향악으로 구분하여 각 특징을 잘 설명하였고, 특히 고려 시대 이후 단절 없이 900여 년간 전승되고 있는 세계 유일의 아악, 문묘제례악이 우리 고유문화임을 강조함. 문묘제례악의 일부를 들려주어 친구들의 흥미를 유발하였고 문묘제례악과 함께 들어온 편경이 우리나라 음악의 기준을 잡아 국악 발전의 기틀을 마련하였다고 발표함. 고려 시대에는 악가무 일체형 음악이 발전하여 연등회와 팔관회에 활용되었고, 국가와 왕실의 평안을 기원하면서 온 백성이 함께 즐기는 문화행사의 성격이 강했음을 설명함. 우리나라가 역사적으로 문화를 즐겼다는 자긍심을 갖고 현재 다양한 한국의 문화가 세계 곳곳에서 사랑받는 이유를 역사적 기원에서도 찾을 수 있다고 고려 음악의 발전 과정과 자신의 생각을 잘 정리하여 발표함.

| 관련학과 | 음악학과, 국악과 | 핵심키워드 | 고려 시대의 음악 |

[단원명]
전근대 한국사의 이해

성취기준

📌 [10한사01-05] 조선 시대 세계관의 변화를 국내 정치 운영과 국제 질서의 변동 속에서 탐구한다.

조선 시대 음악의 발전 과정에 대해 구체적으로 조사한 후, 시대순으로 보기 좋게 마인드맵으로 정리하여 제출함. 조선 시대에 유교적 질서를 확립하고 왕조의 정당성 유지와 계승을 위해 종묘제례를 더욱 중시했으며 특히 최고의 가치인 예를 실현하기 위한 도구로 음악을 활용하여 종묘제례를 더욱 장엄하게 한 점, 세종대왕이 음악 분야에 남긴 업적을 열거하며 종묘제례악의 음악적 독창성과 예술성을 인정받아 유네스코에 등재되었음을 강조함. 세종대왕이 중국과 다른 우리말을 표현하기 위해 한글을 창조하셨듯 중국과 다른 우리 노래를 정확히 적기 위해 정간보를 만들었고, 백성들과 소통하고자 여민락을 작곡한 점에 감사함을 느끼며 백성을 위하는 마음과 그 마음을 표현하기 위해 노력하신 모습을 본받고 싶다는 소감문을 작성함. 특히 정간보를 만든 이유가 아악은 모든 가사의 음길이가 같아 음길이를 표시할 필요가 없었으나 우리 노래는 가사 하나하나의 길이가 달라 음길이를 표시했다는 점 그로 인해 여민락 악보를 복원하여 당시의 여민락을 그대로 재현한 연주 동영상을 소개하며 자긍심을 느낀다고 발표함. 음악의 본질이 자신 및 타인과 소통하는 도구이며 누구나 공감하며 즐길 수 있는 도구임을 다시 한번 깨닫고 아름다운 음악을 창작하고 연주로 표현하기 위해 더욱 연습에 매진하겠다는 의지를 친구들 앞에서 공표함.

관련학과 ▶ 국악과, 기악과, 성악과, 실용음악과, 음악학과, 작곡과 핵심키워드 ▶ 조선시대의 사상과 음악

[단원명]
전근대 한국사의 이해

성취기준

📌 [10한사01-06] 조선 시대 신분의 구성과 특성을 파악한다.

• 조선시대 신분의 구성과 특징을 자료를 활용하여 설명할 수 있다.

조선 시대에는 신분 제도가 엄격했기 때문에 양반과 평민이 입는 옷의 모양, 색깔, 옷감이 서로 달라 의복으로 신분을 구분했으며 특히, 왕실과 사대부 등의 지배층을 상민 이하의 신분과 구별하는 것은 의복제도 하나만으로도 가능했다고 발표함. 심지어 양반보다 월등한 경제력을 소유했더라도 중인 신분은 푸른 중치마 이상을 입을 수 없었고, 상민들은 흰색 두루마기만 입을 수 있는 등 의복으로 신분을 구별하려는 제도가 놀랍고, 자유롭게 옷을 입을 수 있는 지금이 얼마나 행복한지 강조함. 신분에 따라 노동의 종류가 달라 각 노동에 적합한 기능적인 의복을 입은 것이 오늘날 작업복의 기원이 될 수도 있다고 발표함. 의복은 개인의 개성을 표현하는 도구이자 자신의 신분과 역할을 표현할 수 있음을 알게 되어 패션디자이너는 옷의 미적인 측면뿐 아니라 기능적인 측면을 고려해야 하므로 과학 지식을 함께 공부해야 한다고 주장함. 조별 활동에 적극적으로 임하며 모든 조원들이 함께 참여할 수 있는 분위기 형성에 기여함.

관련학과 ▷ 패션디자인학과   핵심키워드 ▷ 조선 시대의 의복

사회 교과군
한국사

[단원명]
대한민국의 발전

성취기준

📌 [10한사04-05] 경제 성장의 성과와 문제점을 살펴보고, 이에 따른 사회문화의 변화를 파악한다.

경제 성장의 성과를 조사하는 활동에서 스포츠 산업과 기업이 함께 발전해 나가는 자료를 조사함. 기업이 스포츠에 참여하는 방법을 찾아본 후 그 예를 조사하여 참여하는 방법에 따라 자료를 분류하여 표로 정리함. 조사한 자료를 중심으로 기업의 참여에 따른 스포츠 상업화로 인해 나타날 수 있는 긍정적 효과와 부정적 효과에 대해 토의함. 토의 과정에서 각 효과를 뒷받침할 수 있는 근거자료를 잘 정리하여 제시하였고 부정적 효과를 개선할 수 있는 방안을 제안함. 스포츠 산업과 기업의 관계를 PPT로 제작한 후, 스포츠 상업화에 따른 효과에 대해 관련 자료를 잘 제시하고 발표하여 자료를 분석하는 능력이 우수함을 보여줌.

관련학과 ▷ 경호학과, 공연예술학과, 무용학과, 뮤지컬학과, 체육학과, 사회체육학과, 생활체육학과, 스포츠경영학과, 스포츠건강관리학과, 스포츠과학과, 연극영화학과, 한국무용전공, 현대무용전공, 발레전공, 태권도학과   핵심키워드 ▷ 스포츠 산업화

[단원명]
인간, 사회, 환경과 행복

성취기준

📌 [10통사01-02] 사례를 통해 시대와 지역에 따라 다르게 나타나는 행복의 기준을 비교하여 평가하고, 삶의 목적으로서 행복의 의미를 성찰한다.

예술은 사람의 삶을 더욱 풍성하고 윤택하게 해줌으로써 행복감을 증대시켜주는 역할을 한다고 주장함. 친구들에게 음악을 듣거나 미술 작품을 감상하는 이유와 그때의 감정을 설문으로 조사하여 결과를 그래프와 표로 보기 쉽게 정리하여 제시함. 사람은 누구나 아름다움을 추구하는 본성이 있고, 오감을 만족시키는 다양한 자극에 반응하는 존재이며 특히, 예술 작품은 시각과 청각을 자극하여 다양한 감정을 느낄 수 있는 기회를 제공한다고 설명함. 작가의 생각과 감정을 공유하고 공감함으로써 예술 작품을 통해 공간과 시간을 초월한 존재와 소통할 수 있는 것 자체가 예술이 주는 행복이라고 발표함. 자신이 음악을 전공하고 싶은 이유가 아름다운 멜로디를 들으면 스트레스가 완화되고 기쁨과 감동을 느껴 자신도 그런 감동과 기쁨을 주는 음악을 만들거나 연주하고 싶은 꿈을 갖게 되었다고 발표함. 자신의 희망전공인 음악과 일상적인 삶을 연계하여 설명하려는 점이 돋보임.

관련학과 ⟩ 전 예체능계열   핵심키워드 ⟩ 예술과 행복

[단원명]
자연환경과 인간

성취기준

📌 [10통사02-03] 환경 문제 해결을 위한 정부, 시민사회, 기업 등의 다양한 노력을 조사하고, 개인적 차원의 실천 방안을 모색한다.

• 국내외적으로 발생하는 환경 문제 해결을 위한 정부의 제도적 노력이나 시민단체들의 시민운동 및 캠페인, 기업 차원에서의 시설 정비 및 기술 개발 등 다양한 실제 사례들을 조사하고, 개인적 차원에서 할 수 있는 분리수거, 에너지 절약 등의 실천 방안을 탐색할 수 있도록 한다.

환경 문제 해결을 위한 탐구활동에서 올림픽에서 친환경적인 방법을 연구하고 노력한 사례를 조사함. 2012 런던 올림픽이 친환경 올림픽을 선언하고 여러 가지 기술을 사용하여 환경을 보존하는 올림픽을 개최했다는 관련 자료를 수집함. 런던 올림픽에 사용된 종목별 환경보존 방법에 대해 조사하고 환경보존 방법이 어느 정도 효과를 거뒀는지 예측해 봄. 런던 올림픽 이외에 다른 대회나 종목에서 환경을 생각한 사례가 있는지 조사해 봄. 2018 평창 동계올림픽 때 논란이 되었던 가리왕산 스키 활강경기장 관련 기사를 찾아보고, 환경과 공존할 수 있는 스포츠에 대해서 토론하며 본인의 생각을 발표하고 근거자료를 제시하여 본인의 생각을 논리적으로 발표함.

관련학과 ⟩ 경호학과, 공연예술학과, 무용학과, 체육학과, 사회체육학과, 생활체육학과, 스포츠경영학과, 스포츠건강관리학과, 스포츠과학과, 한국무용전공, 현대무용전공, 발레전공, 태권도학과   핵심키워드 ⟩ 환경과 공존하는 스포츠

[단원명]
국토 인식과 지리 정보

성취기준

📌 [12한지01-03] 다양한 지리 정보의 수집·분석·표현 방법을 이해하고, 지역 조사를 위한 구체적인 답사 계획을 수립한다.

• 최근 급속도로 발달하여 실생활에서도 활발하게 적용되고 있는 지리 정보 시스템에 대한 이해를 높이되, 종이 지도, 인쇄 이미지(그래프, 사진 등), 각종 서적 등에 나타나 있는 지리 정보의 중요성도 파악하도록 한다.

중학생들에게 보여 줄 학교 홍보 동영상을 제작하여 발표함. 학교와 학교 주변 소개 영상을 만들기 위해 직접 학교와 학교 근처를 돌아보며 정보를 수집함. 건물 외부와 내부를 촬영할 뿐 아니라 교사, 학생들에게 학교와 주변 환경의 좋은 점, 불편한 점, 대안점 등을 설문 조사한 후 결과를 보기 좋게 그래프와 도표로 정리하였고, 화면에 집중할 수 있는 배경음악과 재치 있는 문구를 삽입하여 솔직하고, 완성도 높은 동영상을 제출함. 특히 학교 내부의 약도를 누구나 알아보기 쉽게 잘 작성하여 중앙현관에 게시함.

관련학과) 만화애니메이션학과, 미디어영상학과   핵심키워드) 학교 주변 소개

[단원명]
생산과 소비의 공각

성취기준

📌 [12한지05-04] 상업 및 서비스 산업의 입지에 영향을 미치는 요인과 최근의 변화상을 파악하고, 교통·통신의 발달이 생산 및 소비 공간에 미치는 영향을 평가한다.

• 상업 및 서비스 산업의 변화를 다양한 측면에서 탐구해 봄으로써 생산 및 소비 공간의 변화 과정과 모습을 이해하도록 한다. 예를 들어, 교통과 정보 통신의 발달이 생산, 유통, 소비 공간의 변화와 지역 및 주민들의 일상생활 변화에 어떠한 영향을 미치고 있는지를 사례를 기반으로 탐구하며, 다양하고 적합한 자료를 활용하여 서비스 산업의 고도화와 다양화가 생산 및 소비 공간에 미치는 영향을 파악할 수 있도록 한다.

우리 동네 상권 분석하기 프로젝트에 참가하여 직접 돌아다니며 찍은 사진을 첨부하였고, 편리한 점과 불편한 점을 꼼꼼하게 기록한 보고서를 제출함. 또 장사가 잘되는 가게와 그렇지 않은 가게의 위치, 매장 안과 밖의 분위기 등을 비교 분석하여 지역 상권의 매출을 올리기 위해서는 무엇보다 품질과 가격의 경쟁력이 있어야 하고, 그러기 위해서는 물건의 순환 속도가 빨라야 하므로 일단 사람들의 관심을 끌어, 가게 안으로 들어오게 하는 것이 필요하다는 결론을 도출함. 또한 사장님의 직업정신 역시 장사의 중요한 요인임을 강조하고자 사장님의 정직함 및 신뢰성을 강조한 캐릭터 및 문구를 만들고, 우리 동네 가게의 특징이 잘 드러나는 귀여운 이모티콘을 그려 시장 입구 게시판에 붙임.

관련학과) 동양화과, 만화애니메이션학과, 미디어영상학과, 사진학과, 산업디자인학과, 서양화과, 시각디자인학과, 실내디자인학과, 조소과, 조형예술학과, 패션디자인학과, 한국화전공, 회화과   핵심키워드) 상권 분석하기

성취기준

📌 [12한지03-02] 다양한 기후 경관을 사례로 기후 특성이 경제생활 등 주민들의 일상생활에 미치는 영향을 설명한다.

- 기후는 자연 및 인문 경관의 형성·변화에 큰 영향을 미치며, 의식주를 중심으로 한 주민들의 생활양식과도 밀접하게 관련되어 있다. 나아가 주민들의 생활 모습이 기후 지역에 따라 어떤 차이가 나타나는지를 비교하는 것은 지역성 파악을 위한 의미 있는 교수·학습 활동이라고 할 수 있다.

기후 특성과 경제생활의 관계 조사하기 활동에서 우리나라의 기후 특성과 기후 요인을 분석하고, 동계스포츠 중 대중화되어 있는 스키장의 최근 10년간의 이용실태를 파악함. 스키장의 개장일과 폐장일의 변화, 스키장 영업일 수의 변화 등을 조사한 후 기후와의 관계를 분석하여 관련 자료를 제작함. 우리나라 겨울스포츠의 미래는 어떤 모습으로 변화할 것인지에 대해 스포츠에 관심 있는 학생들과 토론한 후 본인의 생각을 정리하여 글로 작성함. 조사한 자료와 토론 후 작성한 글을 중심으로 기후 특성과 스포츠 경제에 대해서 발표하여 친구들의 호응을 얻음.

관련학과 체육학과, 사회체육학과, 생활체육학과, 스포츠경영학과, 스포츠건강관리학과, 스포츠과학과, 태권도학과

핵심키워드 우리나라 기후 특성

성취기준

📌 [12세지01-03] 세계의 권역들을 구분하는 데에 활용되는 주요 지표들을 조사하고, 세계의 권역들을 나눈 기존의 여러 가지 사례들을 비교 분석하여 각각의 특징과 장단점을 평가한다.

친구들과 함께 유럽 여행 계획 세우기 활동에서 조원들과 협력하여 여행국을 선정한 후, 서로의 관심분야를 바탕으로 여행에 필요한 정보 수집 분야를 나눔. 유럽을 분류할 때 지리적 위치뿐 아니라 역사, 정치, 경제적 개념이 포함됨을 설명함. 지리적으로 동서남북을 구분하는 기준을 찾아 세계지도에서 서유럽을 찾아 표시함. 서유럽 국가들을 나열한 후 영국, 프랑스, 스위스 3개국을 여행국으로 정하고, 동선을 정하기 위해 지도를 보고 영국, 프랑스, 스위스 순으로 방문하기로 결정함. 각 나라에서 보고 싶은 관광지를 선택하기 위해 역사와 문화에 대해 조사하여 관광지를 선택함. 동선을 고려한 관광지 방문 순서를 정하기 위해 각 나라의 지도를 보면서 전체 여행의 일자별 방문지를 결정함. 여행에 필요한 옷을 준비하기 위해 각 나라의 기후와 환경적 특징을 조사함. 경비를 계산하기 위해 유로와 우리나라 돈의 환율도 비교함. 또 각 나라에서 지켜야 할 에티켓과 간단한 회화도 정리해 친구들에게 안내함. 다른 나라에 여행을 가기 위해서는 기후, 문화, 위치 등 고려해야 할 것들이 많아 조사가 힘들었지만 이런 경험을 통해 세계 뉴스를 볼 때 더욱 관심이 가고 영어 공부의 필요성을 더욱 깨달았다고 발표함.

관련학과 국악과, 기악과, 성악과, 실용음악과, 음악학과, 작곡과

핵심키워드 유럽여행

세계지리

세계의 인문 환경과 인문 경관

성취기준

📌 [12세지03-01] 세계의 주요 종교별 특징과 주된 전파 경로를 분석하고, 주요 종교의 성지 및 종교 경관이 지닌 상징적 의미들을 비교하고 해석한다.

기독교와 이슬람교의 건축양식 및 내부 장식이 교리와 관련이 있을 거란 가설을 세움. 성당과 이슬람 성전의 건축양식과 내부 장식을 조사한 후, 교리와의 연관성, 각 종교 건축양식의 공통점과 차이점을 비교하여 분석한 보고서를 제출함. 주어진 지식을 수동적으로 받아들이기보다 스스로 가설을 세우고 검증 및 확인해 보는 학습 경험을 통해 자기주도적 학습 역량이 갖춰진 학생이라 판단됨. 조별 토의 학습에서 친구들과 함께 협력하는 태도를 보이며 친구의 의견을 경청하면서도 자신의 의견을 적극적으로 제시함.

관련학과	도예학과, 동양화과, 서양화과, 시각디자인학과, 실내디자인학과, 조소과, 조형예술학과, 한국화전공, 회화과	핵심키워드	서양의 건축양식

세계지리

세계의 자연환경과 인간 생활

성취기준

📌 [12세지02-05] 세계적으로 환경 보존이나 관광의 대상지로 주목받고 있는 주요 사례를 중심으로 카르스트 지형, 화산 지형, 해안 지형 등 여러 가지 특수한 지형들의 형성 과정을 이해한다.

세계의 지형에서 진행하는 행사 조사하기 활동에서 세계의 주요 대지형에서 개최되는 스포츠 행사를 조사하여 표로 정리함. 지형의 특성을 분석한 후 각 지형에서 개최하는 행사를 조사하여 지형의 형성 원인과 해당 지역에서 행사를 개최하는 이유에 대한 상관관계를 분석함. 분석한 자료를 중심으로 PPT를 제작하여 각 지형에서 개최하는 스포츠의 특징과 지형의 관계에 대해서 발표함. PPT 자료를 사진, 표, 텍스트 등을 사용하여 이해하기 쉽게 제작하였고, 많은 발표 연습으로 학생들이 스포츠 개최 장소와 지형에 대해 이해하기 쉽도록 설명하여 우수한 평가를 받음.

관련학과	경호학과, 공연예술학과, 무용학과, 뮤지컬학과, 체육학과, 사회체육학과, 생활체육학과, 스포츠경영학과, 스포츠건강관리학과, 스포츠과학과, 연극영화학과, 한국무용전공, 현대무용전공, 발레전공, 태권도학과	핵심키워드	세계 대지형 개최 스포츠

[단원명]
다채로운 문화를 찾아가는 여행

성취기준

📌 [12여지03-01] 스포츠, 문화, 엑스포 등 세계 각국에서 벌어지는 축제의 사례를 선정하여 축제의 개최 배경, 의미, 성공적인 축제 관광의 조건을 탐구한다.

📌 [12여지03-02] 종교, 건축, 음식, 예술 등 다양한 문화로 널리 알려진 지역을 사례로 각 문화의 형성 배경과 의미를 이해하고 관광적 매력을 끄는 이유를 탐구한다.

최근 세계적인 영화제에서 한국 영화가 수상하는 장면을 보고, 영화제의 음악 관련 수상 부문을 조사함. 총 24개의 수상 부문 중 음악 관련 수상에는 음악상, 주제가상, 음향 편집상, 음향 효과상이 있음을 확인하고, 90년대부터 최근까지의 영화 음악상 수상곡들을 감상하며 영화 속에서 음악의 역할에 대해 진지하게 고민한 결과를 보고서로 제출함. 초기에는 영화의 영상기 소음을 덮기 위해 음악을 쓰기 시작했지만, 음악이 영화의 정서적 분위기를 강화해 주고 분산된 이미지들을 연결하는 데 도움이 되어 청각적 연속성을 제공한다는 사실을 인식함으로써 음악이 사용되기 시작했음을 잘 설명해 주었고, 영화에서 음악은 배우나 장면의 표현력을 극대화시키고 관객에게 영화의 분위기를 전달하는데 매우 효과적이라는 자신의 생각을 정리하여 발표함. 영화 음악의 일부를 들려주고 친구들에게 어떤 분위기의 장면이 떠오르는지 물어보고 실제 영화 장면을 보여주는 등 음악을 다양하게 감상하는 방법을 창의적으로 제시함.

관련학과) 국악과, 기악과, 성악과, 실용음악과, 음악학과   핵심키워드) 영화음악 수상곡

[단원명]
여행과 미래사회 그리고 진로

성취기준

📌 [12여지06-03] 자신의 진로 탐색에 도움이 될 여행 주제를 탐구하여 정한 뒤 구체적인 여행 계획을 세우는 과정으로 실천적인 진로를 탐색한다.

세계에서 가장 유명한 박물관 10곳을 검색한 후, 루브르 박물관 홈페이지에 방문하여 작품들을 감상함. 방대한 양과 테마별로 작품들을 분류하여 제시해주고 작품에 대한 동영상도 첨부되어 있어 웹상에서도 훌륭한 예술 작품을 감상할 수 있다고 발표함. 이어 국립중앙박물관 홈페이지에 방문하여 온라인 전시회를 관람함. 전시를 매개로 시공간을 뛰어넘어 많은 사람들이 가졌던 감정과 생각, 꿈, 희망 등을 공유할 수 있는 박물관의 중요성을 강조하고, 관광객이 끊이지 않는 유명 박물관이 되기 위해서는 수준 높은 콘텐츠의 수집뿐 아니라 보존에도 많은 노력이 필요하며 문화유산을 생산, 보존하는 일에는 학문 전 분야의 협업이 필요하다고 발표함. 따라서 자신의 전문 분야도 열심히 공부해야 하지만 다른 학문이 자신의 전문 분야와 어떤 연관이 있는지 아는 것도 중요하다고 발표함.

관련학과) 국악과, 기악과, 도예학과, 동양화과, 만화애니메이션학과, 미디어영상학과, 사진학과, 산업디자인학과, 서양화과, 성악과, 시각디자인학과, 실내디자인학과, 실용음악과, 음악학과, 작곡과, 조소과, 조형예술학과, 한국화전공, 회화과   핵심키워드) 박물관

여행지리 ▶ [단원명] **여행을 왜, 어떻게 할까?**

성취기준

📌 [12여지01-03] 다양한 지도 및 지리 정보 시스템을 활용하여 여행지 및 여행 경로에 대한 정보를 수집·정리·조직한다.

주제가 있는 여행 계획하기 활동에서 스포츠 관람 여행을 주제로 계획서를 작성함. 본인이 관심 있는 스포츠 경기가 시행되는 지역을 조사한 후 스포츠를 관람할 수 있도록 여행 일정과 경로 등을 포함한 여행 일정을 작성함. 경기 시작 시간과 관련 지역에 도착 예정 시간 등을 계산하고 경기 관람 장소로의 이동 소요 시간, 경기 관람 소요 시간 등을 꼼꼼히 계산하여 스포츠 관람을 주제로 여행 계획서를 작성하여 교실에 전시함. 학생들에게 여유가 있고 즐거움이 있는 스포츠 여행이라는 평가를 받고 우수 작품으로 선정됨.

| 관련학과 | 경호학과, 공연예술학과, 무용학과, 뮤지컬학과, 체육학과, 사회체육학과, 생활체육학과, 스포츠경영학과, 스포츠건강관리학과, 스포츠과학과, 연극영화학과, 한국무용전공, 현대무용전공, 발레전공, 태권도학과 | 핵심키워드 | 스포츠 관람 여행 |

사회 교과군

세계사 ▶ [단원명] **유럽, 아메리카 지역의 역사**

성취기준

📌 [12세사04-01] 그리스·로마 문명의 특징을 이해하고, 고대 지중해 세계의 형성과 발전에 대해 탐구한다.

• 그리스·로마 문명을 통해 오늘날 유럽 사회가 형성된 근원에 접근해 본다. 서유럽 사회가 게르만족의 이동 이후 중세 봉건제 사회로 이행하는 과정을 살펴본다. 크리스트교의 성립과 발전이 서유럽 사회 및 비잔티움 제국에 미친 영향을 알아본다.

인류 예술의 시작과 발전 과정이 궁금하여 '예술의 역사(반 룬)'라는 도서를 읽고 독서감상문을 친구들에게 소개함. 인류의 역사에 따른, 또 동서양에 따른 예술의 역사에 대해 깊이 있는 이해를 위해 책을 선정하였으며 선사시대부터 시작된 미술과 음악 등 5천 년에 이르는 인류의 예술사를 재미있게 공부할 수 있었다고 발표함. 특히 반 룬이 말한 "모든 예술은 오직 단 하나의 목적, 곧 '생활이라는 예술에 기여하는 목적'만을 가졌을 뿐이다."라는 생활과 결부된 예술의 가치를 강조한 저자의 생각에 동의한다고 발표함. 생활을 아름답게 만들기 위해 사람은 모두 예술 생활을 즐겨야 한다는 주장에 깊이 공감하며 자신 역시 사람들의 삶과 동떨어진 '예술을 위한 예술'이 아닌 '사람을 위한 예술'을 하겠다고 다짐함.

| 관련학과 | 도예학과, 동양화과, 만화애니메이션학과, 미디어영상학과, 사진학과, 산업디자인학과, 서양화과, 시각디자인학과, 실내디자인학과, 조소과, 조형예술학과, 패션디자인학과, 한국화전공, 회화과 | 핵심키워드 | 예술의 역사 |

세계사

인류의 출현과 문명의 발생

성취기준

📌 [12세사01-03] 여러 지역에서 탄생한 문명의 내용을 조사하여 공통점과 차이점을 설명한다.

• 세계 여러 지역에서 탄생한 문명의 공통점과 차이점을 자료를 통해 비교하고, 그 내용을 분석하여 국가의 성립과 문명이 발전하는 과정을 설명할 수 있다.

세계민속악기박물관 홈페이지에 접속하여 다양한 민속악기 사진을 보여주며 기후와 자연환경 뿐 아니라 생활방식에 따라 악기의 재료, 만드는 방법, 사용 목적이 달라 민족마다 다양한 민속 악기가 출현했음을 설명함. 그러나 이집트 벽화와 고구려 벽화 중 비슷한 모양의 악기를 연주 하는 사진을 제시하며 시대와 지역을 초월해서 인간의 음악에 대한 보편성도 관찰할 수 있다고 주장함. 따라서 예술 작품은 작가의 창의적이고 독특한 표현도 중요하지만, 사람들에게 영감을 주고 공감할 수 있는 보편타당성을 갖추는 것도 중요하고 이 둘의 균형과 조화를 찾는 것이 예 술가의 몫이라고 발표함.

관련학과   국악과, 기악과, 성악과, 실용음악과, 만화애니메이션학과, 미디어 영상학과, 음악학과, 작곡과   핵심키워드   민속 악기

세계사

제국주의와 두 차례 세계 대전

성취기준

📌 [12세사05-01] 제국주의 열강의 침략과 이에 대항한 아시아·아프리카의 민족 운동에 대해 조사한다.

📌 [12세사05-02] 제1, 2차 세계 대전의 원인과 결과를 알아보고, 세계 평화를 실현하기 위한 방법 에 대해 토론한다.

'음악을 아름다움과 평화의 상징이라 여기는 단순한 생각은 의문으로 바뀔 것'이라는 책 표지 의 카피에 궁금증이 생겨 '수용소와 음악(이경분)'을 읽고 독서록을 제출함. 음악이 폭력과 살 인을 돕는 수단으로 이용된 현장을 상세하게 연구한 내용을 읽고, 같은 음악이라도 어떤 사람 이, 어떻게 활용하느냐에 따라 음악을 들을 때 떠오르는 감정이 정반대의 감정일 수도 있고, 아 름다움을 느끼는 도구에서 인간의 가장 추악한 모습에 몸서리칠 수 있는 도구로 전락할 수도 있음을 강조하여 발표함. 특히, 마우트하우젠 수용소에서 공개 처형이 있을 때 동요나 유행가 를 연주하며 희생자의 고통을 비웃었다는 내용에서 아름다운 음악을 살인의 현장에 이용한 인 간의 잔혹성에 깊은 슬픔을 느꼈다고 발표함. 그럼에도 음악의 희망적인 점으로 테레지엔슈타 트 수용소에서 음악인들이 작곡을 하며 자유를 꿈꾸는 희망을 가졌다는 사실을 설명함. 수용소 에서의 음악이 미치광이 살인자의 도구로 전락하기도 했지만, 또 누군가에게 유일한 위로이기 도 했음을 설명하며 인간의 역설적인 면을 느꼈다고 발표함.

관련학과   국악과, 기악과, 성악과, 실용음악과, 음악학과, 작곡과   핵심키워드   독서

세계사

[단원명]
제국주의와 두 차례 세계 대전

성취기준

📌 [12세사05-02] 제1, 2차 세계 대전의 원인과 결과를 알아보고, 세계 평화를 실현하기 위한 방법에 대해 토론한다.

• 제1, 2차 세계 대전이 일어난 원인과 전개 과정 및 결과에 대해 파악하고, 세계 평화를 실현하기 위한 방법을 주제로 한 토론에 참여하여 논리적 근거를 토대로 자신의 의견을 주장할 수 있다.

1930년대 파시즘과 스탈린주의가 예술가의 자유로운 창작을 불허하고, 음악을 체제 홍보 및 유지의 수단으로 이용하였다는 것을 조사하여 발표함. 또한 대중을 선동하기 위해 대중에게 친숙한 고전적 질서와 낭만성을 띤 19세기적 스타일을 기본으로 해야 한다는 철저한 방침에 따라 이 시기 이후의 러시아 작곡가는 신고전적 경향을 띠었던 것과, 재즈나 다조 음악 같은 기법도 자주 사용되었음을 덧붙임. 음악이 어떤 집단의 체제 홍보 등 수단이나 도구로 활용된다면 음악의 예술적 가치가 훼손될 수 있음을 음악인들은 항상 염두에 두어야 한다고 강조함.

관련학과 ⟩ 국악과, 기악과, 성악과, 실용음악과, 음악학과, 작곡과

핵심키워드 ⟩ 1, 2차 세계 대전의 영향

세계사

[단원명]
제국주의와 두 차례 세계 대전

성취기준

📌 [12세사05-01] 제국주의 열강의 침략과 이에 대항한 아시아·아프리카의 민족 운동에 대해 조사한다.

제국주의 열강의 침략 때 일어난 사건을 다양한 측면에서 분석하고 본인의 희망하는 분야와 관련된 자료를 조사함. 제국주의 열강의 침략과 아시아, 아프리카 대륙에서 대중화되어 있는 스포츠 종목을 조사한 후 그 종목이 활성화된 시기를 분석하여 표로 정리함. 연도별로 스포츠 종목이 도입되고 확산된 시기를 파악하여 분석한 자료를 중심으로 발표 자료를 제작함. 제작한 자료를 중심으로 국가별 발생한 사건과 스포츠 종목이 도입되고 확산된 이유에 대해서 논리적으로 설명하여 우수한 평가를 받음.

관련학과 ⟩ 경호학과, 공연예술학과, 무용학과, 뮤지컬학과, 체육학과, 사회체육학과, 생활체육학과, 스포츠경영학과, 스포츠건강관리학과, 스포츠과학과, 연극영화학과, 한국무용전공, 현대무용전공, 발레전공, 태권도학과

핵심키워드 ⟩ 아프리카 대륙의 대중적 스포츠

동아시아사

사회 교과군

[단원명]

동아시아 역사의 시작

성취기준

📌 [12동사01-01] 동아시아 세계의 범위를 파악하고 각국 간의 관계와 교류의 역사를 이해해야 할 필요성을 인식한다.

• 동아시아의 범위를 동서로는 일본 열도에서 티베트고원까지, 남북으로 베트남에서 몽골고원으로 정한다. 동아시아사 학습의 의의에서는 동아시아가 당면한 역사 인식의 문제를 해결하기 위하여 각국의 관계와 교류의 역사를 이해할 필요성을 인식시킨다. 이를 통해 동아시아의 평화 공영을 위해 노력하는 태도를 갖도록 한다.

악기를 좋아하는 친구들과 모둠을 형성하여 동아시아의 악기를 조사하여 공통점과 차이점을 조사한 보고서를 제출하기 위해 토의함. 동아시아를 구분하는 기준(지리, 문화, 역사, 종교, 인종)에 대해 조사하였고, 동아시아에 해당하는 국가들 중 한국, 일본, 중국의 민속악기를 조사하기로 결정함. 조원들과 각자 조사할 국가를 나누고 조사 방법을 함께 토의하는 과정에서 협력적인 태도를 유지함. 동아시아의 지리적 위치, 문화적 특징을 꼼꼼하게 조사하여 보고서를 제출함. 지리적으로 인접해 있고, 역사적으로 불교·한자·유교 등을 바탕으로 한 공통적인 문화 요소를 형성하고 있음을 정리함. 우리나라 전통악기 30여 종을 재료, 음악 계통, 연주법에 따라 분류하고 각각의 명칭과 특징을 정리함. 한국의 가야금, 중국의 고쟁, 일본의 고토는 모양과 연주 방법이 비슷함을 보여주고, 세 국가의 전통악기를 찾아보면서 나라마다 모양이나 재료 등에 차이는 있지만 크게 현악기, 관악기, 타악기로 분류될 수 있음을 통해 다양성과 보편성을 동시에 확인할 수 있었다는 내용의 조별 보고서를 발표함.

관련학과) 국악과, 기악과, 성악과, 실용음악과, 만화애니메이션학과, 미디어영상학과, 음악학과, 작곡과   핵심키워드) 동아시아 악기

동아시아사

사회 교과군

[단원명]

동아시아의 근대화 운동과 반제국주의 민족 운동

성취기준

📌 [12동사04-03] 동아시아 각국에서 서양 문물의 수용으로 나타난 사회·문화·사상적 변화 사례를 비교한다.

동아시아에 서양 문물이 도입되어 각 나라의 음악 분야에 어떤 변화가 생겼는지 궁금하여 관련 자료를 탐색하던 중 '동아시아와 서양 음악의 수용(민경찬 외 4인)'이라는 책을 찾아 읽고 독서록을 제출함. 한국, 일본, 중국에 서양 음악이 도입되는 과정과 방법 등 역사적 흐름에 따라 각국의 음악 변화 과정을 공부할 수 있었다는 감상문을 제출함. 한국, 중국, 일본, 대만은 지리적으로 가깝고, 정치, 경제, 문화, 예술 분야에서 유사하면서도 각 나라 고유의 음악 문화를 형성하고 발전시키던 중 19세기 이후 서양 음악을 수용하면서 유사하면서도 서로 다른 양상을 보이며 새로운 음악 문화를 형성 발전시켜 왔다고 정리함. 독서를 통해 한국 및 동아시아의 근대음악을 올바르게 이해함으로써 우리나라와 이웃 국가의 음악에 대한 관심이 더 생겼다고 발표함.

관련학과) 도예학과, 동양화과, 만화애니메이션학과, 미디어영상학과, 사진학과, 산업디자인학과, 서양화과, 시각디자인학과, 실내디자인학과, 조소과, 조형예술학과, 패션디자인학과, 한국화전공, 회화과   핵심키워드) 서양 음악의 수용

동아시아사

[단원명]
동아시아 역사의 시작

성취기준

📌 **[12동사01-02]** 동아시아의 다양한 자연환경을 배경으로 나타난 삶의 모습을 농경과 목축을 중심으로 파악한다.

- 동아시아의 범위를 동서로는 일본 열도에서 티베트고원까지, 남북으로 베트남에서 몽골고원으로 정한다. 동아시아사 학습의 의의에서는 동아시아가 당면한 역사 인식의 문제를 해결하기 위하여 각국의 관계와 교류의 역사를 이해할 필요성을 인식시킨다. 이를 통해 동아시아의 평화 공영을 위해 노력하는 태도를 갖도록 한다. 동아시아의 다양한 자연환경을 배경으로 나타난 삶의 모습을 농경과 목축을 중심으로 파악한다.

자연환경과 본인의 진로와 연관된 자료 조사하기 활동에서 아시안게임에서 나라별 메달 획득 종목을 조사하고 각 나라의 자연환경을 찾아봄. 각 나라의 우수한 종목을 조사하고 그 종목의 특징과 선수들의 훈련 내용 등을 파악함. 나라별 우수한 종목과 그 나라의 자연환경의 연관성을 분석하여, 그 종목이 어떤 환경에 있는 선수들에게 더 좋은 성과를 나타낼 수 있었는지 탐구해 봄. 조사한 자료를 PPT로 제작한 후 운동선수들에게 환경적인 요인이 중요하다는 것을 파악하고 스포츠 산업을 발전시키기 위해서 각 나라의 환경 요인을 분석하여 연구하는 것이 중요하다는 것을 발표함.

| 관련학과 | 경호학과, 공연예술학과, 무용학과, 뮤지컬학과, 체육학과, 사회체육학과, 생활체육학과, 스포츠경영학과, 스포츠건강관리학과, 스포츠과학과, 연극영화학과, 한국무용전공, 현대무용전공, 발레전공, 태권도학과 | 핵심키워드 | 자연환경의 영향 |

경제

[단원명]
경제생활과 경제 문제

성취기준

📌 **[12경제01-03]** 경제 문제를 해결하는 다양한 방식의 장단점을 비교하고, 시장경제의 기본 원리와 이를 뒷받침 하는 사회 제도를 파악한다.

- 기본적인 경제 문제를 해결하는 방식으로써 전통경제, 계획경제, 시장경제의 특성을 간단히 비교한 후 시장경제는 경제 주체의 자유와 경쟁을 바탕으로 가격 기구를 통해 경제 문제를 해결하려고 한다는 점을 강조한다. 또한 이러한 시장경제를 뒷받침하기 위해서는 사유 재산권, 경제활동의 자유, 공정한 경쟁 등이 보장되어야 한다는 점을 이해한다.

예술인 복지 관련 사이트에 접속한 후 예술인의 직업적 지위가 더욱 보장되고 안정적인 창작 환경 조성을 위한 다양한 제도에 대해 조사함. 특히 예술인 고용보험에 대해 구체적으로 탐색하여 장단점을 정리하고, 표준 계약서를 직접 작성하여 제출함. 고용보험의 가입조건을 확인한 결과 월평균 소득이 50만 원 미만이면 가입 대상이 아니기 때문에 더 열악한 조건의 예술인이 사각지대에 놓일 수 있다고 발표함.

| 관련학과 | 도예학과, 동양화과, 만화애니메이션학과, 미디어영상학과, 사진학과, 산업디자인학과, 서양화과, 시각디자인학과, 실내디자인학과, 조소과, 조형예술학과, 패션디자인학과, 한국화전공, 회화과 | 핵심키워드 | 예술인 고용보험 |

사회 교과군
경제

[단원명]
시장과 경제활동

성취기준

📌 [12경제02-01] 시장 가격의 결정과 변동 원리를 이해하고, 수요와 공급의 원리를 노동 시장과 금융 시장 등에 적용한다.

친구들이 사용 중인 음원사이트를 조사한 후, 국내 음원사이트 점유율과 비교해 봄. 유명 음원 사이트 세 군데를 정해 장단점을 분석한 표를 작성하여 개인에게 적합한 음원사이트 선택 기준을 제시함. 음원 가격이 어떻게 정해지고, 작곡자나 작사가에겐 저작권료가 얼마나, 어떻게 지급되는지 궁금하여 음원의 가격 형성 구조에 대해 조사함. 음악 서비스 방법에 따라 음원 가격이 다르고, 음원의 수익 분배 구조를 자세히 조사한 결과 음원 서비스 사업자, 음원 유통 대행회사, 소속사 및 제작자, 작사·작곡가, 가수와 실연권자 등의 수익 비율을 비교하면서 실제 창작자의 수익을 구체적인 수치로 제시함. 특히 40~150곡을 묶어서 파는 정액제는 곡당 최저 63.9원까지 떨어질 수 있어, 음원 정액제는 소비자들에게는 매력적이나 음악인들의 음원 수익에는 매우 불리함을 알게 되어 음악인들이 창작활동에 전념할 수 있는 구조를 만들기 위한 소비자의 의식이 중요하다고 주장함. 최근 역주행 인기곡에 투자한 사람들이 돈을 벌었다는 기사를 접하고 '송테크'라 불리는 음원 저작권 투자에 대해 조사함. 음원 창작가가 자신의 음원 지분을 플랫폼에 내놓고 투자자들이 그 지분을 사 저작권료 수익을 가져가는 것으로 소비자들은 좋아하는 음악을 즐기며 투자까지 하면서 음악인들과 투자자가 함께 이익을 나누는 것이 음악인들과 소비자가 공생할 수 있는 바람직한 구조라고 발표함. 실제 친구들 앞에서 음악 저작권 공유 사이트에 접속하여 음악에 투자하여 저작권을 공유하고 이익을 나누는 방법을 안내함.

관련학과 국악과, 기악과, 성악과, 실용음악과, 음악학과, 작곡과 ‖ 핵심키워드 음원사이트

사회 교과군
경제

[단원명]
시장과 경제 활동

성취기준

📌 [12경제02-01] 시장 가격의 결정과 변동 원리를 이해하고, 수요와 공급의 원리를 노동 시장과 금융 시장 등에 적용 한다.

노동 시장의 사례 탐색하기 활동에서 관심 있는 분야인 스포츠와 관련된 자료를 조사함. 우리나라 프로스포츠 중 한 종목을 선택하여 구단에서 1년 동안 벌어들이는 수입과 지출을 분석함. 지출되는 비용 중에 대부분을 차지하고 있는 선수들의 최저 연봉과 최고 연봉을 토대로 연봉이 정해지는 원리를 파악하고 선수별 연봉의 타당성을 뒷받침할 수 있는 자료를 조사함. 선수들의 연봉을 책정하는 타당성과 관련된 자료를 조사하고 분석한 자료를 그래프와 표로 정리하여 PPT를 제작함. 노동 시장의 사례를 발표하는 과정에서 선수들의 연봉을 책정하는 과정을 구단의 수입과 지출의 과정을 중심으로 발표하여 우수한 사례로 평가를 받음.

관련학과 경호학과, 공연예술학과, 무용학과, 뮤지컬학과, 체육학과, 사회체육학과, 생활체육학과, 스포츠경영학과, 스포츠건강관리학과, 스포츠과학과, 연극영화학과, 한국무용전공, 현대무용전공, 발레전공, 태권도학과 ‖ 핵심키워드 운동선수 연봉

[단원명]
민주주의와 헌법

성취기준

📌 [12정법01-01] 정치의 기능과 법의 이념을 이해하고, 민주주의와 법치주의의 발전 과정을 분석한다.

• 집단과 국가 차원에서 정치의 기능을 이해하고, 현대 국가에서 법의 이념을 정의를 중심으로 인식한다. 시민 혁명 이후 민주주의와 법치주의의 발전 과정에 대한 분석을 토대로 민주주의와 법치주의의 관계에 대해서 탐구한다. 특히 법의 이념은 그 내용이 고등학생이 쉽게 이해할 수 있는 수준을 넘어서지 않도록 한다.

정치인들이 선거송을 선택하는 기준과 선거송이 유권자에게 어떤 영향을 미치는지 궁금하여 선거송에 대해 조사함. 역대 선거송을 정리하여 사람들의 기억에 오래 남는 선거송의 공통점을 분석함. 선거송은 흥겹거나 익숙한 멜로디로 유권자들의 관심을 유도하고, 공약이 잘 전달되도록 중독성이 있게 개사하는 것이 관건이라고 주장함. 또한 정치인의 친근한 이미지나 세대별 차별적 공략 방법으로도 사용되고 있음을 확인함. 음악이 사람들의 마음을 움직이는 중요한 도구임을 다시 한번 확인할 수 있었으나 유권자들은 단순히 선거송으로 투표하지 않고, 선거공약과 후보의 역량 등을 판단하여 투표해야 한다고 주장함. 선거송은 소음을 유발하고 제작비용이 세금으로 지불된다는 단점도 발표함.

관련학과 | 국악과, 기악과, 미디어영상학과, 성악과, 실용음악과, 음악학과, 작곡과   핵심키워드 | 선거송

[단원명]
민주 국가와 정부

성취기준

📌 [12정법02-02] 입법부, 행정부, 사법부의 역할을 이해하고, 이들 간의 상호 관계를 권력분립의 원리에 기초하여 분석한다.

• 우리나라의 국회, 대통령과 행정부, 법원과 헌법재판소 등 국가기관이 기본적으로 어떤 역할을 수행하는지를 파악하는데 이때 국가기관의 세부적인 구성과 조직보다는 국가기관 간의 상호 관계를 권력분립의 원리에 초점을 맞추어 분석한다.

입법부, 행정부, 사법부의 역할과 기능에 대해 교과서 내용을 꼼꼼하게 요약 정리한 후, 각 기관의 홈페이지에 접속하여 조직도를 따라 그려 봄. 자신이 이해한 각 3기관의 이미지를 나타내는 이모티콘을 삼각형의 세 꼭짓점에 그려 서로 협력하고 견제하여 국민의 자유와 권리를 보장하는 정의로운 대한민국이라는 인포그래픽을 작성함. 입법부는 국민들의 의견에 귀 기울이는 귀가 유난히 큰 국회의원을 상징하는 이모티콘으로, 행정부는 대통령을 중심으로 국민들을 위해 열심히 일하느라 유난히 크고 빠른 손과 발을 가진 공무원을 상징하는 이모티콘으로, 사법부는 법에 따라 판단하되 따뜻한 심장을 가진 가슴에 유난히 큰 하트를 가진 법관을 이모티콘으로 재치 있게 표현하여 각 기관의 역할을 직관적으로 표현하여 설명함. 특히, 우리나라와 서양의 '정의의 여신'의 공통점과 차이점을 비교한 표를 작성함.

관련학과 | 시각디자인학과, 실내디자인학과   핵심키워드 | 이모티콘 만들기

정치와 법

> [단원명]
> ## 개인 생활과 법

📌 [12정법04-02] 재산 관계(계약, 불법행위)와 관련된 기본적인 법률 내용을 이해하고, 이를 일상 생활의 사례에 적용한다.

- 민법의 주요 내용인 재산 관계를 계약, 불법행위 등의 개념에 초점을 맞추어 기본적인 법률 내용을 확인하고 이를 일상생활의 사례에 적용한다. 여기서 민사 소송 등 분쟁 해결 절차는 다루지 않는다.

관심 있는 직업의 근로 계약에 대해 탐구하는 활동에서 운동선수들의 계약제도에 대해서 조사하여 자료를 제작함. 프로스포츠에서 실시하고 있는 자유계약 선수제도와 임의 탈퇴제도에 대해 조사하고 구단의 입장과 선수의 입장에서 각 제도를 분석하여 표로 작성함. 스포츠에 관심 있는 학생들과 분석한 자료를 중심으로 토의에 적극적으로 참여하여 입장에 따른 문제점을 파악하고 해결방안을 제시함. 해결방안을 제시할 때 관련 자료와 논리적인 근거를 제시하여 토의에 함께 참여한 친구들에게 호응을 얻음.

| 관련학과 | 경호학과, 체육학과, 사회체육학과, 생활체육학과, 스포츠경영학과, 스포츠건강관리학과, 스포츠과학과, 태권도학과 | 핵심키워드 | 자유계약 선수제도 |

사회문화

> [단원명]
> ## 문화와 일상생활

📌 [12사문03-01] 문화에 대한 이해를 바탕으로 문화를 바라보는 여러 관점을 설명하고 문화 다양성 존중 및 조화를 추구하는 태도를 가진다.

- 문화의 의미와 속성을 파악하고 문화를 보는 관점으로서 총체론, 비교론 등의 특징을 살펴본다. 또한 우리 사회 안팎의 문화 다양성 관련 양상에 대해 인식하고 문화 상대주의적 태도를 함양한다. 하위문화의 의미를 주류문화와의 관계 속에서 설명하고 다양한 하위문화의 특징과 기능을 분석한다

- 지역 문화, 세대 문화, 반문화 등 다양한 하위문화의 특징과 기능을 이해하고 현대 사회의 문화 다양성 측면에서 하위문화의 역할이 중요하다는 점을 강조한다. 대중문화의 특징을 대중매체와의 관계 속에서 분석하고 대중문화를 비판적으로 수용하는 태도를 가진다. 문화 변동의 요인과 양상을 탐구하고 문화 변동 과정에서 발생하는 문제에 대한 대처 방안을 모색한다.

하위문화의 개념을 잘 정리하였고, 사회구조이론을 사회해체이론, 긴장 이론, 하위문화 이론으로 구분하여 각 이론의 개념과 특징을 실례를 들어 구체적으로 설명함. 어떤 사회현상(폭력, 범죄)의 원인을 분석한 결과 개인이 속한 모든 조직마다 독특한 하위문화가 있고, 개인의 언행에 영향을 미친다고 발표함. 주류문화가 부당한 문화일 때 대항하는 하위문화는 순기능을 하지만, 부당하지 않은 주류문화에 대해 무조건 대항하는 하위문화는 역기능을 한다고 설명함. 미얀마 쿠데타 반대 시위가 전 세계로 확산되는 현상을 하위문화의 순기능의 예로 제시했으며 '미얀마 세 손가락'의 의미를 설명하며 미얀마의 평화를 촉구하는 실천 행동을 생각해 보자고 제안함.

| 관련학과 | 국악과, 기악과, 성악과, 실용음악과, 음악학과, 작곡과 | 핵심키워드 | 하위문화 |

사회문화

[단원명]

문화와 일상생활

성취기준

📌 [12사문03-03] 대중문화의 특징을 대중매체와의 관계 속에서 분석하고 대중문화를 비판적으로
수용하는 태도를 가진다.

실시간 스트리밍 영상을 통해 전 세계 사람들과 실시간 소통할 수 있는 환경, 비대면 수업 등
급변하는 실시간 쌍방향 매체에 매력을 느껴 실시간 쌍방향 매체의 종류에 대해 조사함. 장점
으로는 시공간의 제약 없이 언제 어디서나 정보공유 및 의사소통이 가능함을, 단점으로는 보
안 문제를 꼽았으며 실제 줌 수업 및 오픈 채팅방에서 일어난 인권침해 사례 기사를 찾아와 발
표함. 조원들과 다양한 매체의 종류와 각 매체의 장단점을 표로 만들어 깔끔하게 정리하여 제
출함. 인권침해 관련 단점을 보완하기 위한 아이디어 도출 토의에 적극적으로 참여하여 예방이
최우선이라며 사용자의 올바른 윤리의식 교육이 필요하다고 주장함.

관련학과 국악과, 기악과, 만화애니메이션학과, 미디어영상학과,
성악과, 실용음악과, 음악학과, 작곡과

핵심키워드 쌍방향 매체 조사

사회문화

[단원명]

문화와 일상생활

성취기준

📌 [12사문03-01] 문화에 대한 이해를 바탕으로 문화를 바라보는 여러 관점을 설명하고 문화 다양
성 존중 및 조화를 추구하는 태도를 가진다.

• 문화의 의미와 속성을 파악하고 문화를 보는 관점으로서 총체론, 비교론 등의 특징을 살펴본다. 또한 우리 사회 안
팎의 문화 다양성 관련 양상에 대해 인식하고 문화 상대주의적 태도를 함양한다.

주변에서 발생하는 문화 현상 찾아보기 활동에서 지역별 스포츠를 관람하는 문화에 대해서 조
사함. 야구에서의 지역별 관람문화를 비교해보고, 같은 의미지만 다르게 사용하는 응원 용어를
조사하여 표로 정리함. 시대에 따른 응원 용어를 조사하기 위해서 1980년대 초창기의 야구 경
기 관람 문화와 현재의 관람 문화를 비교할 수 있는 영상을 시청한 후 시대 흐름과 연계하여 어
떤 변화가 있는지 자료를 정리한 후 설명하는 글로 작성함. 지역별 관람 문화와 시대별 관람 문
화에 대해 조사한 자료를 마인드맵으로 작성하여 시각적으로 이해하기 쉽게 제작하여 학급에
게시한 후 친구들로부터 호응을 얻음.

관련학과 경호학과, 공연예술학과, 무용학과, 뮤지컬학과, 체육학과, 사회체
육학과, 생활체육학과, 스포츠경영학과, 스포츠건강관리학과, 스
포츠과학과, 연극영화학과, 한국무용전공, 현대무용전공, 발레전
공, 태권도학과

핵심키워드 지역별 관람문화

생활과 윤리　　사회와 윤리

성취기준

📌 [12생윤03-01] 직업의 의의를 행복의 관점에서 이해하고, 다양한 직업군에 따른 직업윤리를 제시할 수 있으며 공동체 발전을 위한 청렴한 삶의 필요성을 설명할 수 있다.

하루 일과표를 그려 8시간은 수면 시간, 깨어있는 16시간 중 8시간은 식사, 취미, 친구 및 가족과 보내는 시간, 깨어있는 시간 중 절반인 8시간은 일터에서 보내는 시간임을 시각적으로 표현하여 삶에서 직업의 중요성을 직관적으로 잘 표현함. 직업의 의미를 개인적 측면과 사회적 측면으로 정리함. 개인적으로는 경제적 독립과 자아실현, 사회적으로는 누군가에게 자신의 재능과 시간을 제공하여 도움을 주는 것이라고 정리함. 인간은 누구나 서로 도움을 주고, 받으며 살고 있다는 점을 특히 강조하였고, 최근 코로나19 사태를 겪으면서 아무리 자신이 방역수칙을 잘 지켜도 타인으로 인해 우연히 확진자가 될 수 있다는 사실을 통해 사람들은 서로 연결되어 있음을 다시 한번 실감했다고 발표함. 따라서 개개인의 도덕성이 그 어느 때 보다 더욱 강조되어야 함을 주장함. 예술전공을 희망하는 학생으로서 자신이 공동체에 어떤 기여를 할 수 있을지 고민한 결과 사람에게 감동을 주고 내면의 선함을 깨달을 수 있는 아름다운 작품을 만들어 누구나 쉽게 접할 수 있도록 노력하는 예술가가 되고 싶다는 포부를 밝힘.

관련학과　전 예체능계열　　　　　　　　　　　　　핵심키워드　직업의 중요성

생활과 윤리　　문화와 윤리

성취기준

📌 [12생윤05-01] 미적 가치와 윤리적 가치를 예술과 윤리의 관계 차원에서 설명할 수 있으며 대중문화의 문제점을 윤리적 관점에서 비판하고 그 개선 방안을 제시할 수 있다.

가짜뉴스가 확산되고 있다는 기사를 보고 무분별한 영상 콘텐츠의 제작과 소비의 문제점을 인식하고 '미디어 리터러시'에 대해 조사함. 누구나, 언제, 어디서나 쉽게 영상을 제작하고 송출할 수 있는 환경 속에서 무분별하게 영상을 제작하고 여과 없이 시청한다면 옳고, 그름과 진짜, 가짜를 구별하기 어렵고 어릴수록 그런 판단이 어려울 뿐 아니라 중독되기 쉽다는 점을 강조함. 따라서 미디어 정보를 단순하게 받아들이지 않고 비판적으로 해석하고 창의적으로 검토하여 재창조하는 능력인 미디어 리터러시가 그 어느 때 보다 중요하다며 국제도서관연맹에서 제시한 가짜뉴스 판별법 8가지를 제시함. 크리에이터들이 선정적이고 자극적인 영상을 제작하는 이유로 구독자 수가 곧 수입으로 연결되는 시스템을 지적하며 표현의 자유를 보장하면서도 양질의 콘텐츠만 제공할 수 있는 시스템을 구축하고, 개인의 표현의 자유에 따른 책임의 중요성을 어릴 때부터 다방면의 체험교육을 통해 길러야 한다고 자신의 생각을 정리함.

관련학과　국악과, 기악과, 만화애니메이션학과, 미디어영상학과, 성악과, 실용음악과, 음악학과, 작곡과　　　　핵심키워드　미디어 리터러시

생활과 윤리 [단원명] 과학과 윤리

성취기준

📌 [생윤04-01] 과학기술 연구에 대한 다양한 관점을 조사하여 비교·설명할 수 있으며 이를 과학기술의 사회적 책임 문제에 적용히여 비판 또는 정당화할 수 있다.

과학기술의 사회적 책임 문제에 대해서 조사하는 활동에서 운동선수들의 약물 복용과 관련된 사회 문제를 조사함. 선수들이 복용하는 금지약물이 경기력에 미치는 영향에 대해 조사하고, 운동선수들이 약물을 복용하는 이유에 대해서 관련 자료를 찾아봄. 조사한 자료를 중심으로 운동선수들의 약물 복용 문제를 해결하기 위해서 국가에서 하고 있는 노력이나 관련 기관에 대해서 조사하였고, 한국도핑방지위원회에서 온라인 도핑방지교육센터를 운영하여 다양한 노력을 하고 있는 것을 조사하여 발표함. 체육 분야를 희망하는 학생으로 훌륭한 스포츠인이 되기 위해서는 운동 실력뿐만 아니라 사회적인 책임감도 강해야 한다고 주장하여 친구들로부터 호응을 얻음.

관련학과	경호학과, 공연예술학과, 무용학과, 뮤지컬학과, 체육학과, 사회체육학과, 생활체육학과, 스포츠경영학과, 스포츠건강관리학과, 스포츠과학과, 연극영화학과, 한국무용전공, 현대무용전공, 발레전공, 태권도학과	핵심키워드	선수 금지약물

윤리와 사상 [단원명] 서양윤리사상

성취기준

📌 [12윤사03-03] 행복에 이를 수 있는 방법으로서 쾌락의 추구와 금욕의 삶을 강조하는 윤리적 입장을 비교하여 각각의 특징과 한계를 토론할 수 있다.

• 이 성취기준의 취지는 먼저 행복한 삶을 쾌락과 금욕의 관점에서 조망하고, 학생들이 양자의 관점을 서로 비교·분석하여 각 입장의 특징과 한계, 공통점과 차이점 등을 이해하도록 하는 데 있다.

금욕주의와 쾌락주의의 도덕과 행복의 개념을 비교하여 분석함. 이성으로 충동적인 감정을 조절하여 도덕을 실천하려 한 금욕주의와 욕구 충족을 통해 행복을 추구하고자 한 쾌락주의 모두 일리가 있으며 인간은 이성과 감성을 모두 갖춘 존재이므로 이를 수용하고 균형을 맞추는 것이 중요하다고 정리함. 특히 재현적 미술에서 벗어나 작가의 느낌에 따라 표현하는 현대미술의 대표 작품들을 보여주면서 예술가의 사상과 감정이 작품에 어떻게 투영되는지 보여주고자 노력함. 특히 1910년 이후 시대의 문제를 해결하고자 실험정신을 바탕으로 새로운 방향성을 모색하는 현대미술에 미친 다양한 사상과 운동을 소개함. 예술이 삶의 변화를 추구하고, 독일에서 동양의 선사상을 수용하여 그들만의 새로운 표현주의를 만들어 가는 등 시대정신과 예술의 밀접한 관계를 설명하기 위해 노력함.

관련학과	국악과, 기악과, 도예학과, 동양화과, 만화애니메이션학과, 미디어영상학과, 사진학과, 산업디자인학과, 서양화과, 성악과, 시각디자인학과, 실내디자인학과, 실용음악과, 음악학과, 작곡과, 조소과, 조형예술학과, 패션디자인학과, 한국화전공, 회화과	핵심키워드	금욕주의와 쾌락주의

성취기준

📌 [12윤사04-06] 동·서양의 평화사상들을 탐구하여 세계시민주의와 세계시민 윤리의 원칙 및 지향을 이해하고, 이를 통해 세계시민이 가져야 할 태도에 대해 성찰할 수 있다.

• 동·서양의 평화사상들을 탐구하여 세계시민주의와 세계시민윤리의 원칙 및 지향을 설명할 수 있고, 이를 통해 세계시민이 가져야 할 태도에 대해 반성적으로 생각하여 개선할 수 있다.

세계 평화의 날은 전 세계의 전쟁과 폭력 중단을 위해 국제연합에서 매년 9월 21일로 지정한 기념일로, 2008년 세계 평화의 날 한국조직위원회가 구성되어 외교부의 후원을 받아 매년 세계 평화의 날에 서울에서 평화시민축제를 진행한다고 구체적으로 조사하여 발표함. 2019년 평화시민축제 포스터를 보여주며 초대 가수가 아이돌로만 구성되어 있음을 확인하고 축제의 취지에 맞는 세계 평화와 관련된 음악을 선정하고 싶다는 자신의 생각을 밝힘. 학교에서 세계 평화의 날 캠페인을 기획하며 세계 평화를 염원하는 의미 있는 음악을 검색하던 중 평화 창작 가요제에 대해 알게 되어 세계 평화를 염원하는 마음을 담아 작사를 하여 친구들 앞에서 발표함.

관련학과 국악과, 기악과, 만화애니메이션학과, 미디어영상학과, 성악과, 실용음악과, 음악학과, 작곡과

핵심키워드 세계 평화의 날

사회(도덕포함) 교과군 ▶ [단원명]
윤리와 사상 **사회사상**

성취기준

📌 12윤사04-06] 동·서양의 평화 사상들을 탐구하여 세계시민주의와 세계시민 윤리의 원칙 및 지향을 이해하고, 이를 통해 세계시민이 가져야 할 태도에 대해 성찰할 수 있다..

세계시민교육에 대한 영상을 시청하고 세계시민에게 필요한 요소에 대해 토론하는 활동을 실시함. 토론 과정을 통해서 정의, 평등과 다양성, 변화에 대해서 본인의 생각을 발표하고 이러한 요소들을 어떻게 함양할 수 있는지 구체적인 방안을 제시함. 세계시민의식을 함양해야 하는 이유에 대해서 자료를 조사하고 주장하는 글을 작성하여 본인의 생각을 정리하는 기회를 가짐. 세계시민을 3개의 단어로 요약하여 타이포그래피로 제작한 후 학급에 게시하여 친구들로부터 세계시민에 대해서 시각화한 글자로 표현되어 핵심 내용을 이해하기 쉽다고 평가를 받음.

관련학과 디자인학과, 실내디자인학과

핵심키워드 세계시민교육 영상

고전과 윤리 ▶ 사회·공동체와의 관계

성취기준

📌 [고윤03-03] 결과적 정의와 절차적 정의에 대해 비판적으로 탐구하고, 롤즈가 주장한 정의의 원칙에 대하여 논리적 근거와 함께 자신의 견해를 제시할 수 있다.

• 학생들이 사회 정의(Justice)의 문제에 관심을 갖는 것뿐만 아니라 정의로운 사회의 기준과 근거에 대하여 탐구하고 고전적 공리주의를 비롯한 결과로서의 공정함과 과정의 공정함에 대하여 비판적으로 탐구하는 것을 목표로 한다.

결과적 정의와 절차적 정의의 사례를 조사하는 활동에서 스포츠 현장에서 찾을 수 있는 사례를 조사함. 운동선수들이 좋은 실적을 올리기 위해서 과정보다는 결과를 중심으로 시합에 참여하는 모습을 사례로 결과적 정의에 대해서 토론한 후, 그 문제점을 해결하기 위한 자료를 조사하여 대안을 제시함. 사례로 제시한 현장에 본인이 있다면 어떻게 할 것인지에 대한 논리적인 근거와 운동선수들이 가져야 할 윤리나 태도에 관해 구체적으로 제시함. 또한 스포츠 윤리를 담당하는 정부 기관이 필요한 이유와 운영 방안에 대한 설명을 이해하기 쉽게 전달함.

관련학과) 경호학과, 공연예술학과, 무용학과, 뮤지컬학과, 체육학과, 사회체육학과, 생활체육학과, 스포츠경영학과, 스포츠건강관리학과, 스포츠과학과, 연극영화학과, 한국무용전공, 현대무용전공, 발레전공, 태권도학과

핵심키워드) 결과적 정의, 절차적 정의

고전과 윤리 ▶ 자연·초월과의 관계

성취기준

📌 [12고윤04-02] 현대 사회에서 무위자연(無爲自然)의 도(道)의 필요성을 탐구하고, 편견과 선입견에서 벗어나 사회 문제 해결을 위한 자세와 방법을 제시할 수 있다.

• 자연의 이치에서 삶의 지혜를 배울 수 있음을 인식하여 현대 사회에서 무위자연의 도의 필요성을 깨달으며, 자기 자신을 비롯한 우리 사회의 편견과 선입견을 인식하고 이러한 태도를 버릴 수 있도록 하는 것을 지향한다.

다문화 가정의 한국인 아버지가 자신의 자녀들이 혼혈이라는 이유로 늘 주목받을 거라는 생각에 타인을 지나치게 의식하고 자녀를 엄하게 대함으로써 부모와 아이가 모두 힘들어하는 프로그램을 시청한 후 다문화 가정의 문제점과 해결방안을 탐색하여 보고서를 제출함. 다문화 가정은 언어적 장벽과 문화적 갈등으로 인해 가정 내에서도 부모의 문화적 갈등으로 인해 자녀가 혼란을 겪을 수 있어 여느 가정보다 더 많은 노력이 필요함을 알게 되었고, 외국인 어머니가 한국말에 서툴 경우 자녀 역시 한국말에 서툴러 대인관계 문제가 생길 수 있음에 공감함. 다문화 가정 자녀들이 한국말에 서툴더라도 주눅 들지 말고, 오히려 2개 국어를 할 수 있는 능력자임을 일깨워 주고자 '관점을 바꾸면 달리 보입니다.'라는 문구를 캘리그라피로 만들어 사물함에 붙임으로써 다문화 가정 자녀에 대한 인식 개선에 앞장섬.

관련학과) 동양화과, 서양화과, 시각디자인학과, 실내디자인학과, 회화과

핵심키워드) 다문화 가정

[단원명]
자신과의 관계

성취기준

📌 [12고윤01-01] 도덕적 주체로 살아가기 위해서 '뜻 세움'이 중요함을 알고 자신이 세운 뜻을 실현하기 위한 구체적인 계획을 수립하여 이를 실천하기 위한 방법을 제시할 수 있다.

- 이 성취기준은 입지(立志) 즉, '뜻 세움'의 의미를 삶의 전체적인 과정과 관련지어 생각해 볼 수 있는 기회를 학생들에게 제공하고, 삶의 목표가 단순히 대학 진학이나 직업 선택에 제한되는 것이 아님을 인식하도록 설정되었다. 이를 통해 도덕적 이상을 지향하는 인격적인 삶의 뜻을 세우고 실천하기 위해 삶의 과정에서 노력하는 자세를 갖추도록 한다.

예술 작품을 통해 희로애락을 느낄 수 있고, 특히 마음을 안정시키고자 할 때 음악의 도움을 많이 받아 자신의 생각이나 감정을 음악, 미술, 몸동작으로 표현함으로써 누구나 함께 공감할 수 있는 예술의 매력에 빠져 진로를 결정함. 아름다운 선율을 통해 사람들의 마음을 따뜻하게 해주는 피아노 연주가가 되길 바라며 인생의 목표 및 실천과정을 단기, 중기, 장기적으로 설정함. 고등학교 때의 학교생활을 단기목표로, 대학교생활을 중기목표로, 대학 졸업 후 삶을 장기목표로 설정함. 만다라트 계획표의 정중앙에 '나 스스로 행복하고, 사람들의 마음에 따뜻함을 전하는 피아노 연주가'라는 삶의 최종 목표를 쓰고, 세부 목표와 구체적인 실천 방법을 하나하나 떠올리며 차분히 작성하여 제출함. 희망 대학교 입학처에 접속하여 학과에 대한 정보를 꼼꼼하게 탐색한 후 입학전형, 전형 방법, 인재상, 교육과정을 깔끔하게 요약정리함.

관련학과) 전 예체능계열

핵심키워드) 진로 계획

수학 교과군
수학 [단원명]
차방정식과 이차함수

성취기준

📌 [10수학01-11] 이차함수의 최대, 최소를 이해하고, 이를 활용하여 문제를 해결할 수 있다.

'미술관에 간 수학자(이광연)'를 읽고 모나리자와 몬드리안의 작품이 아름다운 이유를 작품 속 황금비로 설명함. 또한 원근법을 활용하여 입체적인 미술 작품 속 소실점을 설명하는 등 미술 작품 속에 숨겨진 수학의 원리를 쉽게 설명함. 수학적 개념이 점, 선, 면, 색, 원근, 대칭 등 미술의 언어로 표현된 예를 제시하며 미술과 수학의 관련성을 논리적으로 설명함. 칠판에 다양한 직선과 곡선을 그리고 친구들에게 각 선이 주는 느낌을 물어보면서 그림을 그린다면 어떻게 활용할 수 있을지에 대해 질문함.

관련학과) 도예학과, 동양과, 만화애니메이션학과, 미디어영상학과, 사진학과, 산업디자인학과, 서양화과, 서양화전공, 시각디자인학과, 실내디자인학과, 조소과, 조형예술학과

핵심키워드) 황금비

수학 교과군
수학 [단원명]
집합

성취기준

📌 [10수학03-01] 집합의 개념을 이해하고, 집합을 표현할 수 있다. 집합의 연산을 할 수 있다.

집합 용어를 오케스트라에 적용한 활동지를 제출함. 집합의 개념을 오케스트라에 적용하여 현악기군, 목관악기군, 금관악기군, 타악기군으로 분류함. 이후 집합 기호를 활용하여 오케스트라의 부분집합으로 표현하고, 각 악기군에 포함되는 악기의 명칭을 원소의 개념으로 나열함. 10~100개의 다양한 악기가 합주하여 하나의 소리를 내는 오케스트라의 배치가 지휘자를 중심으로 부채꼴 모양을 이룸을 소개하며, 악기의 배치에 따라 소리의 울림이 다르듯 같은 학급의 학생들이라도 자리 배치에 따라 반 분위기가 달라질 수 있다고 예를 들면서 집합과 원소 간의 관계를 설명함.

관련학과) 국악과, 기악과, 성악과, 실용음악과, 음악학과, 작곡과

핵심키워드) 오케스트라

수학 | [단원명] **집합**

성취기준

📌 [10수학05-01] 합의 법칙과 곱의 법칙을 이해하고, 이를 이용하여 경우의 수를 구할 수 있다.

실생활에 수학이 활용되는 예를 발표하는 수업에서 경우의 수가 사용된 자료를 조사하여 발표함. 체육 분야에 관심이 많은 학생으로 월드컵에서 자주 등장하는 우리나라 16강 진출의 경우의 수를 승과 무승부, 패의 경우의 수에 따라 직접 계산해봄. 계산 결과를 중심으로 활용된 법칙을 연결하는 과정을 통해 수학이 본인의 진로에 어떻게 응용이 되는지 파악하였으며, 이후 수업시간에 참여하는 모습이 적극적으로 변화함.

관련학과 | 경호학과, 체육학과, 사회체육학과, 생활체육학과, 스포츠경영학과, 스포츠건강관리학과, 스포츠과학과, 태권도학과

핵심키워드 | 월드컵 진출 확률

수학 교과군
수학 I | [단원명] **지수함수와 로그함수**

성취기준

📌 [12수학 I 01-07] 지수함수와 로그함수의 그래프를 그릴 수 있고, 그 성질을 이해한다.

데시벨은 두 소리의 로그 함숫값의 단위로 소리의 상대적인 크기를 나타내며, 두 소리의 상대 세기는 세기비의 로그 함숫값과 같음을 발표함. 음악 청취에 적합한 데시벨은 70~90 정도이나 음악마다, 날씨에 따라 가장 듣기 좋은 데시벨은 다르다고 발표함. 로그함수의 개념과 활용에 대해 조사하고 수학과 실생활을 연관 지어 잘 설명함.

관련학과 | 국악과, 기악과, 성악과, 실용음악과, 음악학과, 작곡과

핵심키워드 | 데시벨

[단원명]
지수함수와 로그함수

성취기준

📌 [12수학 Ⅰ 02-01] 일반각과 호도법의 뜻을 안다.

📌 [12수학 Ⅰ 02-02] 삼각함수의 뜻을 알고, 사인함수, 코사인함수, 탄젠트함수의 그래프를 그릴 수 있다.

📌 [12수학 Ⅰ 02-03] 사인법칙과 코사인법칙을 이해하고, 이를 활용할 수 있다.

삼각함수가 실생활에 활용되는 분야를 조사하는 활동에서 체육 분야와 관련된 자료를 조사함. 야구 외야에서의 롱 토스나 육상에서 창던지기 등 스포츠에서 비행경로에 영향을 주는 여러 요인들로 궤적, 투사각, 투사 속도, 투사 높이 등이 있음을 조사함. 수평거리를 구하는 공식을 조사하여 가장 이상적인 투사각도를 계산함. 조사한 자료와 계산 결과를 중심으로 PPT를 제작하여 논리적인 순서로 잘 발표함.

관련학과) 경호학과, 체육학과, 사회체육학과, 생활체육학과, 스포츠경영학과, 스포츠건강관리학과, 스포츠과학과, 태권도학과

핵심키워드) 이상적 투사각도

[단원명]
도함수의 활용

성취기준

📌 [12수학 Ⅱ 02-09] 함수의 그래프의 개형을 그릴 수 있다. 속도와 가속도에 대한 문제를 해결할 수 있다.

피아노의 건반에 따라 음계가 다른 이유가 궁금하여 피아노의 구조를 조사한 결과, 건반이 치는 현의 길이와 굵기에 따라 음의 높낮이가 결정되며 현이 굵고 길수록 낮은 소리가 난다는 사실을 알아냄. 음의 높낮이와 현의 길이가 반비례한다는 사실을 바탕으로, 이를 현의 길이를 나타내는 로그함수로 표현함. 현악기의 현의 길이에 따라 진동수가 달라져 음의 높이가 달라지는데, 피타고라스에 의하면 현의 길이의 비가 유리수일 때 조화롭고 아름다운 화음으로 들린다고 발표함. 즉, 주어진 현의 길이의 음을 정한 뒤, 현의 유리수 비의 길이로 변화를 주면 원래 음과 잘 어울리는 소리가 나므로 이를 활용하여 작곡을 연습하겠다고 발표함.

관련학과) 국악과, 기악과, 성악과, 실용음악과, 음악학과, 작곡과

핵심키워드) 피아노 소리

▶ [단원명]
정적분의 활용

성취기준

📌 [12수학Ⅱ03-05] 곡선으로 둘러싸인 도형의 넓이를 구할 수 있다. 입체도형의 부피를 구할 수 있다.

학교 주변의 공원과 아파트를 직접 답사하면서 조형물의 사진을 찍어 자료를 수집하고, 인터넷 검색을 통해 조형업체의 홈페이지에서 다양한 조형 작품들의 사진을 출력하여 급식 대기줄 주변에 전시함. 공간에 어떤 크기와 모양의 조형물이 있느냐에 따라 공간의 분위기가 완전히 달라짐을 보여주고, 학교 휴식 공간이 어떤 느낌이면 좋을지 전교생을 대상으로 설문조사를 실시함. 그 결과 편안함과 재미를 느낄 수 있는 공간이었으면 좋겠다는 의견이 압도적임을 확인하고, 학생들이 선호하는 캐릭터와 의자, 테이블의 크기 및 색감 선택에 심혈을 기울여 학교 휴식 공간 모형물을 제작하고 발표함. 조형물의 부피를 구하기 위해 정적분을 활용하여 계산한 후, 조형물 내부에 물을 채워 부피를 측정하고 서로 비교함.

관련학과 ▷ 조소과, 조형예술학과

핵심키워드 ▷ 조형물 설치

▶ [단원명]
도함수의 활용

성취기준

📌 [12수학Ⅱ 02-09] 속도와 가속도에 대한 문제를 해결할 수 있다.

속도와 가속도가 적용된 장치를 조사하는 활동에서 스포츠 분야에 사용되는 스피드건에 대해 조사함. 야구에서 투수의 투구 속도를 측정하는 스피드건의 원리를 조사한 후, 스피드건의 속도 측정 원리에 대한 자료를 잘 정리하여 작성함. 우리나라 야구 선수들 중 최고 구속을 가지고 있는 선수의 공의 빠르기를 조사하고, 공을 사용하는 다른 종목들의 공의 빠르기를 조사하여 비교한 후 표로 정리한 자료를 이해하기 쉽게 발표함.

관련학과 ▷ 경호학과, 체육학과, 사회체육학과, 생활체육학과, 스포츠
경영학과, 스포츠건강관리학과, 스포츠과학과, 태권도학과

핵심키워드 ▷ 속도와 가속도

성취기준

📌 [12미적01-01] 수열의 수렴, 발산의 뜻을 알고, 이를 판별할 수 있다.

📌 [12미적01-02] 수열의 극한에 대한 기본 성질을 이해하고, 이를 이용하여 극한값을 구할 수 있다.

📌 [12미적01-03] 등비수열의 극한값을 구할 수 있다.

현의 길이의 비가 1:2일 때 다른 높이의 같은 음, 즉, 한 옥타브임을 확인하기 위해 빈 상자에 고무줄을 끼워 튕기면서 소리를 들어봄. 고무줄의 길이를 재서 1/2 위치를 잡고 튕길 때의 소리 차이를 비교하여 옥타브를 확인하는 실험 영상을 보여줌. 낮은 도에서 높은 도 사이에 있는 음계는 피타고라스가 발견한 아름다운 소리가 나는 6:8:9:12 정수비에 근거하여 현재의 7음계가 생긴 것이고, 이는 현의 길이가 일정한 비율로 이루어진 등비수열임을 설명함. 낮은 도에서 높은 도까지 한 옥타브 안에 있는 7음계의 현의 길이를 계산하여 간이 피아노를 제작함. 또 최근 피보나치 수열을 이용하여 작곡한 연주곡을 들려주며 수학과 음악의 연관성을 친구들에게 알려줌.

관련학과   국악과, 기악과, 성악과, 실용음악과, 음악학과, 작곡과   핵심키워드   옥타브

수학 교과군
미적분

[단원명]
수열의 극한

성취기준

📌 [12미적01-01] 수열의 수렴, 발산의 뜻을 알고, 이를 판별할 수 있다.

📌 [12미적01-02] 수열의 극한에 대한 기본 성질을 이해하고, 이를 이용하여 극한값을 구할 수 있다.

📌 [12미적01-03] 등비수열의 극한값을 구할 수 있다.

11235813처럼 앞의 두 수를 더하면 그 다음 수가 되는 배열을 피보나치 수열이라고 하는데, 피아노 건반에서 한 옥타브 안에 있는 검은 건반은 2개와 3개로 합치면 5개이고, 하얀 건반은 8개로 하얀 건반과 검은 건반을 합치면 13개가 되어 피보나치 수열을 이루고 있다고 발표함. 자연에서 볼 수 있는 피보나치 수열의 예로 솔방울을 뒤에서 자세히 보면 시계 방향과 반시계 방향으로 나선이 나 있는데, 나선의 개수를 세어 보면 8과 13임을 설명함. 더불어 해바라기 씨도 시계 방향과 반시계 방향으로 나선이 있는데 시계 방향으로 34개, 반시계 방향으로 55개가 있음을 설명함. 피보나치 수열에서 뒤의 수를 앞의 수로 나누면 1:1.618인 황금비율이 나옴을 이야기하며, 이를 활용한 다양한 예술 작품 중 모나리자를 조사하여 소개함. 오늘날에도 시각적으로 매혹적인 건축물과 예술 작품을 제작할 때 황금비율이 활용되고 있다고 설명함.

관련학과   도예학과, 동양화과, 서양화과, 시각디자인학과, 실내디   핵심키워드   피보나치 수열
          자인학과, 조소과, 조형예술학과, 한국화전공, 회화과

실용 수학

[단원명]
해석기하-규칙

성취기준

📌 [12실수01-03] 실생활에서 도형의 닮음이 이용되는 예를 찾고 그 원리를 이해한다.

📌 [12실수01-05] 도형의 닮음과 합동을 이용하여 산출물을 만들 수 있다.

큰 건축물의 설계도나 지도는 실제 크기의 닮음비를 이용해 일정한 비율로 줄여서 표현하는 것으로 도형의 닮음이 적용된 예임을 설명함. 닮은 도형의 특징을 잘 설명하고 다양한 예시를 준비하여 발표함. 평소 예쁜 글씨체에 관심이 많아 글자배치와 디자인들을 구성하고 표현하는 타이포그래피에 대해 조사하여 발표함. 아름다움과 전달력을 높이기 위해서 수식을 활용하는 것이 효율적이고 더 많은 디자인이 가능하다고 설명함. 다양한 서체를 비교하면서 글씨체가 주는 색다른 느낌들을 잘 전달하였고, 수식이 들어감으로써 좀 더 다양한 표현이 가능함을 보여주었으며, 수학 교과서를 수식이 들어간 타이포그래피로 표현하여 전시함.

관련학과) 시각디자인학과, 실내디자인학과, 패션디자인학과   핵심키워드) 타이포그래피

실용 수학

[단원명]
해석기하-규칙

성취기준

📌 [12실수01-03] 실생활에서 도형의 닮음이 이용되는 예를 찾고 그 원리를 이해한다.

📌 [12실수01-04] 실생활에서 도형의 합동이 이용되는 예를 찾고 그 원리를 이해한다.

📌 [12실수01-05] 도형의 닮음과 합동을 이용하여 산출물을 만들 수 있다.

벽시계를 정면으로 보면 오른쪽에 숫자 3이 있고, 벽시계를 등지면 왼쪽에 3이 있음을 직접 동작으로 보여주며 본인의 시선이 정면이냐 뒷면이냐에 따라 좌우가 바뀜을 쉽게 설명함. 실제와 거울상의 차이를 설명하기 위해 시계가 걸린 벽의 맞은편 거울에 비친 시계상을 등지면(=실제 벽시계를 정면으로 보면) 오른쪽에 3, 거울에 비친 시계상을 마주 보면(=벽시계를 등짐) 왼쪽에 3이 있음을 보여주는 간단한 실험을 통해 거울상은 실제상을 등지고 보는 효과와 같아 좌우가 바뀌어 보인다고 설명함. 실제 벽시계와 거울에 비친 벽시계는 그대로인데 본인의 시선이 벽시계의 정면을 향하면 거울상을 등지는 효과와 같고, 본인의 시선이 벽시계를 등지면 거울상을 마주 보는 효과와 같기 때문에 실제상과 거울상은 좌우가 바뀌어 보임을 간단히 증명함. 마찬가지로 자신의 눈과 카메라 렌즈가 같은 방향을 향하면 본인이 관찰하는 대로 사물을 촬영하지만, 셀프 카메라처럼 눈과 렌즈가 서로 마주 보면 상의 좌우가 바뀌는 원리를 간단하게 설명함.

관련학과) 미디어영상학과, 사진학과   핵심키워드) 거울상

📌 성취기준

📢 [12실수02-01] 평면도형과 입체도형의 모양은 관찰하는 시각에 따라 다르게 보일 수 있음을 이해한다.

📢 [12실수02-02] 미술 작품에서 평면 및 입체와 관련된 수학적 원리를 이해한다.

📢 [12실수02-03] 입체도형의 겨냥도와 전개도를 다양하게 그릴 수 있다.

📢 [12실수02-04] 겨냥도와 전개도를 이용하여 입체도형을 만들 수 있다.

📢 [12실수02-05] 평면도형과 입체도형을 이용하여 산출물을 만들 수 있다.

입체도형을 보고 전개도를 상상하여 그린 후, 그 전개도를 접어 입체도형과 같은지 확인함. 학교에 있는 조형물을 다양한 방향에서 촬영한 후, 촬영한 사진을 펼쳐 놓고 일정한 방향으로 순서를 맞춤. 사진을 보며 전체 모습을 그려본 후 실제 조형물과의 유사도를 확인함. 그 과정에서 평면도형을 보고 입체 모양을 상상하는 연습이 필요함을 깨닫고, 다양한 전개도를 직접 접어 입체도형을 만들어보는 연습을 하면서 평면도형과 입체도형의 관계를 잘 파악하는 것이 중요하다고 설명함. 입체도형의 모서리를 잘라 펼친 전개도를 다시 접고 붙이는 과정을 통해 도형의 구조를 잘 이해할 수 있었다고 설명함. 평면을 보고 입체구조를 유추해보는 활동과 그 반대 활동을 통해 주변에서 관찰할 수 있는 다양한 조형물의 구조를 더 잘 이해할 수 있었다고 발표함. 이런 연습을 통해 입체도형이나 조형물의 보이는 부분뿐만 아니라 보이지 않는 부분까지도 머릿속에 그림이 그려져 작품을 구상하거나 표현할 때 시행착오를 줄일 수 있다고 발표함.

관련학과) 시각디자인학과, 실내디자인학과, 조소과, 조형예술학과　　　　핵심키워드) 전개도

성취기준

📌 [12실수03-01] 자료를 수집하고 정리하는 절차와 방법을 이해한다.

📌 [12실수03-02] 실생활 자료를 수집하고 그림, 표, 그래프 등을 이용하여 정리할 수 있다.

📌 [12실수03-03] 다양한 자료를 분석하여 결과를 해석할 수 있다.

📌 [12실수03-04] 목적에 맞게 자료를 수집, 정리, 분석, 해석하여 산출물을 만들 수 있다.

사람들이 음악을 듣는 주요 목적은 즐거움과 아름다움을 추구하는 것이라고 생각하며, 특히 작곡가는 인간에 대한 이해를 바탕으로 사람들에게 감동을 주거나 듣기 편안한 음악을 만들기 위해 노력해야 한다고 발표함. 리듬과 멜로디를 음악적 법칙에 따라 오선지 위에 질서 있게 배열하여 음표를 그려 넣으므로 음악을 창작하는 작곡가들에게는 음표를 어디에 어떻게 배치하느냐가 중요함. 이때, 평소 다양한 자료를 수집하고 정리하는 습관은 머릿속에 여백을 주어 풍부한 상상을 할 수 있도록 도와주고, 다양한 자료를 통해 서로 다른 것을 연결하여 새로운 영감을 얻도록 하는 창의력 향상에도 도움이 된다고 발표함. 이에 평소 자신도 가사를 쓰기 위해 자료를 수집하고 메모하며 정리하는 습관을 가지고 있다고 밝힘.

관련학과) 국악과, 기악과, 성악과, 실용음악과, 음악학과, 작곡과   핵심키워드) 자료수집과 정리

성취기준

📌 [12실수03-02] 실생활 자료를 수집하고 그림, 표, 그래프 등을 이용하여 정리할 수 있다. 목적에 맞게 자료를 수집, 정리, 분석, 해석하여 산출물을 만들 수 있다.

본인의 진로와 관련된 자료를 수집한 후 그림, 표, 그래프 등을 이용하여 정리하는 활동에 적극적으로 참여함. 커리어넷과 워크넷을 통해 본인이 희망하는 미술 관련 직업에 대한 자료를 수집한 후 하는 일, 적성, 흥미, 능력 등을 조사하고 분석하여 자료를 표로 잘 작성함. 조사한 자료를 토대로 직업의 특성을 분석하고, 직업의 특징을 잘 표현할 수 있는 그래프와 캐릭터를 그린 후 수업 중에 전시하여 친구들로부터 좋은 평가를 받음.

관련학과) 도예학과, 동양화과, 서양화과, 시각디자인학과, 실내디자인학과, 조소과, 조형예술학과, 한국화전공, 회화과   핵심키워드) 패턴 작품

성취기준

📌 [12기하03-01] 직선, 직선과 평면, 평면과 평면의 위치 관계에 대한 간단한 증명을 할 수 있다.

기하학의 한 분야인 프랙털에 대해 조사하고, 자기 유사성을 갖는 기하학적 구조가 프랙털 구조임을 설명함. 일부 작은 조각이 전체와 비슷한 기하학적 형태로 자기 유사성, 회전, 질서, 통일, 반복, 조화의 특징을 가짐을 설명함. 또한, 자연에서 발견되는 프랙털의 사례로 번개, 강줄기, 나무, 산호, 구름을 들어 프랙털의 형태적 특성을 이해하기 쉽게 잘 설명함. 자연에서 영감을 얻는 음악에도 프랙털이 적용되었을 것이라 예측하고 탐색한 결과, 프랙털 음악에 대해 알게 되어 조사함. 프랙털 패턴을 공간 주파수로 바꿔 파워 스펙트럼(주파수를 시간의 흐름에 따라 그래프의 모양으로 바꾸어 쉽게 이해할 수 있도록 시각화한 것)을 구해보면 1/f 패턴을 갖는데, 이 패턴을 갖는 자연의 음악을 프랙털 음악이라고 소개함. 그 예로 새들이 지저귀는 소리, 시냇물이 흐르는 소리, 심장 박동 소리가 있으며, 규칙과 불규칙이 조화를 이루는 특징이 있다고 발표함. 특히 바흐가 작곡한 곡의 악보에서 음표들의 분포가 매우 질서정연하며, 전체 패턴이 하나의 악절, 심지어 한마디 안에서도 유사한 구조로 되풀이됨을 프랙털과 연관 지어 설명함. 수학에서 배운 개념을 자신의 관심분야인 음악과 연관시키려는 태도가 돋보이며, 모든 학문은 서로 연결되어 자연과 인간의 문제를 해결하는 도구로 활용될 수 있음을 잘 아는 학생임.

| 관련학과 | 국악과, 기악과, 성악과, 실용음악과, 음악학과, 작곡과 | 핵심키워드 | 프랙털 |

성취기준

📌 [기하01-02] 타원의 뜻을 알고, 타원의 방정식을 구할 수 있다.

📌 [기하01-03] 쌍곡선의 뜻을 알고, 쌍곡선의 방정식을 구할 수 있다.

📌 [기하01-04] 이차곡선과 직선의 위치 관계를 이해하고, 접선의 방정식을 구할 수 있다.

타원, 쌍곡선, 이차곡선 등이 실생활에 사용된 예를 찾아보는 탐구활동에서 주변에 있는 건물들을 조사함. 스마트폰 카메라를 활용하여 주변 공간이나 건물에서 찾을 수 있는 점, 선, 곡선, 면 등을 촬영하여 자료를 정리함. 정리한 자료 중에서 발표할 자료를 출력한 후, 출력물에서 찾을 수 있는 도형이나 곡선을 표시해보고 자연의 아름다움에 대해 발표함. 발표 중에 공간과 디자인에 대한 소개를 하면서 본인이 희망하는 예술 분야에서도 수학과 기하학적인 요소들이 있다는 것을 깨닫고 수학에 대해 더 친밀감을 갖게 되었다고 발표함.

| 관련학과 | 도예학과, 동양화과, 서양화과, 시각디자인학과, 실내디자인학과, 조소과, 조형예술학과, 한국화전공, 회화과 | 핵심키워드 | 주변 공간의 도형 |

[단원명]
자연의 구성 물질

성취기준

📌 [10통과02-03] 물질의 다양한 물리적 성질을 변화시켜 신소재를 개발한 사례를 찾아 그 장단점을 평가할 수 있다.

• 주기율표의 1족과 17족 원소를 통해 동족 원소는 유사한 화학적 성질을 갖는다는 것을 다룬다. 원소의 성질에 따라 주기성이 나타남을 확인하는 수준에서 다룬다.

과학기술의 발달에 따른 신소재 개발이 음악산업에 미친 영향에 대해 발표함. 연주회에 직접 가야만 음악을 감상할 수 있었던 과거에 음악은 상류층의 전유물이었지만, 비닐 레코드의 발명으로 음악이 대중화된 점에 착안하여 과학기술의 발달에 따른 신소재 개발이 음악산업에 어떤 영향을 미쳤는지 호기심을 갖고 탐색함. 아날로그 레코드와 콤팩트 디스크의 소재, 음악재생 원리, 음질 등 각각의 장단점을 비교 분석하여 발표함. 폴리염화비닐의 발명과정과 환경오염에 미치는 영향까지 조사하여 과학과 기술, 사회, 개개인의 삶과의 연계성을 설명함.

관련학과) 국악과, 기악과, 성악과, 실용음악과, 음악학과, 작곡과   핵심키워드) 기타 소리 비교

[단원명]
화학 변화

성취기준

📌 [10통과06-04] 산과 염기를 섞었을 때 일어나는 변화를 해석하고, 일상생활에서 중화 반응을 이용하는 사례를 조사하여 토의할 수 있다.

• 산과 염기를 섞었을 때 일어나는 변화를 해석하고, 일상생활에서 중화 반응을 이용하는 사례를 조사하여 토의할 수 있다.

산과 염기를 섞으면 중화반응이 일어나 물, 염, 열이 발생하는 현상을 논리적으로 설명할 수 있음. 일상 속 중화반응의 다양한 사례를 찾아 정리하였고, 그 중에서 종이를 만들 때 종이에 포함된 산성물질을 염기성물질로 중화시켜야 종이를 오래 보관할 수 있음을 알게 되었음. 미술계열로 진학을 희망하는 학생으로 그림의 질에 영향을 미치는 종이의 평량, 두께, 종이결, 수분, 평활도, 불투명도 등 종이의 다양한 성질에 대해 추가적으로 조사하여 발표함.

관련학과) 도예학과, 동양화과, 서양화과, 시각디자인학과, 실내디자인과, 조소과, 조형예술학과, 한국화전공, 회화과   핵심키워드) 물감의 종류와 특성

통합과학

> [단원명]
역학적 시스템

성취기준

📌 **[10통과03-01]** 자유 낙하와 수평으로 던진 물체의 운동을 이용하여 중력의 작용에 의한 역학적 시스템을 설명할 수 있다.

• 물체를 자유 낙하시켰을 때와 수평으로 던졌을 때의 운동을 비교하는 활동을 통해 중력에 의한 물체의 운동을 다룬다.

수업시간에 물체의 운동에 관심이 많으며, 탐구활동에 적극적으로 참여함. 10m 높이의 플랫폼에서 다이빙하는 선수의 낙하 시간을 계산해 보고, 야구공이 10m 높이에서 떨어지는 시간을 구해서 무게에 따른 낙하 시간 차이를 계산해 봄. 자유 낙하한다는 가정하에 떨어지는 시간과 기술을 구사하면서 떨어지는 시간을 비교하고, 차이가 나는 이유에 대해서 고민해 봄. 낙하 시간이 차이가 나는 이유를 모둠원과 찾아보고 토론 활동을 통해서 결론을 도출해 냄.

관련학과 경호학과, 공연예술학과, 무용학과, 뮤지컬학과, 체육학과, 사회체육학과, 생활체육학과, 스포츠경영학과, 스포츠건강관리학과, 스포츠과학과, 한국무용전공, 현대무용전공, 발레전공, 태권도학과

핵심키워드 다이빙 낙하 시간

과학탐구실험

> [단원명]
생활 속의 과학탐구

성취기준

📌 **[10과탐02-07]** 생활 속에서 발견한 문제 상황 해결을 위한 과학 탐구활동 계획을 수립하고 탐구활동을 수행할 수 있다.

새집증후군 기사를 보고 원인과 예방법을 조사하여 발표함. 실내인테리어를 위해 사용하는 페인트에도 휘발성 화학물질이 있어 새집증후군의 원인이 되며 유해 성분과 환경호르몬 때문에 인체와 환경에 유해함을 설명함. 예방법으로 베이크 아웃과 친환경 페인트 사용을 권장함. 친환경 페인트는 유해 물질의 양이 일정 기준 이하이기 때문에 유해 정도가 약하며 냄새도 옅은 편이나 유기 용제의 양을 줄이는 대신 특수 기능성 수지를 사용하고, 중금속이 없는 고가의 안료를 사용하여 일반 페인트보다 가격이 비싸다는 단점이 있다고 설명함. 그러나 천연에서 얻은 원료가 조금이라도 들어가면 친환경 페인트라고 칭하는 경우가 많아 환경표지 인증마크 및 용기에 표기된 저비점 유기화합물의 함량을 보고 친환경 페인트인지 소비자가 직접 확인해야 한다고 강조함.

관련학과 도예학과, 동양화과, 서양화과, 시각디자인학과, 실내디자인학과, 조소과, 조형예술학과, 한국화전공, 회화과

핵심키워드 새집증후군과 친환경 페인트

성취기준

📌 [10과탐03-01] 첨단 과학기술 속의 과학 원리를 찾아내는 탐구활동을 통해 과학 지식이 활용된 사례를 추론할 수 있다.

영화 속 모든 소리를 장면에 어울리게 배치하고, 음향을 조절하여 깨끗하고 편안한 소리가 들리도록 하는 등 음향에 관한 모든 일을 총괄하는 음향감독에 대해 조사함. 소리와 음악에 대한 감각과 더불어 소리를 영화 필름에 삽입하는 기술, 극장의 음향 시스템에 대한 기술적 지식을 습득하고, 활용할 수 있어야 하므로 음악적인 감각과 더불어 오디오 공학에 대한 배경지식이 필요하다고 발표함. 오디오는 음악 등 소리를 효과적으로 듣기 위한 장치로 사람이 들을 수 있는 음역 내의 음파(보통 30~16,000Hz) 및 그것을 변환한 전기신호를 다루는 시스템이라고 정의함. 따라서 같은 음악이라도 오디오 부속품의 재료에 따라 음질이 다를 수 있음을 과학적으로 접근하여 설명함. 오디오가 소리나 전자기파와 같은 파동 중에서 비교적 낮은 주파수에 해당하는 소리를 다루며, 음악을 만들거나 연주하는 사람으로서 자신의 음악이 어떤 오디오를 통해 어떻게 듣는이에게 전달되는지 아는 것이 연주에 도움이 된다고 주장함. 오디오를 통해 소리가 만들어지는 원리와 청각의 성립과정을 이해하는 것은 음악인들에게 꼭 필요한 지식이라고 설명함.

관련학과) 국악과, 기악과, 만화애니메이션학과, 미디어영상학과, 성악과, 실용음악과, 음악학과, 작곡과   핵심키워드) 음향 감독

성취기준

📌 [10과탐03-01] 첨단 과학기술 및 과학 원리가 적용된 과학 탐구활동의 산출물을 공유하고, 확산하기 위해 발표 및 홍보할 수 있다.

• 첨단 과학기술에 포함된 기초 과학 원리를 파악하거나 첨단 과학기술을 이용한 산출물을 생성하는 탐구활동을 진행할 수 있다.

주변 생활에서 일어나는 다양한 과학 현상에 대해 호기심을 가지고 탐구활동에 참여함. 런던올림픽 도마 금메달리스트 선수의 도마 공중 동작을 분석한 영상을 시청한 후 운동 모습을 관찰하여 동작을 분석한 자료를 꼼꼼히 기록함. 우리나라 국가대표 선수들에게 적용되고 있는 운동 동작 분석 시스템의 사례를 조사한 후 종목별로 분류하여 운동 동작 분석 시스템이 어떻게 활용되고 있는지 비교하는 표를 작성함. 스포츠 분야에서도 과학 원리가 적용된 장비와 지식이 필요함을 깨닫고 과학에 대한 지속적인 관심과 호기심 가지기 위해 노력함.

관련학과) 경호학과, 공연예술학과, 무용학과, 뮤지컬학과, 체육학과, 사회체육학과, 생활체육학과, 스포츠경영학과, 스포츠건강관리학과, 스포츠과학과, 연극영화학과, 한국무용전공, 현대무용전공, 발레전공, 태권도학과   핵심키워드) 운동 동작 분석 시스템

성취기준

📌 [12물리 I 03-01] 파동의 진동수, 파장, 속력 사이의 관계를 알고 매질에 따라 파동의 속력이 다른 것을 활용한 예를 설명할 수 있다.

• 파동의 속력 변화로 파동의 굴절을 다루고, 렌즈, 신기루 등 다양한 현상을 설명하게 한다. 파동의 간섭이 활용되는 예를 찾아 설명할 수 있다..

• 파동의 간섭을 활용한 예로 빛이나 소리와 관련된 다양한 현상을 정성적으로 다룬다..

인공지능 음성비서 스피커가 사용자 음성의 고유한 패턴과 특징을 분석하여 사람을 인식하는 원리와, 같은 세기와 높이로 연주해도 악기에 따라 다른 소리를 내는 이유가 같다고 생각하고 조사한 결과, 소리의 맵시(음색) 즉, 소리가 가진 파형의 차이 때문이라고 발표함. 소리는 진동하는 물체가 만드는 파동이며 소리의 세기(강약), 높이(높낮이), 맵시(음색)를 소리의 3요소라고 설명하고 음색은 악기나 음성의 특성을 나타낸다고 발표함. 악기의 음색은 악기의 형태, 생성이 가능한 배음의 주파수, 악기 음향의 시작, 성장, 지속, 소멸의 형태에 따라서 결정되며 음색의 차이를 직접 눈으로 확인할 수 있는 오실로스코프를 소개함. 오실로스코프는 공기의 진동을 전기의 작용에 의하여 물결과 같은 곡선으로 바꾸어 브라운관에 나타내는 기계로 악기 소리나 사람의 목소리를 오실로스코프의 브라운관에 나타내면, 같은 진폭과 진동수라도 발음체에 따라 파형이 다르다는 것을 보여줌. 또한 오실로스코프에 나타나는 파동 모양이 악기나 소리굽쇠처럼 규칙적일 때는 즐거운 소리, 악음이라 하고, 파동 모양이 불규칙할 때는 시끄러운 소리, 소음이라고 비교해서 설명함. 북을 치거나 팽팽한 고무줄을 손으로 퉁기면 즉 물체를 진동시키면 소리가 발생하고 이때 발생한 진동이 공기 분자들을 진동시키면서 소리가 전달되어 소리를 인식할 수 있음을 설명하여 소리의 발생과 전달과정을 정확히 설명함.

관련학과) 국악과, 기악과, 성악과, 실용음악과, 음악학과, 작곡과   핵심키워드) **파동과 정보통신**

물리학 I

[단원명]
파동과 정보통신

성취기준

📌 [12물리 I 03-05] 빛의 이중성을 알고, 영상정보가 기록되는 원리를 설명할 수 있다.

건물 외벽을 스크린으로 활용하여 다양한 조명으로 움직이는 영상을 보며 전기에너지가 낭비되고 있다는 생각에 안타까워 조사한 결과, LED 조명을 설치하거나 빔 프로젝트를 사용해 그 밝기와 색상을 조절하여 형태와 움직임을 표현하여 미디어 기능을 구현한 미디어 파사드에 대해 알게 됨. 에너지 낭비라는 걱정과 달리 파사드 미디어가 LED를 응용한 친환경 디자인이라는 것을 알게 됨. 친환경 디자인은 환경오염을 줄이고, 자원 절감과 에너지 효율을 높이며 재활용까지 염두에 두는 디자인인데 마침, 학교에서도 형광등을 LED로 교체한 것에 호기심을 느껴, LED 조명에 추가로 자세히 조사함. 그러나 아무리 고효율의 LED 조명이라도 많은 양을 사용하면 에너지 소비와 빛 공해가 발생하는데 이를 해결한 예가 있는지 검색한 결과, 외국에서 특수 제작된 집광판을 외벽에 설치해 낮 동안 태양광을 충분히 흡수해 저장했다가 밤이 되면 전기에너지로 변환해 미디어 파사드에 이용하는 예를 찾아 발표함. 본인이 생각하는 진정한 친환경 디자인이란 태양광처럼 무공해 에너지원을 다른 에너지로 전환하여 활용하는 것이라는 생각을 밝힘.

관련학과   도예학과, 동양화과, 만화애니메이션학과, 미디어영상학과, 사진학과, 산업디자인학과, 서양화과, 시각디자인학과, 실내디자인학과, 조소과, 조형예술학과, 패션디자인학과, 한국화전공, 회화과

핵심키워드   LED 조명

과학 교과군
물리학 I

[단원명]
역학과 에너지

성취기준

📌 [12물리 I 01-01] 여러 가지 물체의 운동 사례를 찾아 속력의 변화와 운동 방향의 변화에 따라 분류할 수 있다.

• 여러 가지 물체의 운동을 속력만 변하는 경우, 운동 방향만 변하는 경우, 속력과 운동 방향이 모두 변하는 경우로 분류하게 한다.

물체의 운동 사례를 조사하는 활동에서 스포츠 선수와 관련된 운동 기구를 조사함. 겨울 스포츠에 관심이 많아서 스키 선수들이 사용하는 플레이트가 종목마다 다른 길이와 모양으로 만들어진다는 것을 파악하고, 길이와 모양에 따라 플레이트를 분류한 후 활용 용도를 조사하여 표로 작성함. 조사한 자료를 토대로 토론 활동에 참여하여 스키 선수들이 사용하는 플레이트가 종목마다 왜 다른 모양으로 제작되는지 종목의 특성과 운동의 원리를 바탕으로 발표하고 과학적인 원리를 파악하는 데 노력함. 운동 기구에 적용되는 과학적 원리에 관심이 많아서 다른 스포츠 종목에서 이와 유사한 사례가 있는지 조사하는 열정을 보임.

관련학과   체육학과, 사회체육학과, 생활체육학과, 스포츠경영학과, 스포츠건강관리학과, 스포츠과학과, 태권도학과

핵심키워드   운동량과 충격량 사용 스포츠

화학 I

화학의 첫걸음

성취기준

📌 [12화학 I 01-02] 탄소 화합물이 일상생활에 유용하게 활용되는 사례를 조사하여 발표할 수 있다.

인체를 구성하는 물질로 인간을 표현하는 조형물을 만들고자 인체의 구성 물질에 대해 조사함. 구성 물질 중 단백질, 지방, 탄수화물 등 유기물은 모두 탄소 화합물임을 공부하고 탄소가 생명체를 구성하는 데 중요한 원소인 이유가 최외각 전자수가 4개여서 4개의 공유 결합을 형성할 수 있고, 다른 원소와 쉽게 결합하여 안정된 구조의 화합물을 만들 수 있는 특성 때문이라고 정리함. 탄소를 중심으로 다양한 원소들이 무한대로 결합할 수 있고, 결합 사슬 모양도 다양하며, 탄소 화합물이 탈수 축합 중합 반응으로 더 큰 탄소 화합물이 되고 거대한 탄소 화합물이 가수 분해되는 등 인체 내에서 역동적으로 반응함으로써 생명을 유지하고 있는 사실을 바탕으로 작품을 구상함. 생명체의 기원이 바다임을 표현하고자 물속을 배경으로, 탄소 화합물을 한 명의 인간으로 비유하여 인간은 서로 강하게 연결되어 있는 존재이면서 또 결합과 분해가 가능한 독립된 존재임을 분자 모형으로 표현하고자 노력함.

관련학과) 시각디자인학과, 실내디자인학과, 조소과, 조형예술학과   핵심키워드) 탄소 화합물

화학 I

원자의 세계

성취기준

📌 [12화학 I 02-05] 주기율표에서 유효 핵전하, 원자 반지름, 이온화 에너지의 주기성을 설명할 수 있다.

• 전자 친화도와 전기 음성도의 주기성은 다루지 않는다. 전기 음성도의 주기성은 고등학교 '화학 I '의 '화학 결합과 분자의 세계'에서 학습한다.

주기율표를 통해 원자의 규칙성을 배우고, 고전주의 음악의 주기성과 연관 지어 조사함. '모차르트 효과'라는 말이 있을 정도로 태교 음악 1순위가 모차르트 음악인 이유가 단순, 명료하기 때문이라는 글을 읽고, 지금까지도 많은 사람들의 사랑을 받는 고전주의 음악의 특징에 대해 조사함. 고전주의 음악 발생 당시의 시대적 사상인 계몽주의와 합리주의의 영향을 받아 음악도 단순, 명료, 간결했으며 특히 시작 2~4마디 악구가 종결 2~4마디 악구로 이어지는 대칭적인 패턴, 주기성, 균형과 조화, 명확성으로 인해 선율이 합리적으로 질서정연하게 되어있어 감상자가 규칙성을 느껴 편안하게 들을 수 있고 쉽게 따라 할 수 있는 점이 사랑받는 이유라고 설명함. 실제 모차르트 피아노 소나타 악보의 시작 4마디를 분석해 주면서 악보의 단순하고 분명한 특징을 알기 쉽게 설명함. 또한 자장가 역시 반복 구조의 리듬과 멜로디를 사용하는 점이 사람의 심장 박동의 주기성과 관련이 있어 편안함을 느낄 수 있다고 설명함. 많은 사람들이 공감하고 많이 듣는 음악의 특징을 분석하는 것은 자신이 하고자 하는 음악의 방향을 설정하는 데 큰 도움이 되고 자신 역시 오랜 시간 사람들에게 사랑받는 음악을 연주하고 싶다는 포부를 밝힘.

관련학과) 국악과, 기악과, 성악과, 실용음악과, 음악학과, 작곡과   핵심키워드) 모차르트 음악

화학Ⅰ

[단원명]

화학의 첫걸음

성취기준

📌 [12화학Ⅰ01-02] 탄소 화합물이 일상생활에 유용하게 활용되는 사례를 조사하여 발표할 수 있다.

• 일상생활에서 사용하고 있는 메테인, 에탄올, 아세트산 등과 같은 대표적인 탄소 화합물의 구조와 특징을 다루되, 결합각은 다루지 않는다. 또한 탄소 화합물의 체계적 분류, 유도체의 특성, 관련 반응, 방향족 탄화수소, 단백질, DNA 등은 다루지 않는다.

탄소 화합물이 사용되는 분야를 조사하는 활동에서 본인이 관심 있는 스포츠와 관련된 소재에 대해서 탐구함. 육상 장대높이뛰기에서 사용하는 소재를 조사하여 탄소섬유나 유리섬유 등이 활용되는 것을 파악함. 탄소섬유나 유리섬유의 구조와 특성, 제작 방법을 조사한 후, 토론 활동을 통해서 스포츠와 관련된 소재에 사용하기에 적절한 이유에 대해서 논의함. 조사한 자료와 토론 자료를 중심으로 PPT를 제작하여 스포츠와 관련된 소재에 대해서 발표하였고 과학기술이 발전함에 따라 단순 스포츠에서 스포츠 과학으로 발전하고 있음을 강조하여 친구들로부터 호응을 얻음.

관련학과 | 경호학과, 체육학과, 사회체육학과, 생활체육학과, 스포츠경영학과, 스포츠건강관리학과, 스포츠과학과, 태권도학과

핵심키워드 | 장대높이뛰기와 탄소섬유

생명과학Ⅰ

[단원명]

항상성과 몸의 조절

성취기준

📌 [12생과Ⅰ03-03] 중추 신경계와 말초 신경계의 구조와 기능을 이해하고, 신경계와 관련된 질환을 조사하여 토의할 수 있다.

• 중추 신경계와 말초 신경계의 구조와 기능을 이해하고, 신경계와 관련된 질환에 대해 설명할 수 있다.

춤의 기원을 뇌의 발생과 연결 지어 진화론적 측면에서 분석한 기사를 읽고 소개함. 춤은 스포츠와 더불어 인간의 움직임을 가장 정교하게 발전시킨 분야로 진화론적으로 구애 과정에서 출발하여 소통과 공감의 측면이 강조된 움직임이며 그 자체로 시각적 아름다움을 추구하고 대부분 음악과 병행된다는 점을 소개함. 움직임은 맥박, 심장 박동, 호흡과 긴밀하게 관련되어 리듬을 만들고 리듬은 움직임과 연결되고 다양한 미적 요소와 결합하면서 아름다운 움직임인 춤이 탄생되었다는 주장에 공감한다고 발표함.

관련학과 | 무용학과, 체육학과

핵심키워드 | 춤의 기원

생명과학 I

생명과학의 이해

성취기준

📌 [12생과 I 01-02] 생명과학의 통합적 특성을 이해하고, 다른 학문 분야와의 연계성을 예를 들어 설명할 수 있다.

유명 수영선수가 입은 전신수영복 패스트스킨이 상어 피부의 돌기를 모방하여 추진력은 최대한 보존하고 마찰은 줄여 올림픽에서 6관왕에 오른 뉴스를 보고 생체모방기술 및 디자인에 호기심을 갖고 조사함. 오랜 시간 지구의 환경 변화에 적응한 생물들의 구조와 기능을 잘 관찰하고 연구하여 기술과 디자인에 접목시킨다면 생활의 편리함은 물론 인간 역시 자연의 일부임을 인식하여 더욱 자연을 사랑할 수 있을 것이라고 발표함. 진화의 산물이자 생명 유지에 가장 효율적인 생물체의 구조를 디자인에 접목시킨다면 편리함을 줄 것이라 설명함. 특히 요즘 패스트 패션이 제기한 환경 문제의 심각성을 깨닫고 생체모방 패션에 대해 조사함. '현대 패션에 적용된 생체모방의 표현 특성과 내적 의미'라는 자료를 읽고 그 내용을 정리함. 저자의 연구내용에 공감하며 특히 자연의 질서와 규칙성이 강조된 디자인, 생체구조를 모방한 기능성 섬유개발로 신체기능 강화 및 확장, 생태계의 순환 원리를 적용한 재료의 순환적 재활용으로 불필요한 의복 소비를 줄이고, 업사이클링 패션 등 친환경적인 패션에 관심을 갖게 됨. 생체모방 디자인으로 인해 친환경적 행위의 실천, 신체 및 심리적 안전의 욕구 충족, 환경과의 상호소통, 자연 신체의 한계 극복의 의미가 있다는 저자의 의견을 피력함. 자연과 인간이 공존할 수 있는 지속가능한 친환경 디자이너가 되기 위해서는 주변의 생물을 잘 관찰하고 창의적으로 적용하며 생체모방기술의 발전에 관심을 가져야겠다는 포부를 밝힘.

관련학과 도예학과, 동양화과, 서양화과, 시각디자인학과, 실내디자인학과, 조소과, 조형예술학과, 한국화전공, 회화과

핵심키워드 패스트스킨

생명과학 I

항상성과 몸의 조절

성취기준

📌 [12생과 I 03-02] 근섬유의 구조를 이해하고, 근수축의 원리를 활주설로 설명할 수 있다.

신체의 근육을 조사하는 탐구활동에서 관심분야인 운동선수들이 주로 사용하는 근육에 대해서 조사함. 속근섬유와 지근섬유에 대해서 조사하고, 속근섬유는 근육의 빠른 수축과 이완을 담당하고 지근섬유는 느린 수축과 이완을 담당한다는 것을 관련 자료와 사진을 제시하여 작성함. '운동선수가 사용하는 근육'이라는 제목의 PPT를 작성한 후 속근섬유와 지근섬유를 설명하고 운동 종목마다 주로 사용되는 근육의 차이를 근활주설로 발표함. 자료 조사과정이 체계적이고 다양한 사진 자료를 제시하여 근섬유와 근수축의 원리를 이해하기 쉽게 설명함. 특히 근육 하나하나의 움직임은 중추신경계와 말초신경계의 상호작용 결과이기 때문에 신경계 질환으로 어지럼증이나 팔다리의 감각이 떨어지면 움직임이 어색할 수 있다고 발표함. 건강한 뇌 건강을 위한 생활수칙을 인포그래픽으로 작성하여 제출함.

관련학과 경호학과, 공연예술학과, 무용학과, 뮤지컬학과, 체육학과, 사회체육학과, 생활체육학과, 스포츠경영학과, 스포츠건강관리학과, 스포츠과학과, 연극영화학과, 한국무용전공, 현대무용전공, 발레전공, 태권도학과

핵심키워드 운동종목별 사용 근육의 차이

생명과학 I

[단원명]
생태계와 상호작용

성취기준

📌 [12생과 I 05-06] 생물 다양성의 의미와 중요성을 이해하고, 생물 다양성 보전 방안을 토의할 수 있다.

• 생물 다양성을 유전적 다양성, 종 다양성, 생태계(서식지) 다양성을 포괄하는 개념으로 이해시키되, '통합과학'에서 기본 개념은 다루었으므로, 여기에서는 각 개념을 보다 심화하여 상세히 다루도록 한다. 생태계 평형 유지에 생물 다양성이 어떻게 기여하는지를 사례 중심으로 이해하도록 하며, 생물자원의 가치를 인식할 수 있도록 한다.

생물의 다양성으로 인해 생태계의 평형이 유지되고 있음을 배우고, 이런 자연 현상은 인간이 만든 예술문화에도 적용될 것이라 생각하고, 예술의 다양성이 문화의 발전과 유지에 어떤 영향을 미치는지 조사함. 낙후된 지역에 젊은 예술가들이 모여 독창적인 분위기와 문화를 형성한 동네가 유명세를 치러 핫플레이스가 되면 거대 자본이 들어와 프랜차이즈로 가득 찬 상업화 및 획일화된 거리가 되고 터전을 닦았던 젊은 예술가들이 비싼 임대료로 쫓겨나면 그 거리는 예전의 독특한 색깔과 활력을 잃고 폐허가 되는 젠트리피케이션의 실제 사례를 하나하나 열거하면서 예술문화의 다양성이 실제 우리의 삶에 어떤 영향을 미치는지 구체적으로 발표함.

관련학과 | 국악과, 기악과, 도예학과, 동양화과, 만화애니메이션학과, 미디어영상학과, 사진학과, 산업디자인학과, 서양화과, 성악과, 시각디자인학과, 실내디자인학과, 실용음악과, 음악학과, 작곡과, 조소과, 조형예술학과, 패션디자인학과, 한국화전공, 회화과

핵심키워드 | 예술의 다양성

지구과학 I

[단원명]
지구의 역사

성취기준

📌 [12지과 I 02-02] 다양한 지질 구조의 생성 과정과 특징을 설명할 수 있다.

• 지각 변동에 수반된 다양한 지질 구조의 형성 과정을 이해하도록 하며, 대표적인 지질 구조(관입, 포획암, 부정합, 습곡, 단층, 절리)의 종류와 특징을 구별함과 동시에, 사진 자료를 통해 확인한다.

지질 구조 만들기 활동에 참여하여 다양한 지질 구조의 모양과 특징을 비교하고 분석함. 관입, 포획암, 부정합, 습곡, 단층, 절리 등 다양한 구조의 지질 사진을 관찰한 후 분석한 결과를 표로 작성함. 각 구조의 특징을 중심으로 다양한 색깔의 고무찰흙을 이용해서 지질 구조를 제작함. 조별 토의를 통해서 구조물의 특징을 관찰하고 제작하는 능력이 어떤 역량을 기를 수 있는지 의견을 나누고, 본인은 관심 있는 예술 분야에서 분석과 제작하는 능력이 중요한 역량이라고 주장함.

관련학과 | 도예학과, 시각디자인학과, 실내디자인학과, 조소과, 조형예술학과

핵심키워드 | 다양한 구조의 지질 사진

지구과학 I

[단원명]
대기와 해양의 변화

성취기준

📌 [12지과 I 03-03] 뇌우, 국지성 호우, 폭설, 황사 등 우리나라의 주요 악기상의 생성 메커니즘을 이해하고, 피해를 최소화할 수 있는 방법에 대해 토의할 수 있다.

지구 곳곳에서 경험하고 있는 최악의 폭염과 폭우 및 코로나 19로 인한 일회용품 사용 증가, 쓰레기 섬 등 이상기후와 환경오염 관련 뉴스 영상을 보고 기후변화의 심각성을 피부로 느껴 기후변화에 관심을 갖고, 탐구주제로 선정함. 아름다운 지구의 모습을 찍은 사진과 환경오염으로 몸살을 앓고 있는 지구의 사진을 대비하여 보여줌으로써 환경오염의 심각성을 극적으로 제시하여 친구들의 관심을 유도함. 기후변화의 원인을 크게 천문학적 요인과 지구 내적 요인으로 구분하여 발표함. 천문학적 요인인 지구 자전축의 경사 변화, 세차 운동, 지구 공전 궤도의 이심률 변화에 대해 구체적으로 설명하였고, 지구 내적 요인인 화산 폭발, 수권과 기권의 상호작용, 인간의 활동을 과학적으로 잘 설명함. 기후변화로 인한 다양한 현상을 나열하였고, 환경오염을 줄일 수 있는 개인적인 차원의 구체적인 실천 방법과 국가적, 세계적인 차원의 대책에 대해서 발표함. 기후변화를 주제로 선정한 동기, 기후변화의 원인과 결과, 대책 순으로 보고서를 논리적으로 정리함.

관련학과) 사진학과, 만화애니메이션학과, 미디어영상학과   핵심키워드) 쓰레기 섬

물리학 II

[단원명]
역학적 상호작용

성취기준

📌 [12물리학 II 01-2] 무게중심에 대한 물체의 평형 조건을 정량적으로 계산하여 간단한 구조물의 안정성을 설명할 수 있다.

• 다양한 사례를 통해 알짜힘과 돌림힘의 관계를 정량적으로 파악하여 물체의 평형 조건을 이해하게 한다.

실생활에 쓰이는 무게중심 찾아보기 활동에서 스포츠와 관련된 자료를 탐구함. 육상의 트랙경기 중 선수가 직선주로를 달릴 때와 코너를 돌 때 무게중심이 작용하는 것과, 체조 운동 중 철봉 경기에서 선수가 착지할 때 무게중심에 따라 자세가 달라진다는 것을 조사함. 무게중심의 위치를 힘과 벡터를 사용하면 표현이 가능하고, 운동하는 인체의 무게중심에 작용하는 힘을 표현하는 것이 복잡하다는 것을 글로 작성함. 조사한 자료를 중심으로 간단한 인체 모형을 그린 후 무게중심과 작용하는 힘을 표시하여 친구들에서 설명하여 호응을 얻음.

관련학과) 경호학과, 공연예술학과, 무용학과, 뮤지컬학과, 체육학과, 사회체육학과, 생활체육학과, 스포츠경영학과, 스포츠건강관리학과, 스포츠과학과, 연극영화학과, 한국무용전공, 현대무용전공, 발레전공, 태권도학과   핵심키워드) 무게중심

생명과학 II

[단원명]

세포의 특성

성취기준

📌 [12생과 II 02-02] 탄수화물, 지질, 단백질, 핵산의 기본 구조와 기능을 설명할 수 있다.

• 탄수화물, 지질, 단백질, 핵산의 기본 구조와 기능은 이 물질들의 중요 특성과 역할을 이해하는 수준에서 다룬다..

3대 영양소 중 물질의 분해와 관련된 탐구활동에서 인체의 운동과 물질의 분해의 상관관계에 대해 조사함. 단순 탄수화물과 복합 탄수화물의 분해 과정을 조사하여 비교 분석한 후 표로 정리함. 운동 방법에 따른 탄수화물 분해 형태를 조사하여 어떤 과정을 통해서 운동을 할 때 탄수화물을 잘 분해할 수 있는지 관련 서적이나 자료를 검색해 봄. 조사한 자료를 중심으로 운동할 때 탄수화물이 어떻게 분해되는지 영상과 PPT를 제작하여 인체에서 일어나는 물질의 분해과정을 이해하기 쉽게 설명함. 발표 마지막에 체육 분야에 관심이 있는 학생으로서 스포츠 과학에서 생명과학에서 배우는 3대 영양소가 인체의 운동과 관련되어 중요하다는 것을 알게 되었다는 소감을 나눔.

| 관련학과 | 경호학과, 공연예술학과, 무용학과, 뮤지컬학과, 체육학과, 사회체육학과, 생활체육학과, 스포츠경영학과, 스포츠건강관리학과, 스포츠과학과, 연극영화학과, 한국무용전공, 현대무용전공, 발레전공, 태권도학과 | 핵심키워드 | 유산소운동과 무산소운동의 차이 |

과학사

[단원명]

과학과 현대 사회

성취기준

📌 [12과사02-10] 빛과 색에 대한 철학적 탐구에서 전자기학 이론이 형성되기까지의 과정과 과학사적 의의를 설명할 수 있다.

빛과 색에 대한 조사 활동에서 고대 철학자가 연구한 자료를 탐색함. 고대 철학자는 빛이 물체에서 나와 사람의 눈으로 들어간다고 주장했고, 그 후 여러 과학자들에 의해서 빛의 성질과 빛이 가지고 있는 여러 가지 색에 대해서 연구를 진행했다는 것을 파악함. 실생활에 사용되는 빛에 대해 심화 탐구를 진행하여 가정에서 사용하고 있는 형광등을 조사한 후 형광등이 빨강, 초록, 파랑의 세 가지 색깔의 빛이 섞여서 백색광을 표현한다는 것을 그림으로 표현하여 자료를 정리함. 친구들에게 제작한 그림을 보여주며 섞여 있는 빛을 분리하여 관찰하기 위해서 분광기가 사용되고 스펙트럼을 통해서 빛의 특징을 이해할 수 있다고 발표함. 미술 분야에서 색을 표현하기 위해서 빛의 성질을 이해하는 것이 중요하고, 과학과 생활은 밀접한 관련이 있다는 것을 알게 되었다고 소감을 말함.

| 관련학과 | 도예학과, 동양화과, 서양화과, 시각디자인학과, 실내디자인학과, 조소과, 조형예술학과, 한국화전공, 회화과 | 핵심키워드 | 빛의 성질 |

과학사

[단원명]
과학과 현대 사회

성취기준

📌 [12과사04-01] 과학의 역사에서 찾을 수 있는 과학과 종교, 정치, 문화 등의 연관성을 통해 사회 속에서의 과학이 갖는 역할을 토의할 수 있다.

• 과학의 역사에서 과학과 종교, 정치, 문화 등이 연관된 사례를 설명하고 이를 근거로 사회 속에서 과학이 갖는 역할에 대한 자신의 생각과 의견을 제시할 수 있다.

과학기술의 발달이 음악의 대중화에 어떤 영향을 미쳤는지 알아보기 위해 문화상품 중에서 가장 먼저 대중화된 음악의 대중화 과정을 조사함. 공연장으로 직접 가야만 들을 수 있었던 음악을 1877년 에디슨이 발명한 축음기에 저장할 수 있게 되면서 대중화가 시작되었고, 쥬크 박스와 음반을 거쳐 아날로그 음악을 디지털로 전환한 CD 음반에서 음원으로, 소유 음악에서 공유 음악으로 대중화 과정을 자세히 설명함. 유형에서 무형으로, 아날로그에서 디지털로, 소유에서 공유로, 판매에서 서비스로 변화했으며 변화의 중심에는 과학기술 발달에 따른 신소재와 기계의 개발, 서비스의 변화 및 대중의 욕구가 중요한 변수였음을 강조함. 따라서 예술가들이 자신만의 독특한 세계관을 가지고 창작활동을 하는 것도 중요하지만 자신의 작품을 통해 대중과 소통하고 감정을 공유하여 감동을 줄 때 더욱 가치 있는 활동이 될 것이라고 자신의 생각을 정리함. 따라서 예술가들은 창의성과 더불어 과학기술의 변화에 따른 사회의 변화에 민감하게 반응해야 하고 인간 보편의 가치에 대한 공부도 부단히 해야 한다고 주장함.

관련학과) 국악과, 기악과, 만화애니메이션학과, 미디어영상학과, 성악과, 실용음악과, 음악학과, 작곡과

핵심키워드) 음악의 대중화

과학 교과군

생활과학

[단원명]
아름다운 생활

성취기준

📌 [12생활02-05] 의복의 소재, 기능 등에 관련된 과학적 원리 및 개념을 설명할 수 있다.

• 의복의 종류, 소재, 기능을 조사하여 의복과 관련된 과학 개념과 원리를 설명할 수 있다. 등산복, 운동복, 방화복, 방수복, 방탄복 등 안전과 관련된 의복의 소재 및 기능 등을 조사하고, 비교함으로써 안전 의복들의 장점과 개선점에 대해 토론할 수 있다.

방화복에 적용된 과학적 원리를 알아봄. 방화복을 구성하는 3층인 외피, 방수 투습천, 단열 내피의 역할과 소재에 대해 구체적으로 소개함. 기능성 의복을 개발하기 위해서는 기능성 소재도 중요하고, 기능을 극대화할 수 있는 디자인 역시 중요하다고 발표함. 실제 방화복의 디자인 요소를 하나하나 짚어가며 그렇게 디자인된 이유를 과학적으로 설명하여 친구들의 큰 호응을 얻음. 방화복이 불과 열기로부터 신체를 보호해 주긴 하지만, 완벽한 보호 장비는 아니므로 소방관의 안전을 위해서 지금보다 좀 더 가볍고, 기능적인 소재 개발이 필요하다고 발표함.

관련학과) 시각디자인학과, 실내디자인학과, 패션디자인학과

핵심키워드) 방화복

생활과학 | [단원명] 문화생활

성취기준

📌 [12생활04-01] 스포츠, 음악, 미술, 사진, 문학 등에 관련된 과학적 원리 및 개념을 조사하고, 설명할 수 있다.

- 안전, 음악 또는 미술 작품의 표절, 문화재 보존 및 복원 기술, 보안 유지, 자료·정보 유출 및 도난 방지 등을 위하여 고려해야 할 내용들과 관련된 사례들을 조사하고, 발표할 수 있다.

타인의 창작물을 사용하기 전에 반드시 확인해야 하는 저작권에 대해 조사하고, 표절 논란이 있었던 노래나 문학 작품의 예를 들며 표절은 창작이 생명인 예술 분야에서 반드시 없어져야 할 병폐임을 주장함. 공유마당에 접속하여 자유 이용 허락 저작물의 개념, 이용 허락의 4가지 원칙, 이용 허락 6가지 조건을 하나하나 차분히 설명하였고, 창작자가 허용한 범위 내에서 표기법을 지켜 사용해야 한다고 설명함. 이용 조건 허락에 따른 라이선스 선택 방법이 순서도로 자세히 나와 있어 친구들의 이해를 돕기 위해 활용하여 설명함. 또한 저작권을 국가에 기증한 기증 저작물이 또 다른 창작물의 씨앗이 되어 공공의 이익과 문화 발전에 기여하는 저작권 기증 절차도 함께 설명함.

관련학과) 국악과, 기악과, 만화애니메이션학과, 미디어영상학과, 성악과, 실용음악과, 음악학과, 작곡과

핵심키워드) 표절

과학 교과군

생활과학 | [단원명] 아름다운 생활

성취기준

📌 [12생활02-05] 의복의 소재, 기능 등에 관련된 과학적 원리 및 개념을 설명할 수 있다.

의복에 숨어있는 과학기술 탐구하기 활동에서 스포츠와 관련된 의복을 중심으로 자료를 조사함. 운동복 제작에 활용된 다양한 소재를 찾아보고, 운동 종목의 특성과 의복의 소재에 대해 연구한 자료를 검색해 봄. 운동 종목에 따라 의복에 사용된 소재의 차이점을 중심으로 자료를 정리하여 표로 작성함. 작성한 표와 사진을 활용하여 PPT를 작성한 후 스포츠의 종류에 따른 의복의 특성에 대해 발표함. 소재의 특성에 따라 운동하는 상태에 영향을 주고, 최상의 경기력을 펼치기 위해 운동에 적합한 의복을 착용해야 한다고 발표하여 친구들의 호응을 얻음.

관련학과) 경호학과, 공연예술학과, 무용학과, 체육학과, 사회체육학과, 생활체육학과, 스포츠경영학과, 스포츠건강관리학과, 스포츠과학과, 한국무용전공, 현대무용전공, 발레전공, 태권도학과

핵심키워드) 운동복 소재

성취기준

📌 [12융과04-01] 빛, 힘, 소리, 온도 변화, 압력 변화, 탄성파, 전자기파 등 자연계의 물리적 정보 발생 과정을 통해, 아날로그 정보와 디지털 정보의 의미와 차이를 설명할 수 있다.

• 자연과 일상에서 다양하게 발생하는 신호를 조사하여 그 물리적 정보 발생 과정을 설명할 수 있고, 아날로그 정보와 디지털 정보를 구별하고 아날로그 정보를 디지털 정보로 변환하는 과정을 사례로 제시할 수 있다.

• 눈에서 색을 인식하는 세포의 특성과 빛의 3원색 사이의 관계를 바탕으로, LCD 등 영상표현 장치와 디지털 카메라 등 영상 저장 장치의 원리와 구조를 과학적으로 설명할 수 있다.

아날로그와 디지털의 차이를 정보의 형태로 설명함. 아날로그는 연속적으로 변화하는 값으로 양을 표현하기 때문에 미세한 차이도 나타낼 수 있지만 정확성이 떨어지며 변형의 우려가 있고, 디지털은 연속적으로 변화하는 값을 일정한 간격으로 끊어 불연속적인 값으로 양을 표현하여 명확하고 항상 일정한 값을 표현할 수 있다. 또한 아날로그에 비해 변형의 우려가 적고, 편집 및 가공, 저장이 쉽고, 디지털 정보 기기 간에 호환이 잘되는 특징이 있다고 정리함. 평소 디지털 음악만 듣기에 아날로그 음악과의 차이가 궁금하여 음반과 컴퓨터로 음악을 각각 듣고 감상평을 작성함. 아날로그 음악을 들으면 따스함이 느껴져서 감성이 더 풍부해짐을 느꼈고, 디지털 음악은 선명하고 깨끗한 느낌을 받았다고 설명함.

관련학과) 국악과, 기악과, 만화애니메이션학과, 미디어영상학과, 성악과, 실용음악과, 음악학과, 작곡과

핵심키워드) 아날로그와 디지털

성취기준

📌 [12융과04-04] 눈에서 색을 인식하는 세포의 특성과 빛의 3원색 사이의 관계를 바탕으로, LCD 등 영상표현 장치와 디지털 카메라 등 영상 저장 장치의 원리와 구조를 과학적으로 설명할 수 있다.

카메라의 작동 원리를 탐구하는 활동에서 카메라의 역사와 발전 과정을 조사하여 발표함. 필름 카메라의 작동원리와 특성을 설명하고, 전하결합소자(CCD)를 사용하여 사진 정보를 메모리에 저장하는 디지털 카메라에 대한 자료를 작성함. 필름 카메라와 디지털 카메라의 장점과 단점을 비교하여 디지털 카메라가 사용되는 이유를 분석한 후 관련된 근거자료를 함께 제시함. 조사한 카메라의 변천 과정 및 스마트폰의 렌즈의 성능 향상 등을 중심으로 토론 활동에 참여하여, 미래에 카메라가 어떻게 발전할지 창의적인 의견을 제시하여 친구들로부터 우수한 평가를 받음. 사진 촬영에 관심이 많은 학생으로 사진을 촬영하는 기술뿐만 아니라 카메라의 동작 원리나 기술 발전 등에 대한 이해도 중요하다는 것을 깨달았다고 소감을 나눔.

관련학과) 만화애니메이션학과, 미디어영상학과, 사진학과

핵심키워드) 디지털 카메라

독서활동상황

1 기재요령

개인별·교과별 독서활동상황은 독서활동에 특기할 만한 사항이 있는 학생을 대상으로 학기단위로 입력합니다. '독서활동상황'란에 학생이 읽은 책의 제목과 저자를 교과 담당교사 또는 담임교사가 입력합니다.

독서활동은 교과목별로 해당교과 관련 독서활동을 교과담당교사가 입력하되, 특정 교과에 해당하지 않을 경우 학급 담임교사가 공통으로 입력할 수 있습니다. 독서활동은 1학기, 2학기를 구분하여 입력하고, 근거 자료인 독서기록장, 독서 포트폴리오 등의 증빙자료는 학생 개인이 보관합니다. '독서활동상황'란에는 학생이 읽은 책의 제목과 저자를 입력합니다. 2024학년도 대입(졸업생 포함)부터는 상급 학교 진학 시 '독서활동상황'은 제공하지 않습니다.

2 평가 가이드

□ 학생부종합전형에서는 독서활동을 통해서 학생의 관심분야를 이해할 수 있습니다. 2021년 입학생인 1학년의 2024학년도 대입부터는 상급 학교 진학 시 '독서활동상황'은 제공하지 않습니다. 하지만 교과 수업시간이나 진로활동 시간에 단순 독후활동(감상문 작성 등) 외 발표나 토론 활동 등의 교육활동을 전개하였다면, 도서명을 포함하여 그 내용을 입력할 수 있습니다.

독서 관련 교육활동 예시

교과세특 독서 관련 예시

☑ 인류 예술의 시작과 발전 과정이 궁금하여 '예술의 역사(반룬)'라는 도서를 읽고 독서감상문을 친구들에게 소개함. 인류의 역사에 따른, 또 동서양에 따른 예술의 역사에 대해 깊이 있는 이해를 위해 책을 선정하였으며 선사시대부터 시작된 미술과 음악 등 5천 년에 이르는 인류의 예술사를 재미있게 공부할 수 있었다고 정리함.

관련학과 도예학과, 동양화과, 만화애니메이션학과, 미디어영상학과, 사진학과, 산업디자인학과, 서양화과, 시각디자인학과, 실내디자인학과, 조소과, 조형예술학과, 패션디자인학과, 한국화전공, 회화과

진로활동 독서 관련 예시

☑ 4차 산업혁명에 따른 만화 산업의 변화에 관심을 갖고 '4차 산업혁명 시대, 만화와 기술의 융합(양지훈)'을 읽고 기술과 융합한 만화의 미래를 예측한 내용에 대한 독서소감문을 작성함. 소감문 발표 활동에서 작성한 자료를 중심으로 현재 만화 산업에 대해 상세히 설명하고 미래에 어떻게 변화할지 논리적인 근거를 제시하여 친구들로부터 호응을 얻음.

관련학과 사진영상학과, 만화애니메이션학과, 미디어영상학과

행동특성 및 종합의견

1 기재요령

'행동특성 및 종합의견'란에는 학생의 학습, 행동 및 인성 등 학교생활에 대한 상시 관찰·평가한 누가 기록을 바탕으로 다양한 분야에서의 구체적인 변화와 성장 등을 종합적으로 기재합니다. 행동발달상황을 포함한 각 항목에 기록된 자료를 종합하여 학생을 총체적으로 이해할 수 있도록 학급 담임교사가 문장으로 입력하여 학생에 대한 일종의 추천서 또는 지도 자료가 되도록 작성합니다. 장점과 단점은 누가 기록된 사실에 근거하여 입력하되, 단점을 입력하는 경우에는 변화 가능성을 함께 입력합니다. 행동발달상황을 포함한 행동특성과 관련된 내용은 시도교육감이 정한 방법에 따라 누가 기록하여 관리합니다.

2 평가 가이드

☐ 학생부종합전형에서 '행동특성 및 종합의견'은 1년간 담임교사가 학생을 관찰하고 평가하는 항목입니다. 수시모집 제출서류 중 교사추천서가 없어지면서 '행동특성 및 종합의견'은 담임교사의 추천서와 같은 역할을 합니다. 예전에는 교사추천서를 통해서 학업과 인성 및 대인관계에 대한 내용을 평가했습니다. 따라서 학업에 대한 목표의식과 노력, 자기주도적 학습태도, 수업참여도 등과 학업 관련 평가에 추가적으로 고려할 만한 사항 등을 중심으로 작성했습니다. 인성 및 대인관계에 대한 내용은 책임감, 성실성, 리더십, 협동심, 나눔과 배려 등이 평가항목이었습니다.

☐ '행동특성 및 종합의견'은 학생부종합전형의 주요 평가요소 4가지인 학업 역량, 전공적합성, 인성, 발전가능성을 모두 파악할 수 있는 중요한 부분이므로 담임교사가 1년 동안 관찰한 내용을 개인의 특성을 중심으로 작성하면 됩니다.

예체능계열 맞춤형 행동특성 및 발달상황 예시

 음악적인 재능이 많고 예체능 과목뿐만 아니라 주요 과목에도 다양한 관심을 갖고 있으며 발표나 토론 활동에 적극적으로 참여함. 음악이나 춤 등 예술 분야에 끼와 재능을 지니고 있으며 시간이 있을 때 마나 관련 분야의 책을 읽고 영상을 시청하면서 노래를 분석하고 춤 연습을 하면서 본인의 진로를 탐색함. 학교 예술제에 운영진으로 참여하여 학생회 학생들과 프로그램을 함께 기획하고 구상하면서 본인의 시간을 사용하여 협업하는 모습이 기특함. 학교 예술제 프로그램에 대해서 학급 친구들에게 자세하게 설명하고 많은 친구들이 참여할 수 있도록 홍보함. 학급에서 진행하는 월간 진로 발표 프로그램을 할 때마다 배경 음악을 준비하고 틀어주어 친구들의 진로에 대해 발표하는 활동이 더 빛날 수 있도록 도움을 주고 친구를 응원함. 학급에서 실시하는 1인 1역에서도 1년 동안 맡은 책임을 성실하게 수행해서 졸업 후에 예술 분야에 진출하더라고 본인이 희망하는 음악적 재능을 잘 펼칠 것으로 기대됨.

관련학과　국악과, 기악과, 성악과, 실용음악과, 음악학과, 작곡과

 미술 감각이 뛰어나서 문학 작품이나 소설을 읽고 작품 속의 주인공이나 주변 인물들을 캐릭터로 표현하는 소질이 있음. 시간이 있을 때마다 스케치북이나 태블릿에 웹툰을 그리는 활동을 실천하며, 신체의 내부와 뼈의 구조에 관심이 많고 인체를 잘 표현하기 위해서 해부학과 관련 자료를 조사함. 호기심이 많아 인물을 스케치할 때 뼈의 골격이 어떻게 되어있는지 상상하고 스케치를 통해서 인물을 잘 표현하기 위해 노력함. 교내 예술전에서 수업에 들어오시는 선생님들의 특징을 중심으로 만화를 제작해서 학교 홈페이지에 탑재하여 게시물 중에서 최고의 조회수를 보일 정도로 인기를 얻음. 학년말에 수업에 들어오시는 선생님들께 만화로 제작한 캐릭터를 보완하여 더 정교하게 만들어서 선물로 드려 선생님들께 행복을 안겨주었고, 항상 주변 친구들과 즐겁게 지내면서 기회가 있을 때마다 친구들의 표정을 캐릭터로 표현해 주어 본인의 재능을 나누어 주는 모습을 관찰함. 앞으로도 본인의 진로를 위해서 자료를 탐색하고 구체적으로 준비해 나간다면 사람들에게 행복과 기쁨을 나눌 수 있는 웹툰 작가로 성장할 것으로 기대됨.

관련학과　사진영상학과, 만화애니메이션학과, 미디어영상학과

 교실 환경 꾸미기를 좋아해서 게시판 제목을 예쁜 글씨로 만들어서 붙이고, 분리수거 통을 깨끗하게 정리해서 청결한 교실 환경을 유지하도록 지속적인 노력을 함. 친구들로부터 그림을 그리는데 소질이 있다고 격려를 받은 후, 학교 환경 개선 프로젝트인 벽화 그리기에 참여하여 사계절을 표현하는 한국화를 그림. 봄을 표현하는 부분을 담당하여 함께 참여하는 친구들과 구역을 나누고 스케치를 한 후 페인트를 칠해서 벽화를 완성함. 학교에서 실천하는 예술 활동을 통해서 본인이 희망하는 예술가에 가까이 다가갈 수 있는 기회로 삼아 행복감을 느낌. 학생의 날에 공부로 지쳐있는 친구들을 위해서 응원 글씨를 제작한 후 교실에 게시하여 함께 기뻐하고 즐거워하는 모습을 보면서, 본인이 가지고 있는 재능을 타인을 위해서 활용하는 모습을 볼 때 나눔의 기쁨을 깨닫고 있는 학생으로 여겨짐. 졸업 후 본인이 희망하는 예술가가 되었을 때 인간의 기쁨을 우선적으로 생각하고 작품을 제작하는 예술 활동을 할 것으로 판단됨.

관련학과　도예학과, 동양화과, 서양화과, 조소과, 조형예술학과, 한국화과, 회화과

학급 활동이 있을 때마다 앞장서서 즐거운 분위기를 만드는 역할을 수행하고, 반장을 도와서 원활하게 진행될 수 있도록 함. 피아노, 기타, 리코더 등의 다양한 악기를 다룰 줄 알고, 노래를 부를 때 음정이 정확하고 가창력이 있어 친구들로부터 다재다능하다고 칭찬을 받음. 다양한 악기를 활용한 공연을 구상하고 발표하는 분야에 관심이 많아서, 매월 실시하는 공연과 순서를 구상한 후 발표자를 모집해서 친구들에게 작은 예술제를 경험할 수 있도록 함. 학급에서 친구들과의 관계도 원만하여 본인이 좋아하는 영상이나 음악을 설명하고 함께 감상하면서 문화예술을 감상하는 행복을 함께 공유함. 평소에 다양한 분야의 음악을 감상하고 케이팝 음악을 즐겨 들으면서 홀로그램을 콘서트나 공연에 접목해서 연출하는 기술 등에서 관심을 가지고 있고, 앞으로 국내 공연에서 홀로그램이나 메타버스 등의 기술을 접목한 콘서트를 기획하는 분야에서 활동하고 싶어 함. 음악, 미술, 체육 등의 예체능 과목에서는 본인의 역량을 잘 발휘하고 있으며, 다른 친구들이 생각하지 못하는 분야에서 창의적인 아이디어를 이끌어 낼 수 있는 학생으로 미래에 훌륭한 공연기획자가 될 것으로 기대함.

관련학과 공연예술학과, 미디어영상학과

 시간이 있을 때마다 자리에 앉아서 그림을 구상하고 스케치를 하며 미술 활동을 즐겨하고, 최근에 나온 예술 작품을 수시로 검색한 후 감상하고 작품의 특징과 제작 기법을 분석. 미술계열 학과의 대학생들이 발표하는 작품들을 조사하고 분석해 보면서 그림을 전공하고 싶어 하는 본인의 진로를 구체화시킴. 본인이 그린 그림을 주변의 친구들에게 소개하면서 느낌이나 소감을 들어보고 부족한 부분을 보충해서 그림을 보완하는 모습을 볼 수 있고, 작품 제작 과정을 사진 촬영해서 영상으로 편집한 후 고속모드로 제작해서 학급 진로활동 시간에 친구들에게 제작 과정을 설명하여 친구들로부터 박수갈채를 받음. 학업 스트레스로 힘들어하는 친구들을 위해서 친구들의 생일이 있을 때마다 축하 선물로 초상화를 그려 선물로 주어 학급 전체 친구들에게 행복을 안겨 줌. 직접 그린 작품을 주고 행복해하는 모습을 볼 때 본인의 재능을 타인을 위해 나눌 수 있는 넓은 마음을 가진 학생이고, 앞으로 그림 그리기를 위해 부단히 노력한다면 예술 작품을 통해 타인에게 재능을 베푸는 훌륭한 예술인이 될 것으로 확신함.

관련학과 동양화과, 서양화과, 한국화과, 회화과

 책을 읽고 글쓰기를 좋아해서 학급 진로활동 시간에 소감문 쓰고 발표하거나 토론 활동에 적극적으로 참여하여 본인의 생각을 논리적으로 잘 표현해서 친구들로부터 글쓰기와 작품을 해석하는 능력이 우수하다고 칭찬을 받음. 방송반 동아리에 가입해서 방송 시나리오를 담당하여 소재를 찾기 위해서 다양한 분야의 책을 읽고 메모를 하는 습관이 있고, 학교 행사가 있을 때마다 방송 원고를 작성하여 아나운서가 방송을 잘 진행될 수 있도록 도움. 교내 비대면 방송제에 상영할 영상을 제작하기 위해서 '메타버스를 활용한 미디어 콘텐츠'라는 주제의 원고를 작성한 후 컴퓨터를 잘 다루는 친구와 협업하여 영상을 제작하고 녹음을 함. 방송제에서 제작한 영상을 상영하여 메타버스에 대해 이해하기 쉽고 재미있게 소개해서 친구들로부터 호응을 얻음. 미디어 콘텐츠 개발에 관심 있는 학생으로 본인의 희망 분야를 지속적으로 탐색하고 교내 행사를 통해 본인의 꿈을 실현하는 것으로 볼 때, 목표를 세우고 계획을 실천해 나가는 실행 능력이 우수한 학생으로 미래에 미디어와 영상 분야에서 훌륭한 인재가 될 것으로 기대됨.

관련학과 사진영상학과, 만화애니메이션학과, 미디어영상학과

공간적인 감각이 뛰어나서 수학 교과에서 도형과 관련된 단원을 즐거워하고, 그림을 그리고 색칠을 하거나 작품을 제작할 때 집중력을 나타내는 모습을 보임. 손재주가 많고 입체 감각과 색채감이 우수하며, 교내 미술 프로그램에 모두 참여하여 예술 분야의 진로를 탐색하면서 디자인 관련 분야를 구체화시킴. 학급 진로 발표 활동에 친구들의 진로를 표현하는 캐릭터나 예쁜 글자를 제작해서 제공하여 친구들이 발표하는데 행복한 시간을 보낼 수 있도록 함. 타인을 위해서 소품을 제작하는 과정을 행복해하는 모습을 볼 때 본인의 예술적인 재능을 올바르게 사용하는 모습이 기특하고 앞으로 훌륭한 예술인이 될 것으로 예상됨. 학급 발표가 끝나고 마지막에 남아 뒷정리를 하는 모습을 볼 때 성실함까지 갖고 있는 우수한 학생임. 평소에 호기심을 가지고 주변 환경을 둘러보거나 사용하고 있는 물건들의 불편함이 무엇인지 고민하는 학생으로 예술적 재능을 더 발전시켜 나간다면 디자인 분야에서 우수한 인재가 될 것으로 판단됨.

관련학과　산업디자인, 시각디자인, 실내디자인, 패션디자인

 토론하고 발표하는 활동을 좋아해서 담임 수업 시간에 다양한 자료를 사용하여 발표해서 표현력이 우수하다는 칭찬을 받는 학생이고, 교과서에 나오는 문장을 암기해서 표현하고 연기하는 모습을 보고 공연 배우를 하면 좋겠다고 추천함. 악기를 잘 다루고 노래 부르는 것을 좋아해서 음악 교사를 보조하는 역할을 하고, 운동하는 것도 즐거워해서 신체를 사용하는 활동에 열심히 참여하는 학생. 뮤지컬이나 연극 영화 배우에 관심이 많아서 수업이 없는 시간마다 배우들이 연기하거나 공연하는 모습을 관찰하고 분석하는 모습을 보여 줌. 스승의 날에 5명의 친구들과 미리 준비해서 스승의 은혜 노래를 기타로 멜로디를 연주하고, 다른 친구들은 타악기를 함께 반주하면서 담임 교사에게 스승의 날에 학생과 함께 보낸 기쁨을 안겨줌. 예체능 분야의 자료를 꾸준히 수집하고 공연 문화의 흐름을 조사하여 파악해 가고 있으며 문학 작품을 암기하고 표현하는 능력이 우수해서 배우와 관련된 분야로 진출하면 본인의 역량을 잘 발휘할 것으로 기대됨.

관련학과　뮤지컬학과, 연극영화전공

 약속시간을 잘 지키고 항상 규칙적인 생활을 하며 신체 운동과 체력 관리에 관심을 가지고 지속적으로 노력하는 학생임. 체력이 좋아서 신체 활동에 주저하지 않고 학교에서 실시하는 다양한 체육 행사에 항상 즐거운 마음으로 참여하고, 스포츠에 탁월한 재능을 가지고 있어서 체육 관련 활동에 참여하면 좋은 실적을 나타냄. 스포츠가 스포츠과학으로 발전하고 있음을 알고, 통계를 접목한 스포츠과학 탐구활동에 참여할 정도로 학업에도 최선을 다함. 학급 행사에도 적극적으로 참여하여 친구들이 서로 단합하여 학급 행사를 마칠 수 있도록 먼저 나서서 노력하는 모습을 볼 수 있음. 스포츠와 관련된 직업을 희망해서 앞으로 외국인들과 의사소통하는 능력이 중요함을 알고 시간이 날 때마다 영어 공부와 중국어 공부를 하는 모습을 보여주었고, 세계인의 날에 안전 도우미로 참여하여 행사가 원활히 운영될 수 있도록 질서 지도를 하고 모범을 보여 미래에 전문적인 경호원이 될 것으로 기대됨.

관련학과　경호학과, 사회체육학과, 스포츠과학과, 태권도학과

평소에 움직이고 운동하는 것을 좋아하며 운동 능력이 부족한 친구를 도와 체력 관리를 체계적으로 할 수 있도록 도움을 줌. 학급 체육부장으로 활동하여 비대면 시대에 활동량이 부족한 것을 고려하여 좁은 공간에서 할 수 있는 간단한 기초 체조를 정리하여 학급 자율활동 시간에 친구들에게 소개하여 행복을 안겨줌. 담임 교사의 조언으로 체육 교사에게 학급 기초 체조를 소개한 후 칭찬을 받은 후, 모범 사례로 학교 기초 체조로 채택되어 전교생에게 소개되어 코로나 시대의 기초 운동으로 알려짐. 대학을 진학한 후 따라 하기 쉬운 기본적인 운동 방법을 안내하는 생활체육지도자가 되고 싶은 학생으로 운동하는 생활을 항상 습관화하면서 노력하는 모습이 보여서 졸업 후에 전문적인 생활체육지도자가 될 것으로 기대됨. 평소에 학급에서 친구들과 잘 지내고 어려운 일을 도와주는 모습을 볼 때, 쾌활하고 활달한 성격을 갖고 있기 때문에 나중에 본인이 희망하는 분야를 선택해서 다른 사람들의 운동을 도와주고 안내하는 역할을 한다면 사람들에게 도움을 줄 수 있는 체육 분야의 훌륭한 일꾼이 될 것으로 예상함.

관련학과 사회체육학과, 스포츠과학과

MEMO

학생부 바이블
예체능계열

PART.3 예체능계열 직업 및 학과 로드맵

CHAPTER

디자인

어떻게 하면 생활 제품 및 공간, 정보 전달 등을 목적에 맞게 좀 더 편리하고
아름답게, 창의적으로 표현하거나 만들 수 있을까?

디자인은 실용적이고 아름다운 의상이나 제품, 작품, 건축물 등을 설계하거나 도안하는 일입니다.
따라서 디자인 계열은 생활의 편리함과 아름다움을 추구하기 위해 이론과 실기를 배우는 학문입니다.
산업제품들의 미적·기능적 가치를 추구하여 예술적으로 디자인하기 위한 산업디자인,
시각언어로 메시지를 작성·전달하여 수용자의 태도나 행동에 영향을 미치는 시각디자인,
편리하고 쾌적하며 효율적이고 아름다운 실내 환경을 조성하기 위한 실내디자인,
패션을 인간의 행동이나 가치관과 연결시켜 의상 및 의류를 디자인하는패션디자인
등으로 구성되어 있습니다.

디자인의 필요성과 영향력은 다양한 대중매체의 발달과 더불어 형태와 이미지로
메시지를 효과적으로 전달하기 위해서 지속적으로 증가할 전망입니다.

관련 학과

디자인학부, 산업디자인, 제품(공업)디자인, 시각디자인, 커뮤니케이션디자인, 영상디자인, 디지털미디어디자인, 실내디자인, 인테리어디자인, 패션디자인, 섬유디자인 등

진출 직업

그래픽디자이너, 편집디자이너, 아트디렉터, 광고디자이너, 컬러리스트, 아이덴티티디자이너, 브랜딩디자이너, 패키지디자이너, 북디자이너, 글꼴디자이너, 캐릭터디자이너, 간판디자이너, 일러스트레이터, 캘리그라퍼, 패션그래픽디자이너, 영상그래픽디자이너, 인포그래픽디자이너, 휴대폰디자이너, 비주얼머천다이저, 사용자경험/사용자인터페이스(UX/UI)디자이너, 상품제작기획전문가, 시각디자이너, 애니메이터, 영상편집디자이너, 웹디자이너, 인테리어디자이너, 제품디자이너 등

진출 분야

자동차 제조업체, 멀티미디어 업체, 문구·완구 업체, 3D 업체, 게임 및 캐릭터개발업체, 공간디자인 업체, 전자제품 디자인 업체, 가구 업체, 조명 업체, 이벤트 업체, 광고기획사, 컴퓨터그래픽 업체, 출판사, 방송국, 공연기획사, 영화사, 의류 제조업체, 디스플레이 디자인 사무소, 건축 및 인테리어 사무소, 편집디자인 업체, 브랜딩 업체, 라이프스타일 디자인 업체 등

관련 자격

시각디자인산업기사, 실내건축산업기사, 웹디자인기능사, 제품디자인산업기사, 컬러리스트기사, 컴퓨터그래픽스운용기능사, 포장산업기사 등

인재상

A
섬세한 감성을 가지고 새로운 일에
도전하려는 학생

B
다양한 분야의 예술과 사상을
접하여 안목을 넓히는 것에
흥미가 있는 학생

C
호기심과
관찰력을
바탕으로
새로운
아이디어를
창출하기 위해
노력하는 학생

D
사회 변화에 관한 이해를 바탕으로
사람들과 소통하고 팀 작업을
할 수 있는 학생

E
끈질긴 근성과 꼼꼼함, 최신 트렌드를 읽어내고, 이를 디자인에 적용할 수 있는 학생

F
미적 감각을 가지고, 사람들이 공감할 수 있는 디자인을 독창적으로 표현할 수있는 학생

G
예술 작품을 좋아하고, 자신의 생각을 시각적으로 표현하는 것을 즐기는 학생

아트디렉터

직업 소개

광고대행사, 아트스튜디오의 시각적 창작 업무를 수행합니다. 광고대행사, 아트스튜디오 등에서 디자인, 사진, 출판, 광고 등 조형적 표현이 중요한 분야의 제작 과정을 기획 및 감독합니다. 제작자, 광고주, 연출자 등이 제공한 자료와 요구내용을 검토해서 결과물의 콘셉트와 표현 형태, 제작 방식 등을 결정합니다. 컴퓨터그래픽 또는 러프스케치로 여러 시안을 준비하여 결과물의 시각화에 대해 협의하고, 적절한 매체와 도구를 활용하여 결과물을 제작할 수 있도록 관리 감독 및 지원하며, 완성된 내용을 의뢰인, 연출자, 제작자, 광고주 등의 관련자와 함께 확인하고 경우에 따라 수정합니다. 광고대행사, 디자인스튜디오, 출판사, 신문사, 잡지사, 연예 기획사, 미술관, 게임 개발업체, 패션디자인회사, 기업체의 디자인부서 등으로 진출합니다.

적성 및 흥미

✓ 리더십

✓ 분석적 사고

✓ 추진력

아트디렉터는 사물에서 느끼는 이미지를 시각적으로 표현할 수 있는 능력이 요구됩니다. 다양한 분야의 예술과 사상을 접하여 안목을 넓히는 것이 좋고 남다른 미적 감각과 감수성, 창의력, 표현력이 필요합니다. 시각예술이나 문화 전반에 대한 관심과 탐구력도 중요합니다. 리더십, 혁신, 사회성, 독립성, 분석적 사고, 스트레스 감내성, 창의력, 선택적 집중력, 추진력, 의사소통 역량 또한 요구됩니다.

미술적 소양을 키우기 위해 노력해야 하고, 다양한 교과를 통해 인간에 대한 이해를 높여야 합니다. 창의성을 개발하기 위해 선입견 없이 유연하게 사고해야 하고, 다양한 분야를 열심히 공부해야 합니다. 인문학적 소양과 과학적 사고력 향상을 위해 다양한 문화 체험을 권장합니다.

관련 직업

아트플래너

그래픽디자이너   # 미술감독

광고 및 홍보전문가

관련 자격

게임그래픽전문가   게임기획전문가

시각디자인기사/산업기사   문화예술교육사

컬러리스트기사/산업기사   포장기사/산업기사

제품디자인기사/산업기사

멀티미디어콘텐츠제작전문가

진출 방법

현재 활동 중인 아트디렉터는 대부분 그래픽디자인, 광고디자인 등을 전공한 경우가 많습니다. 이론적 학습보다는 경험이 중요하며, 인턴십 경험이나 국내외 공모전 수상경력이 많으면 유리합니다. 디자인 영역뿐 아니라 다양한 영역에서의 경험을 많이 하는 것이 중요하며 광고 메시지를 시각화하는 것을 총괄해야하므로 남다른 조형능력, 색채 감각, 비주얼 발상 능력을 기르기 위해 노력해야 합니다.

패션디자이너

💻 직업 소개

패션디자이너는 직물, 가죽, 비닐 등 여러 가지 소재로 남성복, 여성복, 아동복, 란제리 등의 옷을 디자인합니다. 시즌 시작 6개월 전부터 해외의 패션 흐름 등을 분석하고, 유행경향, 재료, 색의 조화 등에 관한 자료를 종합적으로 비교 분석하여 새로운 의상디자인을 기획합니다. 기획된 모든 자료와 정보를 기초로 디자인을 설계하고 샘플 제작서를 작성하며 소비자의 성별과 연령에 맞는 새로운 디자인을 도식화(일러스트화)합니다. 디자이너가 그린 도식(일러스트)은 옷을 만드는 작업장으로 보내져 견본 의상으로 제작됩니다. 견본 의상을 입어보는 피팅 작업을 통해 옷의 착용감 등을 파악하고, 디자인의 수정 보완을 거쳐 최종 디자인을 결정한 후 옷을 제작합니다.

💡 적성 및 흥미 ● ● ●

옷을 좋아하고 창의성, 색채 감각, 조형미, 미적 감각, 유행 감각 등을 갖추고 있어야 합니다. 디자인, 의복에 대한 지식뿐만 아니라 사회학, 심리학에 대한 기본 지식도 필요합니다. 여럿이 함께 작업하는 경우가 많기 때문에 올바른 의사소통능력과 협업하려는 자세가 필요하며 강한 체력과 인내심 등이 요구됩니다. 예술적 감각과 탐구 정신이 필요하여 적응성, 혁신, 인내심 등이 요구됩니다. 의상을 디자인하는 데 필요한 복식사, 의복재료론, 의상심리학, 코디네이션기법 등의 이론교육과 직접 의상을 디자인하여 만드는 실기교육을 받습니다. 의상 판매 전략을 배우기 위해서 마케팅, 머천다이징 관련 교과도 배웁니다.

사람들이 원하는 기능을 갖춘 아름다운 옷을 디자인하기 위해서는 관찰력과 공감능력이 필요합니다. 또한 다양한 분야에 대한 독서는 물론 미술, 사회, 과학 등 필수 교과에 대한 공부가 필요합니다.

❤ 💬 ✈ 관련 직업

(# 의상디자이너) (# 직물디자이너)
(# 가방디자이너) (# 신발디자이너)
(# 직물디자이너)

📇 관련 자격

섬유디자인산업기사   패션디자인산업기사

✈ 진출 방법

패션디자이너는 주로 의류회사, 섬유회사, 개인 의상실 등으로 진출하며 자신이 직접 의상실을 경영하기도 합니다. 패션디자이너가 되기 위해서는 의상디자인학, 패션디자인과, 의류(의상)학 등을 전공하면 유리하고, 채용은 보통 공개채용이나 교육기관 및 교수에 의한 추천을 통해 이루어지기도 합니다.

📖 디자인 분야 추천도서

웹디자이너 어떻게 되었을까?
오승훈/캠퍼스멘토

실내디자이너

직업 소개

고객의 요구사항 및 특성을 파악하고, 건물의 목적과 기능, 예산 및 건축 형태 등 내부 시설에 영향을 주는 요인을 조사하여 보다 편리하고 쾌적하며 아름다운 실내를 만듭니다. 자료를 종합하여 인테리어 설계 방향을 수립하고 공간 구조, 가구나 시설의 배치 및 이용, 색상 등 구체적인 계획에 대하여 고객과 협의합니다. 실내 공간을 디자인하여 세부 도면을 작성하고 조명, 가구 등 디스플레이 업체를 선정하고 설계에 따라 시공되고 있는지 작업 현장을 관리·감독합니다.

적성 및 흥미

✔ 창조성

✔ 상상력

✔ 문화예술성

실내디자이너는 창조적이고 논리적인 사고를 통해 편리하고 쾌적하며 아름다운 실내 환경을 만들어야하므로 공간 기획, 설계, 시공, 마케팅 등 창의력과 실무 능력이 요구됩니다. 과학기술의 발달로 인문학과 고도첨단기술을 융합시키는 기술 습득 능력도 필요합니다.

융합형 전문 공간 디자이너가 되기 위해서는 도시, 건축, 주거환경, 문화 등 다양한 전공의 연계 교육을 기반으로 한 건축학적 지식뿐만 아니라 인간과 사회현상에 대한 탐구 정신이 필요하며 최신 트렌드나 문화예술에 관한 흥미와 관심도 필요합니다.

미술과 관련된 창의적 수업에 적극적으로 임하고 인문, 지리, 경제·사회 관련 과목과 역사와 어학도 열심히 공부하면 많은 도움이 됩니다. 관찰력과 상상력을 키우기 위해 다양한 분야의 독서를 권장합니다. 모든 공간과 사물에 관심을 두고 '왜 이렇게 했을까?' 의문을 가지며, 자신의 생각을 간단한 스케치로 그리는 연습을 하면 좋습니다. 또한 학교 공부 이외의 공모전에 도전하여 본인의 창의력을 테스트해보기도 하고, 많은 여행을 통해 삶의 지식을 얻는 것도 중요합니다. 실내디자인학은 많은 학습 시간을 투자해야 하고 고도의 집중력을 필요로 하므로 장시간 동일한 일을 하는 연습이 필요합니다.

관련 직업

실내건축기사

제품디자인기사/산업기사

시각디자인/산업기사   # 문화예술교육사

컬러리스트기사/산업기사

관련 자격

실내건축기능사   실내건축산업기사

실내건축기사

진출 방법

실내디자이너가 되기 위해서는 전문대학 및 대학교에서 실내디자인과, 실내건축학과, 아동주거학과, 주거환경학과, 건축장식과, 인테리어공예과, 실내환경디자인학과, 건축공학과, 공예학과, 산업디자인학과 등 디자인이나 건축 관련 학과 등을 졸업한 후 인테리어 업체에 취업하여 경력을 쌓은 후 전문가로 활동합니다. 업체 채용 시 전문대학 이상의 디자인 관련 전공자로 응시를 제한하기도 하며 Max나 CAD 같은 디자인프로그램을 다룰 줄 아는 능력을 요구하기도 합니다. 보통 서류전형과 면접으로 이루어지며, 업체에 따라 포트폴리오를 제출하기도 합니다. 또 실내건축 관련 자격증 소지 시 우대하는 업체도 있습니다.

시각디자인학과

이미지에 의한 정보 전달은 문자보다 직관적이고 쉽게 알아볼 수 있고, 기억에 오래 남을 수 있습니다. 따라서 시각디자인학과에서는 정보나 메시지를 시각화하여 효과적으로 전달할 수 있는 이론과 실기를 배웁니다.

시각적 표현과 함축적 메시지 전달이 목적인 모든 디자인을 총칭하므로 다양한 영역에 적용되며 여러 세부 전공을 포함하고 있습니다. 인쇄 매체 중심의 그래픽디자인에서 정보화 시대에 맞춰 영상·멀티미디어 등 활동 영역이 폭넓게 확장되고 있습니다. 따라서 다양한 분야의 예술과 사상을 접하며 안목을 넓히는 것이 좋습니다. 특히 상상력과 감수성이 풍부하고 무언가를 만드는 것을 즐기는 사람에게 추천합니다. 사물의 이미지를 시각적·창의적으로 표현할 수 있는 능력과 예술적 기량도 필요합니다.

📁 추천 활동 :
디자인 포트폴리오 제작, 디자인 공모전 참가, 디자인 잡지 구독

졸업 후 진출 분야 및 직업

✏️ 진출 분야

제조업체, 멀티미디어 업체, 문구·완구 업체, 3D 업체, 게임 및 캐릭터 개발업체, 공간디자인 업체, 디지털제품·팬시 제품·가구·조명 관련 라이프 스타일 디자인 업체, 조선/의료기/산업 장비/플랜트/환경/색채 관련 업체, 한국디자인진흥원/한국문화예술교육진흥원/한국문화예술위원회 등 디자인 관련 공공기관 등

✏️ 진출 직업

3D애니메이터, 광고디자이너, 디자인컨설턴트, 멀티미디어디자이너, 모바일인터페이스디자이너, 영상디자이너, 웹디자이너, 전시디자인 등

📖 개설 대학

경희대학교, 국민대학교, 덕성여자대학교, 동덕여자대학교, 서경대학교, 서울과학기술대학교, 서울대학교, 서울여자대학교, 숙명여자대학교, 이화여자대학교, 한성대학교, 홍익대학교, 경북대학교, 강남대학교, 경기대학교, 단국대학교(죽전), 대진대학교, 명지대학교(용인), 중앙대학교(안성), 평택대학교, 한세대학교, 한양대학교(ERICA), 협성대학교 등

📋 관련 학과

뉴미디어디자인학과	디자인컨버전스학부
시각영상디자인전공	모바일콘텐츠전공
비주얼디자인전공	시각&실내디자인전공
시각문화디자인학과	시각광고디자인전공
시각문화융합디자인학과	영상디자인전공
시각멀티미디어디자인학과	

🎚️ 고등학교 권장 선택과목 로드맵

교과 영역	선택과목	
	일반선택	진로선택
기초	확률과 통계	
탐구		여행지리, 생활과 과학, 융합과학
체육·예술	음악, 미술, 연극	미술 창작, 미술 감상과 비평
생활·교양	정보, 심리학	지식 재산 일반

실내디자인학과 (인테리어디자인학과)

공간디자인, 환경디자인, 리빙디자인이라고도 불리며 실내 공간, 즉 주거, 상업, 업무, 의료, 서비스, 전시 공간 등을 입체적으로 디자인합니다.

생활 공간을 아름답고 쾌적한 환경으로 디자인하는 전문 인력을 양성하기 위해 실내 환경과 건축에 대해 깊이 있게 배웁니다. 문화 및 생활 수준의 향상은 실내디자인에 대한 관심과 이해의 증가로 이어지므로 실내디자인에 대한 수요는 늘어날 것으로 전망됩니다. 공간을 아름답고 새롭게 디자인하기 위해서는 남들과 다른 아이디어와 효과적인 표현력이 필요합니다. 무엇보다도 실내 디자인 자체를 좋아하고 새로운 공간을 만드는데 흥미가 있어야 합니다. 나아가, 실내건축과 디자인 분야의 변화 흐름을 읽기 위해 노력해야 합니다.

📁 추천 활동 :
인테리어 사진 모으기, 실내디자인 잡지 구독, 디자인 관련 동아리활동

📚 개설 대학

건국대학교, 국민대학교, 덕성여자대학교, 상명대학교, 이화여자대학교, 한성대학교, 한양대학교, 부산대학교, 명지대학교(용인), 신한대학교, 중앙대학교(안성), 한세대학교, 한양대학교(ERICA), 협성대학교, 강원대학교(삼척), 세명대학교, 상명대학교(천안), 청운대학교, 한서대학교, 전북대학교 등

📋 관련 학과

| 공간디자인전공 | 라이프스타일디자인학부 |

생활공간디자인학과) (의료공간디자인학과

가구디자인학과) (건축실내디자인전공

리빙디자인전공) (무대디자인전공

서피스·인테리어디자인학과

📋 졸업 후 진출 분야 및 직업

✏️ 진출 분야

실내디자인 및 전시디자인 회사, 건축 설계 사무소 및 건설 회사 인테리어 사업 본부, 대기업, 호텔, 백화점 공간 코디네이션 관련 부서, 환경 및 공공 디자인 회사, 건축화 조명 및 특수 조명 관련 회사, 조선 회사 크루즈 실내디자인 분야, 테마파크 계획 및 디자인, 무대디자인 및 연출 회사, 연구기관의 연구원, 한국디자인진흥원/한국문화예술교육진흥원/한국문화예술위원회 등 디자인 관련 공공기관 등

✏️ 진출 직업

가구디자이너, 그래픽디자이너, 디스플레이디자이너, 무대디자이너, 실내디자이너, 전시디자이너, 환경디자이너, 대학 교수 등

📚 고등학교 권장 선택과목 로드맵

교과 영역	선택과목	
	일반선택	진로선택
기초	확률과 통계	
탐구	경제, 사회·문화	생활과 과학
체육·예술	미술	미술 창작, 미술 감상과 비평
생활·교양	심리학, 정보	지식 재산 일반

패션디자인학과

패션은 자신의 이미지와 개성을 드러내는 표현 방법 중 하나입니다. 패션디자인학과는 옷과 장신구에 관한 디자인을 연구하는 학문으로 창조적인 예술감각, 현장감 있는 전문지식과 기술을 지닌 미래지향적인 패션 전문가를 양성합니다.

옷뿐만 아니라 새로운 직물 고안을 비롯한 액세서리, 가방, 신발, 다양한 제품들도 디자인합니다. 패션에 대한 남다른 흥미가 있고, 사물에 내재된 고유한 아름다움을 발견할 수 있는 풍부한 미적 감수성을 지닌 학생에게 적합합니다. 또한 추상적인 이미지를 실현하는 것에 즐거움을 느끼는 사람에게도 적합합니다. 패션디자인을 전공하기 위해서는 색채에 대한 감각과 조합 능력이 있어야 하며, 감각을 구체적으로 표현하는 일에도 능숙해야 합니다.

📁 추천 활동 :
디자인 포트폴리오 제작, 디자인 공모전 참가, 디자인 잡지 구독

📖 개설 대학

건국대학교, 경희대학교, 국민대학교, 덕성여자대학교, 동덕여자대학교, 서경대학교, 세종대학교, 이화여자대학교, 한성대학교, 인하대학교, 경북대학교, 광주대학교, 가천대학교(글로벌), 단국대학교(죽전), 명지대학교(용인), 수원대학교, 신한대학교, 중앙대학교(안성), 평택대학교, 한세대학교, 한양대학교(ERICA), 건국대학교(GLOCAL), 충북대학교 등

📋 관련 학과

글로벌패션디자인연출전공	패션경영학과
패션·그래픽디자인학부	한국복식과학학과
패션디자인섬유공학과	패션·문화디자인전공
패션·미용학부	패션·시각디자인학부
패션·주얼리학부	공연예술패션학과
뷰티패션디자인전공	아트앤패션전공
의류디자인학과	패션소재디자인전공

졸업 후 진출 분야 및 직업

✏️ 진출 분야

의류 제조업체, 복장 학원, 전통 직물 제작소, 특수 의상 제작소, 공연 기획사, 방송국, 영화사, 잡지사, 멀티미디어 업체, 이벤트 업체, 문구·완구 업체, 가구 관련 회사, 디스플레이 디자인 사무소, 조명 관련 회사, 게임 및 캐릭터 개발업체, 대학교수, 연구원, 한국디자인진흥원/한국문화예술교육진흥원/한국문화예술위원회 등 디자인 관련 공공기관 등

✏️ 진출 직업

가방디자이너, 공연의상디자이너, 속옷디자이너, 액세서리디자이너, 패션관련저널리스트 등

🎚️ 고등학교 권장 선택과목 로드맵

교과 영역	선택과목	
	일반선택	진로선택
기초	확률과 통계	심화 국어, 실용 국어
탐구	사회·문화, 생활과 윤리	생활과 과학
체육·예술	미술	미술 창작, 미술 감상과 비평
생활·교양	심리학, 정보	지식 재산 일반

산업디자인학과

산업디자인학과는 생활에 필요한 다양한 산업 제품 및 상품, 기기, 서비스 등을 기능적이면서도 예술적으로 디자인하기 위해 조형예술, 과학기술, 인문학을 아우르는 종합적인 성격의 학과입니다.

과학기술 발달로 최첨단 기술 제품 생산 증가와 생활환경의 변화에 대응하여 시각·제품·환경디자인 등 다양한 분야에 적용되어 발전되고 있으나, 주로 제품디자인 같은 3차원 조형과 관련된 분야를 다룹니다. 제품디자인을 위해서는 미적 감각과 자신만의 아이디어와 표현력, 호기심과 관찰력, 과학적 사고를 통한 문제해결 역량도 필요합니다.

📁 추천 활동 :
디자인 포트폴리오 제작, 디자인 공모전 참가, 디자인 잡지 구독

📖 개설 대학

건국대학교, 경희대학교, 서울과학기술대학교, 서울시립대학교, 서울여자대학교, 성신여자대학교, 세종대학교, 숙명여자대학교, 연세대학교, 이화여자대학교, 홍익대학교, 한국과학기술원, 울산대학교, 가천대학교(글로벌), 경기대학교, 대진대학교, 명지대학교(용인), 안양대학교, 용인대학교, 중앙대학교(안성), 한국산업기술대학교, 한양대학교(ERICA), 한국교통대학교 등

📋 관련 학과

디자인문화조형학부 | 디자인발명창업학부
문화상품디자인학과 | 생활제품디자인학과
라이프디자인학과 | 문화산업디자인학부
시각디자인학과 | 미술학과 | 동양화과
서양화과 | 공예학과 | 조형학과
디자인학과

졸업 후 진출 분야 및 직업

✏️ 진출 분야

광고 회사 및 광고 에이전시, 국내 제조업 관련 대기업 및 중소기업의 디자인 부서, 영상 제작, 출판사, 인테리어디자인 업체, 미술학원, 기업의 디자인 연구소, 한국디자인진흥원/한국문화예술교육진흥원/한국문화예술위원회 등 디자인 관련 공공기관 등

✏️ 진출 직업

공예원, 귀금속 및 보석세공원, 만화가, 산업디자이너, 시각디자이너, 애니메이터, 웹디자이너, 인테리어디자이너, 일러스트레이터, 제품디자이너, 캐릭터디자이너, 컬러리스트 등

📚 고등학교 권장 선택과목 로드맵

교과 영역	선택과목	
	일반선택	진로선택
기초		실용 수학, 실용 영어
탐구	사회·문화, 생활과 윤리	여행지리, 생활과 과학
체육·예술	음악, 미술, 연극	미술 창작, 미술 감상과 비평
생활·교양	기술·가정, 정보, 철학, 심리학	가정과학

응용예술

어떻게 하면 미술과 음악 등 예술을 과학기술과 융합시켜 우리 생활을 아름답고 편리하게 할 수 있을까?

미술이나 음악을 응용한 예술 분야로

만화·애니메이션, 게임, 사진, 영상·예술, 뷰티, 음향 분야가 있습니다.

만화·애니메이션과

: 예술과 디지털 기술이 결합된 융합형 콘텐츠로서 만화와 애니메이션을 이해하고, 이론과 실기를 병행하는 문화콘텐츠 융합 학과입니다. 창의력과 응용력을 바탕으로 디지털 미디어를 복합적으로 연출하고 운용함으로써 콘텐츠의 질을 향상시키고, 새로운 문화 창달의 가치를 실천할 수 있는 글로벌 우수인력을 양성합니다.

게임학과

: 게임소프트웨어 개발, 게임장비 개발, 게임콘텐츠 등과 같은 디지털 게임 제작에 필요한 예술성, 기술성, 창의성, 아이디어뿐 아니라 게임프로그래밍, 미디어 융합 등 다양한 컴퓨팅 기술을 습득하기 위한 체계적인 이론 지식과 실무 능력을 배양할 수 있습니다.

사진학과

: 과학과 산업의 급속한 발달에 따라 우리 사회의 새로운 시대적 요청에 부응하기 위해서 사진 영상에 대한 이론과 실기 능력을 조화롭게 갖춘 사진 전문가를 양성합니다.

영상·예술학과

: 연출, 제작, 촬영, 편집, 미용 등 영상과 관련된 전 분야를 포괄하며, 사진, 영화, 비디오, 컴퓨터 등의 영상매체를 새로운 접근방식으로 연출하고, 여러 가지 미디어를 제작하고 연출하는 방법 등을 연구합니다.

음향학과

: 방송영상음향 전반에 관한 예술적 감각과 기본적 소양을 갖춘 인력의 집중적인 교육(정규교육, 특강, 세미나, 인턴십)을 통하여 현장에서 요구하는 인력을 양성합니다.

관련 학과

게임모바일콘텐츠학과, 만화학과, 애니메이션학과, 사진학과, 3D영상그래픽전공, TV촬영조명과, 공연예술계, 뉴미디어학부(예술), 다이나믹미디어학과, 무대미술과, 미디어아트전공, 방송음향영상과, 보석감정과, 실용예술학과, 여가레크레이션과, 포스트모던음악학과, 미용예술과, 뷰티케어과, 메이크업디자인학과 등

관련 자격

게임기획전문가, 게임프로그래밍전문가, 게임그래픽전문가, 멀티미디어전문가, 웹마스터전문가, 정보처리기사, 전자상거래관리사, 사진기능사, 항공사진기능사, 멀티미디어콘텐츠제작전문가, 웹디자인기능사, 방송통신기사, 전자기사, 무선설비기사, 무대예술전문인, 방송디지털음악전문인, 무대음향기사 등

진출 직업

만화가, 모션그래픽디자이너, 만화영화디지털페인터, 스톱모션애니메이션애니메이터, 피부관리사, 헤어디자이너, 메이크업아티스트, 특수분장사, 웹엔지니어, 음향 및 녹음기사, 사진기자, 촬영기사, 영상그래픽디자이너, 공연기획자, 게임그래픽디자이너, 게임기획자, 게임프로그래머, 네트워크통신게임개발원 등

진출 분야

소프트웨어 개발업체, 게임 개발업체, 모바일 프로그래밍 업체, 애니메이션 관련 업체, 영상물 제작업체, 팬시상품 제작업체, 광고 업체, 이벤트 업체, 사진관, 영화사, 출판사, 디자인 업체, 방송국, 인터넷방송 업체, 신문사, 잡지사, 영화제작사, 오락 및 연예기획사, 한국콘텐츠진흥원, 한국소프트웨어진흥원, 공공기관 보도실, 자료 보존실, 문화체육관광부, 미래창조과학부, 한국콘텐츠진흥원, 한국언론진흥재단, 방송통신위원회, 정보통신정책연구원, 전파진흥원, 문화관광연구원, 경기개발연구원, 한국광고공사, 언론중재위원회 등

인재상

A
영상과 그림에 대한
남다른 조형감각을 가진 학생

B
새로운 분야에 대한
호기심과 인문학적인
상상력이 있는 학생

C
개성과 창의력,
미적 감각,
예술적 감수성
등이 있는 학생

GRADUATION

D
자신의 생각이나 감정을 표현하기 위한
관찰력과 탐구력이 있는 학생

만화가

💻 직업 소개

만화가는 이야기를 창작하여 함축된 대화를 간결한 글과 그림으로 표현한 만화나 만화영화를 만듭니다. 독창적인 아이디어를 개발하거나 자료를 수집하여 주제를 결정하고, 이야기에 맞는 콘티를 짜고 밑그림을 그립니다. 스토리 구상에서부터 시나리오 작업, 각색, 연출까지 총괄적인 책임을 집니다. 최근 만화 시장의 규모가 확대되고 전문성이 강조되면서 스토리와 그림을 각각의 전문가가 분업하기도 합니다.

💡 적성 및 흥미 ● ● ●

창의적인 이야기 구성 능력과 펜이나 컴퓨터를 활용하여 정교하게 그림을 그릴 수 있는 능력이 필요합니다. 평소 스토리 구상을 위해 메모하는 습관을 기르고, 상황을 잘 표현할 수 있는 대화체와 그림 실력을 키우기 위해 노력해야 합니다. 국어, 사회문화, 과학 수업을 통해 학습한 풍부한 상식을 바탕으로 상상력을 더해 이야기 구성 능력을 키우고, 미술 시간에 스케치나 구도 그리기 연습 등을 열심히 할 것을 권장합니다.

❤ 💬 ✈ 관련 직업

화가 # 조각가 # 서예가
사진작가 # 연출가 # 애니메이터

✈ 진출 방법

독학, 유명 만화가 문하생, 만화학과 진학, 만화 학원 수강 등 다양한 진출 방법이 있습니다. 무엇을 배우고 무엇을 경험하든 모두 향후 작품을 만드는 토대가 되므로 많은 습작과 독서를 통해 그림 실력과 스토리 구성 능력을 갖추고자 노력해야 합니다. 최근 웹툰 작가는 컴퓨터프로그램을 이용하므로 기기를 다룰 수 있는 능력도 요구됩니다. 실력을 쌓은 후 공모전에 도전하거나, 대형 플랫폼의 베스트 만화 도전 코너에서 일정 분량을 연재한 후 플랫폼의 연재 제의를 받기도 합니다. 그밖에도 이메일을 통해 작품을 직접 투고하기도 합니다.

📖 응용예술 분야 추천도서

예술치료사 어떻게 되었을까?
김성경/캠퍼스멘토

사직작가 어떻게 되었을까?
구자현/캠퍼스멘토

게임기획자 어떻게 되었을까?
원인재/캠퍼스멘토

화장품브랜드매니저

직업 소개

화장품 브랜드 매니저는 고객에게 뷰티 관련 상품을 설명하고, 더 좋은 상품이나 고객의 필요에 적합한 화장품을 추천합니다. 매장 관리 및 판매 등 매장을 경영하며 브랜드에서 취급하는 화장품을 판매하기 위해 고객을 응대합니다. 메이크업 시연, 고객 상담, 매장 내 직원 관리의 역할을 수행합니다.

적성 및 흥미

✔ 인내심
✔ 친절함
✔ 언어능력

판매하는 브랜드 화장품의 특성에 대해 공부해야 하고, 고객을 응대하는 직업이므로 인내심과 친절함이 요구됩니다. 화장품의 종류와 기능 등 뷰티 용품에 관심이 많아야 하고 자신이 아는 것을 타인에게 잘 설명할 수 있는 능력이 필요합니다. 또한 매장 경영을 위해 마케팅과 소비심리학 등을 공부해야 하고, 화장품에 대한 기초 지식을 바탕으로 판매하는 직업이므로 국어, 사회, 생물, 화학 등 관련 교과를 열심히 공부하면 좋습니다.

관련 직업

메이크업아티스트

화장품카운슬러   # 뷰티블로거

이용사   # 미용사   # 피부관리사

다이어트프로그래머   # 네일아티스트

관련 자격

유통 관련 자격증

진출 방법

채용 시 학력이나 나이, 전공 등에 제한이 없는 편이지만, 메이크업 분야의 전문지식이 있으면 유리합니다. 면세점의 경우 전문대졸 이상의 학력과 영어, 일본어 등의 외국어 실력이 요구되기도 합니다. 백화점, 대형 할인매장 등에서는 입사 후 고객 만족 서비스, 유통 마케팅, 효과적인 의사소통기술, 제품에 대한 지식 등에 대한 사내교육을 실시합니다.

03

음향감독

🖥 직업 소개

음향감독은 방송 프로그램에 알맞은 음향을 제작하기 위해 계획을 수립하고, 관련 종사원들의 업무를 지휘하는 음향 총괄 전문가입니다. 프로그램의 특성을 파악한 후에 프로듀서(방송연출가), 연극연출가 등과 협의하여 음향 제작 장비 시스템을 구성하고, 제작 의도에 맞게 음향 시스템을 유지·관리합니다. 또한 배우들의 음성, 노래, 악기 소리 등을 최적의 상태로 혼합하기 위하여 오디오믹서(음성혼합기) 및 음향 효과(이펙트) 장비를 조작합니다. 즉 음향 제작을 기획하여 음향 시스템 기초를 운용하며 음향 기사의 업무를 지시 및 감독합니다.

💡 적성 및 흥미 ● ● ●

영화나 방송 등 각 장면에 적합한 음악을 선정하고 연출함으로써 사람들에게 감동, 재미, 의미, 여운을 제공하기 위해서는 음악적 감성과 공감능력, 표현력 등이 필요합니다. 또한 음향기기를 다룰 수 있는 기술적 역량이 요구되므로 기계를 다루는 데 흥미가 있으면 좋습니다. 많은 사람들과 협업하기 위해서는 의사소통능력 또한 필요합니다. 음악적 감성과 표현력, 공감능력, 의사소통능력, 기계 조작 능력을 향상하기 위해 국어, 음악, 사회, 과학, 교양 교과 등 다양한 과목을 골고루 공부하면 좋습니다.

♥ 💬 ✈ 관련 직업

〔 # 음향 및 녹음기사 〕 〔 # 영사기사 〕
〔 # 영상녹화 및 편집 기사 〕 〔 # 음반 기획자 〕

📇 관련 자격

무대예술전문인

✈ 진출 방법

음향감독이 되기 위해서는 음악과 소리에 대한 탁월한 감각을 바탕으로 영화 속 장면에 필요한 효과음과 배경음악을 적절하게 삽입할 수 있어야 합니다. 이러한 감각을 키우기 위해서는 다양한 장르의 영화와 음악을 접하고, 다양한 악기 소리 및 사물 소리 등 음향에 대해 연구해야 합니다. 또한 소리를 영화 필름에 삽입하는 기술, 극장의 음향 시스템에 대한 기술적 지식을 습득하고, 이를 다룰 줄 알아야 합니다. 대학의 음향 관련 학과나 사설학원, 방송아카데미에서 전문적인 교육을 받을 수 있고, 녹음 스튜디오에서 인력이 필요할 때마다 비정기적으로 음향감독을 충원하는 편입니다. 음향장비 시공업체 및 음향시스템을 빌려주는 회사에 근무한 경험이 있는 사람들이 음향감독으로 진출하기도 합니다. 이외에도 공연장에 소속되어 음향 관련 일을 담당할 수도 있습니다.

게임공학과

모바일이나 컴퓨터 게임을 만들기 위해 게임 기획 및 시나리오 설계, 게임프로그래밍, 게임 그래픽디자인, 게임 애니메이션 개발, 게임 음악 및 음향, 게임 시스템 구성 및 운영 방법 등 게임 제작에 필요한 전반적인 이론을 배우고 실습을 통해 실무 능력을 갖춘 인재를 양성합니다.

다양한 기기에서 작동하는 게임 개발에 필요한 프로그래밍 방법과 게임 기획에 대해 배웁니다. 게임 기획은 크게 게임 구성과 규칙을 만드는 시스템 기획자와 게임의 난이도와 사용자의 플레이 패턴 등을 기획하는 레벨 기획자로 구분되기도 합니다. 게임 기획부터 개발, 디자인까지 게임과 관련된 폭넓은 지식을 배우는 것이 게임공학과의 특성입니다. 게임을 좋아하고, 특히 직접 게임을 개발하는 것에 흥미를 가진 사람에게 유리합니다. 게임 소프트웨어를 개발하기 위해서는 프로그래밍 개발 언어를 배워야 하기 때문에 논리적인 사고능력과 게임기획자 및 게임 디자이너와 함께 일해야하므로 의사소통능력이 필요합니다.

📁 추천 활동 :

게임 분석하기, 코딩 연습, 뉴스 구독, 동영상 시청

 ## 개설 대학

동국대학교, 상명대학교, 건양대학교(메디컬), 우송대학교, 계명대학교, 한국산업기술대학교, 공주대학교, 중부대학교, 홍익대학교(세종) 등

 ## 관련 학과

e게임스포츠학과	SW융합학부게임전공
게임&멀티미디어공학전공	게임디자인학과
테크노미디어융합학부	게임멀티미디어전공
디지털콘텐츠게임애니메이션공학부	

 ## 졸업 후 진출 분야 및 직업

 ### 진출 분야

시스템 소프트웨어 개발 회사, 게임 개발 회사, 모바일 웹 및 앱 개발 회사, 홈페이지 제작 및 기획 운영 회사, 정보 시스템 운영 및 개발 회사, 컴퓨터 및 IT 분야 회사, 한국전자통신연구원/정보통신정책연구원 등 공공 및 민간 연구기관, 과학기술정보통신부/한국정보화진흥원/한국인터넷진흥원/정보통신산업진흥원 등 공공기관 등

 ### 진출 직업

게임기획자, 모바일애플리케이션개발자, 응용 소프트웨어개발자 등

고등학교 권장 선택과목 로드맵

교과 영역	선택과목	
	일반선택	진로선택
기초	미적분, 확률과 통계	실용 국어, 진로 영어
탐구	생활과 윤리, 사회·문화	여행지리, 고전과 윤리, 생활과 과학
체육·예술	음악, 미술, 연극	미술 창작, 미술 감상과 비평, 음악 감상과 비평
생활·교양	기술·가정, 심리학	지식 재산 일반

사진영상학과

스틸 이미지뿐 아니라 영상 미디어에 대해서도 공부합니다. 예술적이고 실용적인 표현 매체이면서도 동시에 효과적인 의사소통 도구인 사진과 영상을 활용할 수 있는 과학적 사고와 미적 조형 감각을 갖춘 합리적이고 전문적인 인재를 양성합니다.

시각적 이미지에 대해 체계적으로 공부하고, 효과적·창조적인 시각적 표현 방법을 개발하여 다양한 분야에서 활동할 전문사진사와 촬영기사를 양성합니다. 자신만의 철학을 바탕으로 생각, 느낌을 사진과 영상으로 표현하는 것을 좋아하는 사람에게 적합합니다. 영상과 그림에 대한 남다른 미적 감각과 조형 감각이 필요하고, 기계나 도구를 다루는 데 소질이 있어야 합니다. 책을 통해 인문학적 소양을 키우는 것도 필요합니다.

 추천 활동 :
SNS 운영, 디지털 학급 앨범 제작, 사진전 참여

 ## 개설 대학

상명대학교, 경성대학교, 배재대학교, 계명대학교, 광주대학교, 중앙대학교(안성), 상명대학교(천안), 중부대학교, 순천대학교, 경운대학교, 경일대학교, 경주대학교 등

 ## 관련 학과

공연영상창작학부(사진전공)

광고사진영상학과   사진미디어과

사진영상드론학과   사진영상콘텐츠학과

사진영화학과   사진예술학과   사진학과

 ## 졸업 후 진출 분야 및 직업

 ### 진출 분야

언론사 사진부서, 애니메이션 제작사, 자료 보존실, 사진관, 현상소, 현상 인화 취급소, 스튜디오, 영화사, 웨딩업체, 이벤트 업체, 광고 업체, 출판사, 디자인 업체, 방송사, 신문사, 광고대행사, 영화사, 공공기관 보도실/한국콘텐츠진흥원/한국문화정보원/한국영상자료원 등 문화·예술 관련 공공기관 등

 ### 진출 직업

광고디자이너, 디지털영상처리전문가, 사진기자, 사진사, 촬영기사, 편집기사 등

고등학교 권장 선택과목 로드맵

교과 영역	선택과목	
	일반선택	진로선택
기초		실용 국어, 진로 영어
탐구	생활과 윤리, 사회·문화	여행지리, 생활과 과학, 융합과학
체육·예술	음악, 미술, 연극	미술 창작, 미술 감상과 비평, 음악 감상과 비평
생활·교양	기술·가정, 심리학, 철학	가정과학, 지식 재산 일반

만화애니메이션학과

만화, 애니메이션, 웹툰, 캐릭터, 게임, 영상 등 문화콘텐츠는 일상생활을 풍요롭게 합니다. 특히 디지털 시대의 만화와 애니메이션은 인터넷, 모바일 등 새로운 미디어와 결합하여 보다 강력한 문화산업으로 발전하고 있습니다.

만화애니메이션학과에서는 출판만화는 물론, 전통적 셀 애니메이션과 첨단 테크놀로지의 컴퓨터애니메이션을 기획, 연출, 제작하기 위한 이론과 실습을 배웁니다. 이를 통해 21세기 고부가가치의 멀티미디어 영상산업에 필요한 창조적·효율적인 운영 능력을 갖춘 전문 영상인을 양성하고자 합니다. 풍부한 상상력과 아이디어를 바탕으로 새로운 스토리를 만화·애니메이션으로 구현할 수 있는 사람에게 유리합니다.

📁 추천 활동 :
만화축제 참가, 스토리보드 만들기, 나만의 캐리커처 만들기

📖 개설 대학

건국대학교, 경기대학교, 명지대학교, 상명대학교, 세종대학교, 한국예술종합학교, 한성대학교, 중앙대학교(안성), 평택대학교, 상지대학교, 극동대학교, 청주대학교, 공주대학교, 나사렛대학교, 남서울대학교, 순천향대학교, 중부대학교, 한서대학교, 홍익대학교(세종) 등

📋 관련 학과

게임애니메이션융합학부(애니메이션트랙)

SW융합학부 애니메이션전공   만화학과

디자인·영상학부 애니메이션전공

디지털게임웹툰전공   디지털애니메이션학과

아트앤웹툰학과   모바일게임웹툰전공

사진·만화애니메이션전공   카툰코믹스전공

애니메이션&비주얼이펙트전공

웹툰영화학과   애니메이션·제품디자인전공

졸업 후 진출 분야 및 직업

✏️ 진출 분야

영화사, 방송국, 홍보 및 광고 기획 회사, 신문사, 영상물 제작 회사, 애니메이션 제작 회사, 게임 제작 회사, 한국콘텐츠진흥원/한국문화정보원/한국문화예술교육진흥원/한국문화예술위원회 등 문화·예술 관련 공공기관 등

✏️ 진출 직업

만화가, 만화콘티작가, 애니메이션기획자, 애니메이션작가, 애니메이터 등

📚 고등학교 권장 선택과목 로드맵

교과 영역	선택과목	
	일반선택	진로선택
기초	미적분, 확률과 통계	실용 국어, 영미 문학 읽기
탐구	생활과 윤리, 사회·문화	여행지리, 고전과 윤리, 생활과 과학
체육·예술	음악, 미술, 연극	미술 창작, 미술 감상과 비평, 음악 감상과 비평
생활·교양	기술·가정, 일본어, 심리학	일본어II, 지식 재산 일반

공연예술학과

예술을 표현하는 소재, 수단, 형식, 기법에 따라 연극, 음악, 무용, 영상 등 여러 가지 형태가 존재합니다.

연기와 무용을 중심으로 한국공연예술의 세계화를 이끌 전문적·창의적인 공연예술전문인을 양성하기 위해 인성과 연기, 댄스, 보컬 등 이론과 실기를 겸비한 균형 있는 교육을 실시합니다. 창의적 표현 역량과 협업 역량, 글로벌 역량, 나눔·배려 역량을 갖추고, 아름다움을 표현하고 창작하는 활동 자체에 흥미가 있어야 합니다. 또한 예술 자체를 즐길 수 있는 사람에게 적합합니다. 예술의 창작활동은 많은 사람들과의 협업이 많기 때문에 대인관계능력과 의사소통능력도 필요로 합니다.

📁 추천 활동 :
정기적인 연극 관람, 연극 동아리, SNS 활동

졸업 후 진출 분야 및 직업

✏️ 진출 분야

게임 제작사, 음반 기획사, 극단, 영화사, 미술관, 신문사, 광고사, 박물관, 매니지먼트 회사, 한국콘텐츠진흥원/한국문화정보원/한국영상자료원/한국문화예술위원회 등 문화·예술 관련 공공기관 등

✏️ 진출 직업

게임기획자, 공연기획자, 미술기획전시자, 미술평론가, 사진작가, 연극연출자, 영화감독, 음반기획자, 인문계중등학교 교사, 학예사(큐레이터) 등

📖 개설 대학

건국대학교, 광운대학교, 상명대학교, 서경대학교, 서울과학기술대학교, 성균관대학교, 한국예술종합학교, 한성대학교, 한양대학교, 홍익대학교, 부산대학교, 인하대학교, 인천대학교, 대전대학교, 한남대학교, 경기대학교, 단국대학교(죽전), 명지대학교(용인), 수원대학교, 중앙대학교(안성), 평택대학교, 한세대학교, 단국대학교(천안), 백석대학교, 등

📋 관련 학과

무대예술전공	아트&이노베이션전공
공연예술체육학부	글로벌예술학부
방송공연예술학과	방송사진예술학과
실용예술학과	아동문화예술전공
융합예술학부	음악예술경영학과
자유교양대학(예체능계열)	창업예술학부

고등학교 권장 선택과목 로드맵

교과 영역	선택과목	
	일반선택	진로선택
기초		실용 국어
탐구	생활과 윤리, 사회·문화	고전과 윤리
체육·예술	음악, 미술, 연극	미술 창작, 음악 연주, 미술 감상과 비평, 음악 감상과 비평
생활·교양	심리학	창의 경영

미디어영상학과

미디어와 영상은 최근 가장 각광 받는 분야입니다. 미디어영상학과에서는 TV, 영화, 광고, 인터넷 등 미디어 산업의 기획, 연출, 무대/영상 관련 스태프(디자이너, 촬영, 편집)를 양성합니다.

최근 첨단 영상 분야의 발달이 영화, 방송 등에 영향을 미쳐 영상 콘텐츠 표현 방법이 다양화되고 있습니다. 영상 매체의 이론 및 실기를 훈련하여 다양한 영상 콘텐츠를 개발·제작할 전문인을 양성하고자 합니다.

따라서 영상 매체를 잘 다룰 수 있어야 하며 개성과 창의력, 미적 감각, 예술적 감수성이 요구됩니다. 또한 다양한 체험을 통해 폭넓은 시각을 갖추고자 노력하면 좋습니다.

📁 추천 활동 :
영상 동아리, 영상물 스태프 탐구, 미디어 축제 참가

개설 대학

건국대학교, 경기대학교, 광운대학교, 동국대학교, 서경대학교, 서울대학교, 서울여자대학교, 성균관대학교, 성신여자대학교, 이화여자대학교, 한국예술종합학교, 한국외국어대학교, 단국대학교(죽전), 용인대학교, 평택대학교, 한세대학교, 강원대학교(삼척), 상지대학교, 건국대학교(GLOCAL), 공주대학교, 남서울대학교, 백석대학교, 상명대학교(천안), 중부대학교, 한서대학교, 홍익대학교(세종) 등

관련 학과

K-컬처엔터테인먼트학과   영화방송제작학과

게임·영화학부   게임영상콘텐츠학과

공연영상콘텐츠학과   무대영상디자인전공

미디어콘텐츠디자인학과

방송·영상·뉴미디어전공

졸업 후 진출 분야 및 직업

✏️ 진출 분야

언론사, 멀티미디어 콘텐츠 제작업체, 인터넷 콘텐츠 기획 및 제작업체, 영화 제작사, 기업체의 홍보실, 오락 및 연예 기획사, 한국콘텐츠진흥원/한국문화정보원/한국영상자료원/한국문화예술위원회 등 문화·예술 관련 공공기관 등

✏️ 진출 직업

CF감독, 개인미디어콘텐츠제작자, 공연기획자, 무인항공촬영감독, 사진기자, 연극연출자, 영화감독, 영화기획자, 제작PD 등

고등학교 권장 선택과목 로드맵

교과 영역	선택과목	
	일반선택	진로선택
기초	확률과 통계	실용 국어, 고전 읽기
탐구	생활과 윤리, 사회·문화	여행지리, 생활과 과학, 융합과학
체육·예술	음악, 미술, 연극	미술 창작, 미술 감상과 비평, 음악 감상과 비평
생활·교양	심리학	지식 재산 일반

무용·체육

어떻게 하면 신체활동을 통해 자신의 생각이나 감정 등을 표현하고
타인과 의사소통하며 건강한 삶을 유지할 수 있을까?

운동, 스포츠 및 신체활동과 관련된 인간의 움직임에 대해 공부하는 학문으로
무용학과, 체육학과, 체육교육과, 스포츠경영학과, 스포츠건강관리학과, 운동재활학과,
스포츠레저학과, 생활체육학과, 스포츠의학과, 스포츠지도학과 등이 해당됩니다.
인간의 움직임에 대한 역사, 철학, 교육학, 사회학, 심리학, 생리학, 역학, 운동학습, 코칭, 측정·평가 등
체육과 관련된 다양한 분야를 종합적으로 학습하기 때문에
심리학, 경영학, 의학, 법학 등 다양한 분야와 융합이 가능하여 진출 분야가 다양합니다.

인문학 및 자연과학 등 폭넓은 식견을 필요로 하며 분야에 따라 전문적인 지식이 필요합니다.
신체활동을 바탕으로 하기 때문에 전공 학문의 이론적인 습득과 함께 우수한 실기 능력이 필요합니다
건전한 육체와 사고, 운동하기를 좋아하고 즐기는 태도, 경기를 정정당당하게 치르는
스포츠맨십을 갖추어야 합니다.
한 종목 이상의 특기를 기르기 위해 많은 양의 연습과 훈련이 필요하므로
끈기와 인내심이 요구되며 대부분 지도자로 진출하므로 지도력, 리더십, 인격도 요구됩니다.

관련 학과

스포츠경영학과, 경호학과, 골프학과, 스포츠건강관리학과, 운동재활학과, 스포츠레저학과, 무용학과, 사회체육학과, 생활체육학과, 스포츠과학과, 스포츠의학과, 특수체육학과, 스포츠지도학과, 태권도학과 등

진출 분야

대학·개인 병원, 휘트니스센터, PT센터, 스포츠용품 회사, 민간경비 및 경호 전문 업체, 스포츠센터(수영장, 실내골프장, 볼링장 등), 프로구단, 재활센터, 체형관리센터, 체육입시학원, 연예기획사, 광고대행사, 국공립 및 사립 중·고등학교, 어린이집, 유치원, 정부 및 공공기관, 문화체육관광부, 국민체육진흥공단, 대한체육회, 국민생활체육회, 시·구립 체육시설, 한국마사회, 보건소 등

진출 직업

경기심판, 골프캐디, 대중무용수, 스포츠레저회원권중개인, 스포츠센터상담원, 스포츠웨어 및 기타스포츠, 행사관련 모델, 운동선수, 체형관리사, 치어리더, 헬스트레이너, 경기감독 및 코치, 골프강사, 기업건강 스포츠강사, 방과후 체육지도자, 생활체육지도자(생활스포츠지도자), 체육대학교수, 체육입시학원지도자, 태권도 지도자, 스포츠센터 관리자, 스포츠행사 기획운영자, 스포츠행정사무원, 유아체육업체 경영자, 체육입시학원경영자, 태권도장 경영자, 스포츠교육학연구원, 스포츠생리학연구원, 운동경기정찰원, 체육측정평가연구원, 경호원, 대중경기시설관리자, 산악인명구조원, 수련관 관리자, 스포츠과학 장비 영업원, 의약제품 영업원, 체육, 스포츠의 전문 지도자, 체육과학자, 행정가, 언론인, 체육관련 공무원, 각종 연구소 및 초·중·고등학교 등

관련 자격

생활체육지도자, 노인체육지도자, 유소년체육지도자, 스포츠심리상담사, 운동처방사, 운동치료사, 트레이너, 선수트레이너, 스포츠경영관리사, 스포츠마사지사, 스포츠테이핑사 등

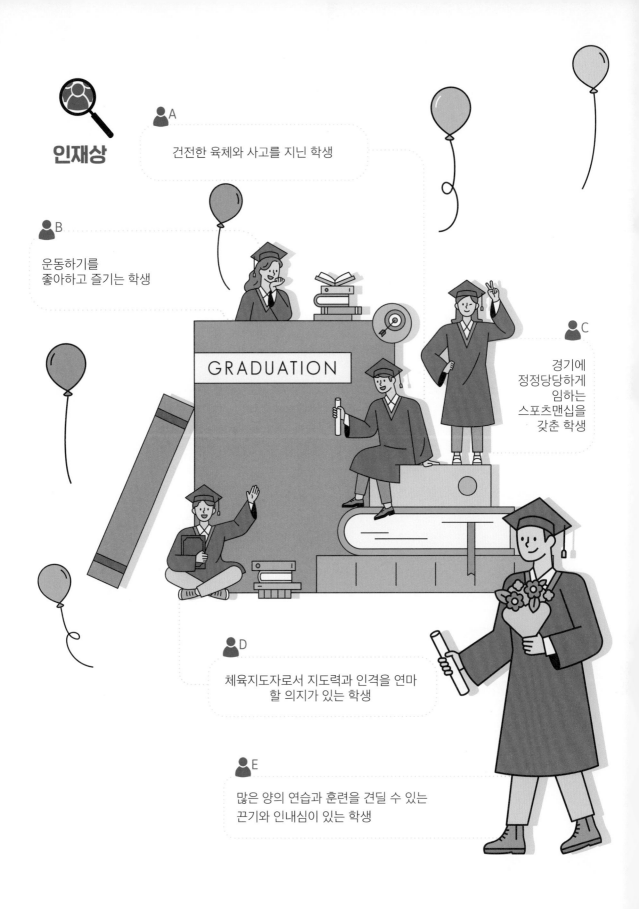

인재상

A
건전한 육체와 사고를 지닌 학생

B
운동하기를
좋아하고 즐기는 학생

GRADUATION

C
경기에
정정당당하게
임하는
스포츠맨십을
갖춘 학생

D
체육지도자로서 지도력과 인격을 연마
할 의지가 있는 학생

E
많은 양의 연습과 훈련을 견딜 수 있는
끈기와 인내심이 있는 학생

경기심판

경기심판은 경기의 시작과 종료를 알리며, 경기규칙을 적용하여 공정하게 경기를 운영하는 전문가입니다. 선수들의 동작을 자세히 관찰하여 규칙 위반 시 경적을 울리고 벌칙을 적용시키며 경기 흐름을 조율합니다.

적성 및 흥미

- ✅ 성실성
- ✅ 리더십
- ✅ 책임감

해당 종목에 대한 이론 및 경기규칙에 대한 정확한 지식을 가지고 있어야 하며, 정확한 상황 판단력과 공정성을 필요로 합니다. 심판은 선수들보다 훨씬 많이 경기장을 뛰어 다니면서 규칙위반 여부를 살피므로 체력 소모가 많으며, 이에 따라 건강한 체력이 요구됩니다. 탐구형과 관습형의 흥미를 가진 사람에게 적합하고 정직성, 리더십, 책임감 등의 성격을 가진 사람들에게 유리합니다.

무용·체육 분야 추천도서

스포츠선수 어떻게 되었을까?
지재우 외/캠퍼스멘토

스포츠트레이너 어떻게 되었을까?
이가은/캠퍼스멘토

관련 직업

- # 경기 및 코치
- # 스포츠트레이너   # 프로야구선수
- # 프로농구선수   # 프로축구선수
- # 프로골프선수   # 프로배구선수
- # 자동차경주선수   # 프로경마선수
- # 프로경륜선수   # 레크레이션강사
- # 치어리더   # 경기기록원   # 스포츠강사
- # 스포츠에이전트

관련 자격

심판자격시험

진출 방법

야구심판이 되려면 KBO 심판학교에 입학해야 합니다. KBO 심판학교는 매년 11월 중순에서 12월 중순에 일반인을 대상으로 심판후보생들을 모집하며 학력 제한은 없고, 신장과 체중, 시력의 제한은 있습니다. 수강 후 테스트에 합격하면 일단 연습생 심판에 입문할 수 있고, 한국야구위원회(KBO)에서 연 1회 1년 계약직으로 선발합니다. 축구심판은 대한축구협회에서 정기적으로 축구심판 교육과정을 운영하는데 축구심판 자격증은 3급, 2급, 1급으로 나뉩니다. 3급부터 차례대로 교육을 받고 시험을 거치면서 승급할 수 있습니다. 프로경기 심판이 되려면 별도의 테스트를 받은 후 계약합니다. 농구심판도 KBL의 교육과정을 거쳐 3급에서 1급으로 승급하고, 프로농구심판은 계약직으로 채용됩니다.

체육측정평가연구원

직업 소개

체육활동에 요구되는 체격, 체력, 운동 기능 및 경기 등을 측정·평가하여 운동 기능과 경기 등을 분석·연구하는 전문가입니다. 업무를 수행하기 위해 사회과학에서 요구되는 설문지, 검사지 제작 및 분석에 대한 연구, 자연과학에서 요구되는 실험설계, 생리 측정 및 통계분석 방법을 활용합니다.

적성 및 흥미

분석적 사고, 범주화, 논리적 분석, 글쓰기, 문제 해결력, 듣고 이해하기 등의 능력이 필요하며 관련 교과인 역사, 기술·가정, 사회·문화, 화학, 생명과학을 공부하는 것이 도움이 됩니다.

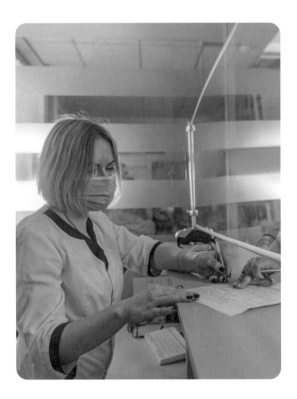

♥ ○ ◁ 관련 직업

체육학자   # 헬스트레이너
생활체육지도자   # 운동처방사

관련 자격

체육측정평가 분야 박사수료 또는 박사학위 소지자*

*체육측정 분야 석사학위 소지자로 관련 분야 전문성 및 노하우를 가진 자 (해당 경력 2년 이상자 우대)

진출 방법

체육학과에 진학하여 전공 지식과 경험을 갖추고, 다양한 연구 경험을 쌓기 위해 노력하며, 정확한 측정과 평가를 위해 사회과학과 자연과학을 공부하는 것이 유리합니다.

무용·체육 분야 추천도서

무용가 어떻게 되었을까?
박선경/캠퍼스멘토

직업군인 어떻게 되었을까?
김미영/캠퍼스멘토

생활체육지도자
(생활스포츠지도자)

직업 소개

생활체육지도사는 개개인의 몸과 마음 건강을 유지할 수 있도록 수영, 에어로빅, 헬스 등 일상생활 속에서 체육활동을 지도하는 전문가입니다. 몸과 마음의 건강을 유지하기 위한 다양한 방법과 레저 및 스포츠를 지도하여 근육을 단련시키고, 규칙적인 운동이나 교정 운동을 통해 체력을 증진시키며 체중을 조절할 수 있도록 식이요법을 권고합니다.

관련 직업

\# 경기 감독 및 코치

\# 스포츠트레이너   \# 레크레이션강사

관련 자격

생활스포츠지도사

적성 및 흥미

✔ 신체단련
✔ 생명과학
✔ 성실성

스포츠와 운동을 좋아하며 관심이 있어야 합니다. 체육 시간에 자신의 신체를 단련시키고, 체육 공부에 필요한 생명과학과 경제 수업에 성실히 임하며 이들 과목과 융합시키려는 자세가 필요합니다.

진출 방법

사회체육학과, 생활체육학과 등 체육 관련 학과를 졸업하는 것이 유리합니다. 스포츠강사는 생활스포츠지도사 2급 자격증을 취득해야 하고, 해당 종목의 운동선수로 활동한 사람을 선호하므로 경력을 쌓아두면 도움이 됩니다.

한국무용학과

한국무용의 학체, 궁체, 필체와 같은 전통 춤사위의 다양한 기법을 종합적으로 분석 및 정리하고, 한국무용의 원리를 체계적으로 배워 무용공연 예술 현장의 한국무용 지도자, 무용수, 안무가, 교육자, 예술행정가 등을 양성하고자 합니다.

작품 창작력을 배양하기 위해 한국무용의 다양한 실습을 통해 기량을 향상시킵니다. 또한 정·중·동을 기반으로 한국무용 움직임의 원리, 전문 실연 능력, 시대별 레퍼토리를 통한 무대공연 지식의 이해 및 응용, 공연예술 환경의 이해, 예술 행정 문서 작성 등에 대해 공부합니다.

📁 추천 활동 :
한국무용 배우기, 안무 짜보기, 한국무용 공연하기, 문화예술 관련 독서

📖 개설 대학

인천대학교, 부산대학교, 서경대학교, 한성대학교 등

📋 관련 학과

공연영상창작학부(무용전공) 생활무용예술학과
실용무용전공 무용예술학과 창작과
생활무용학과 민속무용학과 발레전공
창조공연예술학부 무용전공 현대무용전공
실용무용지도학과 이론과(무용이론)
공연예술무용과 스포츠·무용학부 무용예술학과
스포츠무용학부 무용예술전공 스포츠무용학부

📇 고등학교 권장 선택과목 로드맵

교과 영역	선택과목	
	일반선택	진로선택
기초		실용 국어, 고전 읽기
탐구	사회·문화, 경제, 생활과 윤리	고전과 윤리, 사회문제 탐구, 융합과학
체육·예술	체육, 운동과 건강, 음악, 미술, 연극	체육 탐구, 스포츠 생활, 미술 감상과 비평, 음악 감상과 비평
생활·교양	심리학	가정과학

졸업 후 진출 분야 및 직업

✏️ 진출 분야

서울문화재단/한국문화예술교육진흥원/한국문화예술위원회/한국콘텐츠진흥원/국립무용단/전통공연예술진흥재단/시립무용단 등 공공기관, 중·고등학교, 사설 무용 학원 등

✏️ 진출 직업

무용단, 무용교사, 전문무용수, 안무가, 예술강사, 문화예술지도자, 예술행정가, 무대디자이너, 의상디자이너, 조명디자이너, 무용·연극메이크업아티스트, 무용평론가, 연극·무용작가, 문화예술기획자, 생활체육지도자 등

경호학과

산업시설 및 공공건물의 안전관리와 국민의 생명과 재산을 보호하기 위한 안전 및 경호에 관련된 학문으로 이론과 실무를 겸비한 경호 인력을 양성합니다.

신체가 건강하고 의협심이 강하며 운동신경이 좋은 사람에게 적합하고, 정확한 판단력과 순발력을 필요로 합니다. 남에 대한 배려, 리더십, 분석적 사고 등도 중요합니다. 무도 중심의 과목과 사회과학 분야에 대해 공부합니다. 전 세계적으로 경호의 영역이 첨단기계 경비 및 인텔리전트 빌딩 등의 관리와 각종 재해 방지로 확대되면서 경호학과의 중요성이 점점 커지고 있습니다.

📁 추천 활동 :
무술 수련, 경호 관련 영화 관람, 응급처치 배우기

📖 개설 대학

대전대학교, 가천대학교(글로벌), 경기대학교, 용인대학교, 선문대학교, 중부대학교, 한서대학교, 호서대학교 등

📋 관련 학과

경찰경호무도학과 · 경호보안전공 · 경호전공 · 시큐리티매니지먼트전공 · 태권도·경호학과 · 항공보안경호학부 · 스포츠경호무도학과

🎛 고등학교 권장 선택과목 로드맵

교과 영역	선택과목	
	일반선택	진로선택
기초		실용 국어, 진로 영어
탐구	경제, 정치와 법, 사회·문화, 생활과 윤리, 물리학 I, 생명과학 I	여행지리, 고전 윤리, 생활과 과학
체육·예술	체육, 운동과 건강	스포츠 생활, 체육 탐구
생활·교양	심리학	가정과학, 해양 문화와 기술

졸업 후 진출 분야 및 직업

✏️ 진출 분야

전문 경호·경비 업체, 스포츠센터, 대기업 및 일반 기업의 경호·경비 부서, 항공사 보안 승무원, 해외 무도 사범, 정부기관의 경호·경비 부서, 검찰 및 경찰 특공대, 육·해·공군 등 경호 관련 공공기관 등

✏️ 진출 직업

경비업체요원, 경찰관, 교도관, 소방공무원, 스포츠강사, 안전순찰원, 직업군인(장교, 부사관) 등

무용학과

신체의 미적 움직임을 토대로 내면세계를 표현하는 예술입니다. 다양한 무용 실기 및 이론교육을 바탕으로 다양한 기술을 개발하며 감상, 공연, 실습 등을 통해 삶을 더욱 아름답게 가꾸어 나갈 무용 인재를 양성합니다.

생활수준이 높아지면서 무용을 즐기려는 사람들이 많아져 현대무용, 한국무용, 발레 공연 등이 매년 증가하고 있습니다. 특히 온라인 미디어 플랫폼을 이용한 새로운 형식의 창작무용도 선보이고 있습니다. 무용가가 되려면 신체가 유연하고 균형 감각이 있어야 하며, 음악적 감각을 바탕으로 리듬에 따라 몸을 움직일 수 있어야 합니다. 무용 이론과 실기를 토대로 자신의 생각, 느낌, 감정을 몸으로 표현하기 위해서는 표현력과 창의성이 중요합니다.

📁 추천 활동 :
무용 공연 관람, 무용 동아리

졸업 후 진출 분야 및 직업

✏️ 진출 분야

발레단, 무용단, 문화·예술 단체, 사설 무용 학원, 문화센터, 중·고등학교, 예술의 전당, 한국문화예술위원회/한국문화예술진흥원 등 문화·예술 관련 공공기관 등

✏️ 진출 직업

대중무용수(백업댄서), 무용강사, 무용기획자, 스포츠강사, 안무자

 ## 개설 대학

경희대학교, 국민대학교, 동덕여자대학교, 상명대학교, 서경대학교, 서울기독대학교, 성균관대학교, 성신여자대학교, 세종대학교, 숙명여자대학교, 이화여자대학교, 한국예술종합학교, 한국체육대학교, 한성대학교, 한양대학교, 경성대학교, 부산대학교, 신라대학교, 대전대학교, 충남대학교, 단국대학교(죽전), 대진대학교, 수원대학교, 용인대학교, 중앙대학교(안성), 청주대학교, 공주대학교, 순천향대학교 등

관련 학과

공연예술무용과	무용예술학과	무용학부
민속무용학과	실용무용전공
생활무용예술학과	창작과	한국무용전공
현대무용전공	발레전공

 ## 고등학교 권장 선택과목 로드맵

교과 영역	선택과목	
	일반선택	진로선택
기초		실용 국어
탐구	사회·문화, 경제, 생활과 윤리	고전과 윤리, 사회문제 탐구, 융합과학
체육·예술	체육, 운동과 건강, 음악, 미술,연극	체육 탐구, 스포츠 생활, 미술 감상과 비평, 음악 감상과 비평
생활·교양	심리학	가정과학

사회체육학과

여가 생활 지도 및 개인의 건강 유지에 도움이 되는 사회체육지도자를 양성합니다.

스포츠학의 지식과 실기 지도 능력을 갖춘 지도자, 관리자, 전문 경영인 등 교양과 덕목을 갖춘 스포츠 멀티플레이어를 양성합니다. 여가시간 증가와 건강 및 스포츠 활동에 대한 욕구 증가로 생활체육 관련 시설이 크게 확충되었고, 다양한 프로그램이 개발되었습니다. 특히 고령화 사회로 노인들이 참여할 수 있는 체육활동도 늘어나고 있습니다. 운동이나 스포츠를 즐기고 잘하는 사람들에게 유리하고, 사람들의 이야기를 잘 듣고 자신의 이야기를 잘 전달하는 사람들에게 적합합니다.

📁 추천 활동 :
스포츠 활동, 운동 기록 관리

📖 개설 대학

연세대학교, 이화여자대학교, 한국체육대학교, 부산외국어대학교, 대전대학교, 목원대학교, 충남대학교, 가천대학교(글로벌), 강남대학교, 경기대학교, 신경대학교, 용인대학교, 한신대학교, 한양대학교(ERICA), 가톨릭관동대학교, 한국교통대학교, 건양대학교, 상명대학교(천안), 선문대학교, 순천향대학교, 중부대학교, 동국대학교(경주), 인제대학교, 한국국제대학교, 고려대학교(세종), 홍익대학교(세종) 등

📋 관련 학과

노인체육복지전공	스포츠복지경영학과
복지스포츠학과	사회체육과	산업스포츠학과
생활스포츠학부	뷰티헬스케어학과

졸업 후 진출 분야 및 직업

✏️ 진출 분야

스포츠 클럽, 스포츠 시설, 스포츠 관련 용구 및 기구 제작업체, 신문사, 출판사, 한국스포츠정책과학원 등 스포츠 관련 연구기관, 대학교, 국민체육진흥공단/체육과학연구원 등 체육관련 공공기관, 중등학교 등

✏️ 진출 직업

경호원, 레크리에이션지도자, 생활스포츠지도자, 스포츠강사, 스포츠시설관리자, 스포츠에이전트, 스포츠트레이너, 운동경기심판, 운동선수, 운동처방사, 운동코치·감독, 체형관리사 등

📚 고등학교 권장 선택과목 로드맵

교과 영역	선택과목	
	일반선택	진로선택
기초		실용 국어, 실용 수학
탐구	생활과 윤리, 경제, 사회·문화, 물리학 l, 생명과학 l	사회문제 탐구, 생활과 과학, 융합과학
체육·예술	체육, 운동과 건강	스포츠 생활, 체육 탐구
생활·교양	심리학, 보건, 철학	가정과학, 해양 문화와 기술

스포츠과학과

체육 분야와 첨단 과학기술이 융합된 스포츠 산업의 육성과 지덕체를 겸비한 스포츠 분야의 전문가를 양성합니다.

운동기술과 스포츠 현상을 과학적으로 분석하는 학문으로 사회과학 성격의 스포츠 마케팅, 스포츠 경영, 심리학, 사회학 등과 더불어 자연과학 성격의 운동 생리학, 운동제어, 스포츠 통계학, 생체역학, 4차 산업혁명과 융합된 스포츠 등 다양한 스포츠 과학 분야로 구성되어 있습니다.

📁 추천 활동 :
운동 동아리 활동, 위대한 운동 감독 찾기, 운동 기록 관리

 개설 대학

전북대학교, 강원대학교, 경남대학교, 대진대학교, 서울과학기술대학교, 서울시립대학교, 선문대학교, 성균관대학교, 순천향대학교, 인하대학교, 충남대학교, 한남대학교, 경기대학교, 광주대학교, 백석대학교, 부산대학교, 수원대학교, 울산대학교, 원광대학교, 중앙대학교(안성), 한양대학교(ERICA), 성신여자대학교, 동국대학교(경주), 한국해양대학교 등

📋 **관련 학과**

| 체육학과 | 사회체육과 |

 졸업 후 진출 분야 및 직업

✏️ **진출 분야**

스포츠센터, 종합병원의 스포츠 의학센터(운동처방 클리닉), 한국스포츠정책과학원 등 스포츠 관련 연구기관, 대학교, 국민체육진흥공단/한국스포츠정책개발원 등 스포츠 관련 공공기관, 시·군·구 공공체육시설, 종합체육시설, 국민체력센터, 중·고등학교 등

✏️ **진출 직업**

사회체육지도자, 스포츠기자, 스포츠아나운서 및 리포터, 안전요원, 운동처방사, 인명구조원 및 수상구조사, 특수체육교사, 스포츠지도사, 임상운동사, 재활운동사, 운동처방사, 스포츠 행정요원, 언론 매체 기관요원, 체육 연구 등

 고등학교 권장 선택과목 로드맵

교과 영역	선택과목	
	일반선택	진로선택
기초	확률과 통계	기하, 수학과제 탐구
탐구		생활과 과학, 융합과학
체육·예술	체육, 운동과 건강	체육 탐구, 스포츠 생활
생활·교양	제2 외국어Ⅰ, 심리학, 보건	가정과학

체육학과

체육은 건강한 심신단련과 건전한 여가 생활 및 삶의 질을 높이는 데 중요한 역할을 합니다.

특히 성인병 예방과 건강관리를 위해 생활체육 지도 및 건강 정보를 전달할 수 있는 전문 인력에 대한 요구도 점점 커지고 있습니다.
체육학과는 신체를 활용한 다양한 이론과 실습 교육을 통해 우수한 실기 능력을 갖춘 전문 체육인 및 지도자를 양성합니다. 체육 분야를 전공하려면 각종 운동 종목을 습득할 수 있는 운동 역량, 훈련을 감당해 낼 체력, 많은 양의 연습과 훈련을 견디는 끈기와 인내심이 필요합니다.

📁 추천 활동 :
운동 동아리, 운동 기록 관리

개설 대학

경희대학교, 광운대학교, 국민대학교, 덕성여자대학교, 동국대학교, 동덕여자대학교, 삼육대학교, 서강대학교, 서울과학기술대학교, 서울시립대학교, 서울여자대학교, 성균관대학교, 성신여자대학교, 세종대학교, 숭실대학교, 연세대학교, 이화여자대학교, 한국체육대학교, 한양대학교 등

관련 학과

체육과학과   스포츠비즈니스전공
특수체육학과   글로벌스포츠산업전공
문화스포츠학부   미래라이프융합학부
스포츠경영연계전공   스포츠문화전공
스포츠미디어학과   스포츠산업과학부
스포츠융합과학과   스포츠응용산업학과
국제스포츠학과

졸업 후 진출 분야 및 직업

✏️ 진출 분야

사회 체육 단체, 스포츠센터, 병원 및 의료기관의 운동 처방 센터, 기업의 실업 운동팀 및 프로 스포츠 구단, 한국스포츠정책과학원 등 스포츠 관련 연구기관. 대학교, 국제 연맹 및 산하 단체, 국제기구 체육 관련 실무직, 국공립 기관 체육 행정직, 중·고등학교 등

✏️ 진출 직업

경기감독 및 코치, 경찰관, 골프리조트관리자등, 사회체육지도사, 스포츠강사, 스포츠관리자, 운동처방사, 체육교사, 특수체육교사, 프로스포츠 구단 등

고등학교 권장 선택과목 로드맵

교과 영역	선택과목	
	일반선택	진로선택
기초	확률과 통계	
탐구	생활과 윤리	생활과 과학
체육·예술	체육, 운동과 건강	스포츠 생활, 체육 탐구
생활·교양	보건	

태권도학과

우리 전통 무도인 태권도를 계승·발전시키고, 태권도 종주국으로서 이론과 실기가 조화된 학문적 체계를 확립하고, 태권도 정신에 입각하여 과학적인 지도와 연구를 수행할 수 있는 태권도 지도자를 양성합니다.

태권도의 정체성을 확립하고 민족문화를 창달할 전문지도자를 양성하여 세계적으로 확산하고 있는 태권도의 실기기능을 새롭게 개발하고 훈련시켜 태권도의 발전과 학문화에 선도적 역할을 합니다.

개설 대학

청주대학교, 백석대학교, 경일대학교, 상지대학교, 가천대학교, 경희대학교, 계명대학교, 나사렛대학교, 동아대학교, 세한대학교, 용인대학교, 우석대학교, 조선대학교, 한국체육대학교 등

관련 학과

유도학과   무도학과

고등학교 권장 선택과목 로드맵

교과 영역	선택과목	
	일반선택	진로선택
기초		실용 국어, 실용 수학
탐구	생활과 윤리, 경제, 사회·문화, 물리학 I, 생명과학 I	사회문제 탐구, 생활과 과학, 융합과학
체육·예술	체육, 운동과 건강	체육 탐구, 스포츠 생활
생활·교양	심리학, 보건, 철학	가정과학, 해양 문화와 기술

졸업 후 진출 분야 및 직업

진출 분야

스포츠센터, 종합병원의 스포츠 의학센터(운동처방 클리닉), 한국스포츠정책과학원 등 스포츠 관련 연구기관, 문화체육관광부/대한체육회/대한장애인체육회/국민체육진흥공단/한국스포츠정책과학원 등 스포츠 관련 공공기관, 사회 체육대학원, 중·고등학교, 학원 등

진출 직업

태권도 사범, 심판, 지도자, 각 기관과 개인의 경호요원, 안전요원, 체육과 스포츠 전반에 걸친 지도자, 관리자, 체육 관련기관 및 단체의 종사자, 태권도 연구자, 체육교사, 체육계 기관 코치 및 감독, 생활체육지도자, 태권도 승단, 직업 군인 등

미술·조형

어떻게 하면 나의 생각, 감정, 느낌을 시각적으로
아름답고 의미 있게 표현하고 전달할 수 있을까?

미술은 인간의 미적 요구의 실현 및 미적 세계의 창조를 통해
삶의 질을 개선하고 생활공간을 예술화하는 데 목적이 있습니다.
미술 전반에 관한 이론과 실기 방법을 교육하여
지성과 창조 능력을 갖춘 전문미술인, 미술 교육인을 양성합니다.
미술학에는 서양화, 동양화, 조소를 비롯하여 이론과 경영, 역사, 심리학을 융합한 다양한 학과가 있으므로
자신의 적성과 흥미를 고려하여 학과를 선택하고 목표를 구체화하는 것이 진로선택에 도움이 됩니다.

관련 학과

서양화과, 회화과, 조형예술학과, 미술과, 미술학부, 현대미술과, 융합아트학과, 동양화과, 조소과, 서예·한문과, 기독교미술과, 불교미술과, 미술사학과, 고고미술학과, 큐레이터과, 예술경영학과, 예술문화학과, 미술콘텐츠학과, 아동미술학과, 응용미술교육과, 미술심리치료학과 등

진출 분야

미술관, 박물관, 디자인 관련 업체, 섬유 의류 제품 생산 및 유통 업체, 컴퓨터 영상 제작 업체, 광고 회사, 출판사, 신문사, 방송국, 문화체육관광부/한국콘텐츠진흥원/서울문화재단/국립현대미술관 등 공공기관, 중·고등학교, 대학교, 문화센터 등

진출 직업

현대미술가, 서양화가, 판화가, 도예가, 조각가, 동양화가, 서예가, 포크미술가, 벽화아티스트, 북아트미술가, 일러스트레이터, 개념예술가, 행위예술가, 미디어아트미술가, 영상미술가, 사진미술가, 설치미술가, 문화보존가, 미술품감정사, 문화예술정책평가연구원, 미술평론가, 미술사학자, 미술품경매사, 아트딜러, 큐레이터, 독립큐레이터, 학예사, 미술잡지 에디터, 미술전문사이트 에디터, 미술서적출판기획자, 미술품번역가, 문화예술기자, 아트컨설턴트, 미술전시안내인(도슨트), 화랑운영자, 미술프로그램기획자, 작가레지던스기획자, 미술프로젝트기획자, 문화예술프로그램기획자, 미술관운영사무원, 아트디렉터, 아트스토리텔러, 방송소품제작자, 바디페인팅아티스트, 도색작업가, 컬러리스트, 미술교사, 미술실기작품집코치, 미술심리치료사, 예술문화경영자, 전시디자이너, 미술전공교수, 전업작가 등

관련 자격

박물관 및 미술관 준학예사, 박물관(미술관) 1급 정학예사, 박물관(미술관) 2급 정학예사, 박물관(미술관) 3급 정학예사

인재상

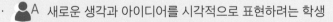

- A 새로운 생각과 아이디어를 시각적으로 표현하려는 학생
- B 내적인 감성을 자신만의 언어로 표현해내는 미적·감성적 능력을 지닌 학생
- C 첨단 기술과 문화를 보면 창의적 관심이 생기며, 스타트업에 도전해보고 싶은 학생
- D 첨단 가전제품의 트렌드에 관심이 많고, 그것을 감각적으로 이해할 수 있는 학생
- E 치열한 고민과 과감한 조형 실험, 오랜 연습을 견딜 수 있는 인내력을 갖춘 학생
- F 사회, 문화, 역사, 공학 등 다양한 분야에 대한 관심과 융합적 마인드를 가진 학생
- G 독특한 개성과 이를 자신만의 방식으로 표현할 수 있는 실력, 독창적인 사고와 열정, 추진력을 갖춘 학생

큐레이터

💻 직업 소개

미술관, 갤러리 등에서 서화, 조각, 공예, 건축, 사진 등 미술 작품의 전시를 기획합니다. 이를 위해 전시회 주제 결정부터 작가와 작품에 대한 조사연구, 주제에 맞는 작가 섭외 및 작품 선정, 미술관의 공간과 작품 수량, 주제를 고려한 작품 진열, 전시회 명칭 짓기, 전시 홍보, 작품 소개와 관리 등까지 전시회의 전체적인 업무를 총괄합니다.

규모가 큰 미술관에서는 주로 전시기획을 담당하지만, 소규모 미술관에서는 전시기획부터 섭외, 홍보, 작품 진열과 반출, 작품 판매, 고객관리 등 전시 행정 전반을 담당합니다.

소장품과 관련된 학술적인 연구업무와 더불어 소장품이나 자료에 대한 관람객들의 이해를 돕기 위한 교육프로그램을 개발하고 실행합니다. 또한, 전시할 작품의 진위 여부를 판단하고 소장 작품인 경우 훼손되지 않도록 관리합니다.

💡 적성 및 흥미 ● ● ●

예술적인 안목이 필요하고, 전시의도가 관람객들에게 보다 잘 전달되도록 기획할 수 있는 창의성과 혁신적인 사고가 요구됩니다. 주의 깊은 관찰력과 탐구 자세를 갖추어야 하며 역사를 비롯해 다양한 문화권의 생활양식, 언어, 예술 등 문화 전반에 대한 흥미가 있는 사람에게 적합합니다. 탐구형과 예술형의 흥미를 가진 사람에게 적합하며 꼼꼼함, 적응성, 분석적 사고 등의 성격을 가진 사람들에게 유리합니다.

📖 예체능계열 추천도서

교과세특 탐구주제 바이블 예체능계열편
한승배 외/캠퍼스멘토

❤ 〇 ◁ 관련 직업

학예사   # 문화재보존원

아트컨설턴트   # 아트딜러

미술품경매사

📋 관련 자격

박물관(미술관) 1급 정학예사

박물관(미술관) 2급 정학예사

박물관(미술관) 3급 정학예사

✈ 진출 방법

고고학, 사학, 미술사학, 예술학, 민속학, 인류학 등을 전공합니다. 박물관이나 미술관의 경우, 응시 자격을 관련 전공자로 제한하거나 석사 이상의 학력을 요구하기도 합니다. 미술관 큐레이터 중 동양화, 서양화, 조각, 도예 등 미술 전공자도 있습니다. 큐레이터학과가 생기고, 예술대학원이나 미술대학원에도 예술기획전공, 예술경영학과, 박물관학과, 미술관학과, 문화관리학과 등이 개설되어 있어 전문적인 지식을 교육받을 수 있는 곳이 많아졌습니다.

아트컨설턴트

직업 소개

고객의 취향과 분위기, 공간의 조건과 목적 등을 파악하여 고객에게 어울리거나 필요한 미술 작품의 선정, 매매, 설치, 관리, 투자 등에 대해 조언합니다. 고객과의 상담을 통해 취향이나 예산을 파악하고, 공간을 방문하여 미술품을 선정합니다. 설치될 미술품을 컴퓨터 시뮬레이션 기법 등을 활용하여 고객에게 제시하고 최종 선택된 미술품을 공간에 설치합니다. 또는 기업과 정부에 프로젝트를 제안하여 용역을 받습니다. 아트컨설턴트사에서 고객의 요구에 부흥하기 위해 컨설팅을 하거나 프리랜서로 활동합니다.

적성 및 흥미

✅ 사회성

✅ 분석적

✅ 예술성

다양한 분야에 대한 지식과 경험 그리고 사회성이 풍부해야 합니다. 화가 또는 개인이 미술품을 소장하고 있는 경우에는 이들을 설득하는 능력이 필요하고, 갤러리에서 근무를 하는 등 미술과 관련된 일에 경험이 있으면 도움이 됩니다. 미술품과 공간의 어울림을 시뮬레이션으로 표현해야하기 때문에 포토샵 등을 사용할 줄 알면 좋습니다. 또한 전시회를 자주 방문하여 그림이나 미술에 대한 지식과 이해를 넓히고, 그림이나 조각 등의 미술품을 공간과 매칭시키는 연습을 하는 것도 도움이 됩니다. 예술형과 현실형의 흥미를 가진 사람에게 적합하며, 꼼꼼함, 사회성, 분석적 사고, 정직성, 혁신 등의 성격을 가진 사람들에게 유리합니다.

관련 직업

\# 아트딜러   \# 미술품경매사

\# 독립큐레이터   \# 아트디렉터

\# 학예사(큐레이터)   \# 문화재보존원

\# 사서   \# 기록물관리사

관련 자격

*특별한 자격증이 필요한 것은 아니나 미술 관련 학과나 경영학과를 졸업하고, 외국어 관련 자격증이나 학예사 자격증을 갖추면 업무에 도움이 됩니다.

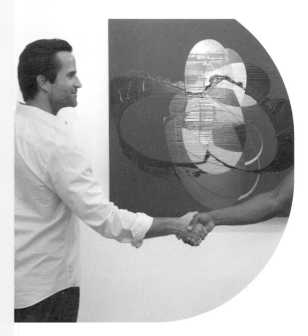

진출 방법

회화, 조각 등 미술 분야에 대한 지식과 경영학적 마인드가 요구되기 때문에 미술 관련 학과나 경영학과를 졸업하면 좋습니다. 이후, 아트 컨설턴트 회사에 취업하거나 프리랜서로 활동합니다.

컬러리스트

🖥 직업 소개

컬러리스트는 벽지, 패션, 미술 재료 제작 회사 등 다양한 산업체에서 생산하는 물건과 환경의 용도와 목적에 맞는 색채를 기획, 적용하기 위해 색채를 소재별로 표준화하고 조절하여 적용하는 등 색상에 관한 업무를 수행합니다. 색상 관련 정보 수집 및 분석, 유행 색깔 파악 및 전체적인 색깔의 방향 설정, 브랜드별·아이템별 컬러 라인 설정, 모델별 색상 선정, 상품의 배색과 프린트 및 패턴 채색 결정, 브랜드 이미지에 기초한 소재 및 디테일 등을 고려한 색상 선정을 담당합니다.

💡 적성 및 흥미 ● ● ●

컬러리스트는 미적 감각과 창의성이 요구되며, 컬러를 예측하고 정보를 수집하여 브랜드에 맞게 색채를 조정할 수 있는 능력이 필요합니다. 섬세한 성격의 사람에게 유리하며 팀원이나 디자인 의뢰인들과 원활한 인간관계를 형성할 수 있어야 합니다. 예술형과 탐구형의 사람에게 적합하며 리더십, 적응성, 혁신 등의 성격을 가진 사람들에게 유리합니다. 국어와 사회 교과 공부를 통해 인문학적 소양을 기르고, 물감의 색을 다양하게 섞어보면서 물감 제조과정의 화학 반응을 이해하기 위해 미술과 화학을 열심히 공부하면 도움이 됩니다.

💗 ⭕ ✈ 관련 직업

(# 디자이너) (# 캐드원)
(# 건축 및 토목 캐드원)

🪪 관련 자격

컬러리스트기사   컬러리스트산업기사

✈ 진출 방법

미술 관련 전공자에게 유리하며, 패션 관련 학과나 사설 학원에서 색채학을 공부하여 진출할 수 있습니다. 업체에 따라 컬러리스트기사 자격 취득자를 선호하지만 실제 현장에서는 컬러리스트 업무만을 담당하기보다는 패션디자이너, 제품디자이너, 메이크업아티스트를 병행하는 경우도 있습니다. 컬러리스트는 디자인뿐만 아니라 소재의 형태, 느낌 등을 고려하여 색상을 선택할 수 있어야하므로 무엇보다 색채를 보는 안목이 중요합니다. 또한 각 제품에 맞는 색채를 기획할 수 있어야하므로 색채를 적용시킬 제품에 대한 이해도 필요합니다.

📖 무용·체육 분야 추천도서

나만의 진로 가이드북 : 예체능계열
하희 외/캠퍼스멘토

학과바이블
한승배 외/캠퍼스멘토

도자기공예학과 (도예학과)

도자기는 식기를 비롯해 타일, 위생도기 등 건축 자재에 이르기까지 폭넓게 사용되고 있습니다.

점토를 이용하여 형태를 만들고 고온에서 구워 내는 작업 형태를 말합니다. 도예학과는 섬세한 기술과 예술적 감각이 접목된 도자기공예를 체계적으로 배우는 학문으로 도자기 전반에 관한 전문적 이론과 실무를 연구·교육함으로써 문화 발전에 기여하는 도예인을 양성합니다.

작업 성격에 따라 창작도예작가, 전통적인 장인 정신이 요구되는 기능적인 도예가, 미술관의 도예 전문 큐레이터, 박물관의 학예연구관, 디자이너로서의 도예가로 나눌 수 있습니다.

도자기공예는 인간이 가진 개성, 개별적인 사고와 표현을 중요시하므로 남과는 다른 자기만의 생각과 창의성이 있는 사람에게 적합합니다. 도자기에 관한 기본지식, 좋은 재료 선별 방법, 뜨거운 가마에서 굽는 과정 등 단계별 지식과 기술을 익혀야 합니다.

📁 추천 활동 :

도자기 도록 만들기, 도자기 축제 참가, 도자기 전시 관람

📖 개설 대학

경희대학교, 국민대학교, 서울과학기술대학교, 서울대학교, 이화여자대학교, 홍익대학교, 경기대학교, 단국대학교(죽전), 강원대학교(삼척), 건국대학교(GLOCAL) 등

📋 관련 학과

도예·유리과   도자디자인전공

졸업 후 진출 분야 및 직업

✏️ 진출 분야

도자기 제조회사, 도자공예교습소, 공방, 민간 미술관 및 박물관, 한국공예디자인문화진흥원/한국예술인복지재단/한국문화예술교육진흥원/한국문화예술위원회 등 공예 관련 공공기관 등

✏️ 진출 직업

도자공예가, 공예원, 도자기제조원, 점토공예가, 학예사(큐레이터) 등

고등학교 권장 선택과목 로드맵

교과 영역	선택과목	
	일반선택	진로선택
기초	확률과 통계	
탐구		생활과 과학
체육·예술	미술, 연극	미술 창작, 미술 감상과 비평
생활·교양	정보, 철학	지식 재산 일반

동양화과

동양사상을 바탕으로 전통과 혁신이 공존하는 새로운 동양화 분야를 창출하고자 합니다.

한국미술의 전통을 바탕으로 현대 동양화의 가능성을 모색하고 다양한 표현기법들로 차원 높은 조형예술의 세계를 구현합니다. 전통미술의 계승을 추구하고 창의력을 개발하여 새로운 미술을 창조할 수 있는 예술가를 양성합니다.

졸업 후 작가 및 미술 교육가, 미술 이론가, 미술관 큐레이터, 박물관 학예연구사 등 다양한 미술 분야로 진출할 수 있습니다. 또 동양화의 감성과 기법을 살려 일러스트, 의상디자인, 애니메이션, 캘리그라피 등 응용 분야에도 진출할 수 있습니다. 그림 그리기 자체를 즐기는 사람에게 적합하고, 자유롭게 생각하고 창의적인 아이디어를 작품으로 표현할 수 있는 능력을 필요로 합니다.

📁 추천 활동 :

동양화 전시 관람, 동양화 동아리, 작품 포트폴리오

📖 개설 대학

덕성여자대학교, 동국대학교, 상명대학교, 서울대학교, 성신여자대학교, 이화여자대학교, 추계예술대학교, 한성대학교, 홍익대학교, 인천대학교, 대전대학교, 목원대학교, 계명대학교, 울산대학교, 조선대학교, 경기대학교, 대진대학교, 수원대학교, 중앙대학교(안성), 충북대학교, 단국대학교(천안), 원광대학교, 영남대학교, 제주대학교 등

📋 관련 학과

| 동양화과 | 한국화전공 | 서예·문인화학과 |

| 서예·한문학과 | 서예디자인학과 |

졸업 후 진출 분야 및 직업

✏️ 진출 분야

디자인 전문 업체, 학원, 방송국, 신문사, 개인 미술관, 갤러리, 전시 전문 업체, 한국문화예술교육진흥원/아시아문화원/예술의 전당 등 예술 관련 공공기관, 공공 박물관, 공공 미술관, 중·고등학교 등

✏️ 진출 직업

디자이너, 미술교사, 미술치료사, 시각디자이너, 애니메이터, 학예사(큐레이터), 학원강사, 화가 등

📚 고등학교 권장 선택과목 로드맵

교과 영역	선택과목	
	일반선택	진로선택
기초	확률과 통계	
탐구		생활과 과학
체육·예술	미술, 연극	미술 창작, 미술 감상과 비평
생활·교양	정보, 철학	지식 재산 일반

서양화과

미적 감각을 서양화로 표현하고 예술 작품으로 표현하기 위한 이론과 실기를 공부합니다.

예술을 통한 인격 형성을 도모하며 미술을 통해 사회에 이바지할 수 있는 창조적 미술인을 양성합니다. 서양화는 대체로 캔버스에 유화 물감으로 그리지만, 최근 일부 작가들이 3D 디지털 회화를 개척하는 등 시대의 발전에 따라 사용하는 재료와 캔버스의 종류가 변화하고 있습니다. 예술가는 풍부한 상상력과 창의력을 바탕으로 자신만의 미적 표현능력을 발휘하여 자신과 타인에게 미적 감동을 느낄 수 있는 작품 세계를 보여주어야 합니다. 자신의 미적능력을 적극적으로 표현할 수 있고 예술에 대한 끝없는 탐구심을 가진 사람에게 적합합니다. 미술에 대한 호기심과 재능이 풍부해야 하며, 최소한의 실기 능력을 갖추고 있어야 합니다.

 추천 활동 :

미술 전시 관람, 미술 동아리, 작품 포트폴리오

개설 대학

덕성여자대학교, 동국대학교(서울), 상명대학교(서울), 서울대학교, 서울여자대학교, 성신여자대학교, 이화여자대학교, 추계예술대학교, 한성대학교, 인천대학교, 목원대학교, 울산대학교, 조선대학교, 가천대학교(글로벌), 경기대학교, 수원대학교, 중앙대학교(안성), 충북대학교, 단국대학교(천안), 대구예술대학교, 제주대학교 등

졸업 후 진출 분야 및 직업

진출 분야

방송국, 광고 회사, 컴퓨터 영상 제작업체, 무대 세트 제작업체, 미술관, 박물관, 미술학원, 문구·완구 업체, 공간디자인 업체, 가구·조명 관련 라이프스타일 디자인 업체, 광고 기획사, 조명 관련 회사, 디스플레이 디자인 사무소, 디지털 제품, 게임 및 캐릭터 개발업체, 멀티미디어 업체, 이벤트 업체, 문화 예술 관련 국책 연구소, 한국문화예술교육진흥원/아시아문화원/예술의 전당 등 예술 관련 공공기관, 공공 박물관, 공공 미술관 등

진출 직업

학예사(큐레이터), 화가 등

관련 학과

미술·디자인학부(회화·조소) | 미술학부 서양화전공

고등학교 권장 선택과목 로드맵

교과 영역	선택과목	
	일반선택	진로선택
기초		영미 문학 읽기
탐구	윤리와 사상, 세계사	여행지리, 융합과학
체육·예술	음악, 미술, 연극	미술 창작, 미술 감상과 비평
생활·교양	철학, 심리학	지식 재산 일반

조소과

조각 예술의 흐름과 양식 및 기법을 익혀 창의적 조각 예술을 창달하는 것을 목적으로 합니다.

최근 환경적 측면에서 조각이 재조명되면서 도시 미관과 관련된 환경미학, 건축, 도시 계획, 디자인 등을 학문적으로 연구하고, 이를 통해 사회적 기능과 역할을 다하는 창조적 예술가를 양성합니다. 조소라는 한정된 개념에서 벗어나 다른 분야와 융합하여 입체 설치, 환경이라는 새로운 개념으로 확장해나가는 경향이 있으며 사용하는 재료 또한 디지털 소재까지 포함하는 등 더욱 다양해지고 있습니다. 예술가에게는 풍부한 상상력과 창의력은 물론, 그것을 특유의 미적 표현 양식으로 표현하려는 열정이 필요합니다. 미술과 문화 전반에 대한 관심과 열정, 그리고 최소한 실기 능력도 갖추어야 합니다.

📁 추천 활동 :
미술 전시 관람, 미술 동아리, 작품 포트폴리오

졸업 후 진출 분야 및 직업

✏ 진출 분야

방송국, 광고 회사, 컴퓨터 영상 제작업체, 무대 세트 제작업체, 미술관, 박물관, 미술학원, 문구·완구 업체, 공간디자인 업체, 가구·조명 관련 라이프스타일 디자인 업체, 광고 기획사, 조명 관련 회사, 디스플레이 디자인 사무소, 디지털 제품, 게임 및 캐릭터 개발업체, 멀티미디어 업체, 이벤트 업체, 문화 예술 관련 국책 연구소, 한국문화예술교육진흥원/아시아문화원/예술의 전당 등 예술 관련 공공기관, 공공 박물관, 공공 미술관 등

✏ 진출 직업

문화재보존원, 미술비평가, 조각가, 큐레이터, 학예사(큐레이터) 등

📖 개설 대학

동국대학교, 상명대학교, 서울대학교, 성신여자대학교, 이화여자대학교, 홍익대학교, 동아대학교(승학), 목원대학교, 충남대학교, 울산대학교, 가천대학교(글로벌), 수원대학교, 중앙대학교(안성), 충북대학교, 단국대학교(천안), 제주대학교 등

📋 관련 학과

미술학부 조소전공   조각학과

🎰 고등학교 권장 선택과목 로드맵

교과 영역	선택과목	
	일반선택	진로선택
기초	확률과 통계	
탐구	생활과 윤리, 사회·문화	생활과 과학
체육·예술	미술, 연극	미술 창작, 미술 감상과 비평
생활·교양	정보, 심리학	지식 재산 일반

조형예술학과

미술 행위는 미를 추구하는 인간의 본능을 충족시키고, 보는 즐거움과 창조하는 즐거움을 주어 윤택하고 고상한 삶을 영위할 수 있도록 합니다.

미술 매체 전반을 아우르는 실기교육과 비평·기획·경영에 관한 이론교육을 통해 실험정신과 창의력을 바탕으로 조형감각을 갖춘 작가와 다양한 미술 분야에서 활동할 수 있는 미술 전문인을 양성합니다. 이를 위해 회화, 조각, 판화 등 전통적 매체와 복합매체, 미디어 등 첨단 매체를 습득할 수 있도록 돕고, 미술 이론을 통해 논리적 사고와 표현능력을 배양하고자 합니다.

📁 추천 활동 :

회화, 조형, 미디어 관련 미술 활동

📖 개설 대학

건국대학교(GLOCAL), 서울과학기술대학교, 인천가톨릭대학교, 인하대학교 등

📋 관련 학과

디자인학과 도예학과 조형예술학과

금속공예디자인학과

졸업 후 진출 분야 및 직업

✏️ 진출 분야

미술관 및 갤러리, 신문사, 방송국, 디자인 관련 업체, 문화체육관광부/한국콘텐츠진흥원/서울문화재단/국립현대미술관 등 공공기관, 문화센터, 중·고등학교, 학원 등

✏️ 진출 직업

편집디자이너, 웹디자이너, 일러스트레이터, 3D 그래픽디자이너, 가구디자이너, 공간디자이너, 환경디자이너, 조명디자이너, 미술교사, 미술치료사, CG 디자이너, 광고디자이너, 애니메이터, 특수효과사, 보석디자이너, 큐레이터, 미술평론가, 미술작가, 크리에이터, 미디어아티스트, 애니메이션 작가, 미술잡지와 언론사의 문화부 기자, 예술복지활동가, 공공미술가, 미술학원강사, 에듀케이터, 아트컨설턴트(미술 작품 판매), 미술 관련 기자 및 비평가, 복합문화공간 연출자 등

고등학교 권장 선택과목 로드맵

교과 영역	선택과목	
	일반선택	진로선택
기초	확률과 통계	
탐구		생활과 과학
체육·예술	미술, 연극	미술 창작, 미술 감상과 비평
생활·교양	정보, 철학	지식 재산 일반

조형디자인학과

조형은 자연을 그대로 빚거나 조각하는 것이 아니라 자연에 인간의 내면을 투사해 형상화하는 예술입니다.

조각을 비롯한 소조와 판화가 포함되는 조형 분야에서는 새로운 조형예술을 창조하고 예술적 환경을 가꾸어나갈 인재를 양성합니다. 현대미술에서 입체 작업이 차지하는 비중이 높아지고 있으며, 현대 조각에는 기술의 발달에 따라 새로운 재료와 기법을 발굴하기 위한 노력들이 계속될 전망입니다. 사물을 자세히 관찰하고 독창적으로 생각하며 창의적으로 표현하는 것을 좋아하는 사람에게 적합합니다. 3차원 공간에 표현하는 일이므로 공간 지각력이 요구되며, 다양한 재료를 발굴할 수 있는 능력이 필요합니다. 작품을 완성하기 위해 많은 시간과 노력을 투자할 수 있는 인내심이 필요합니다.

📁 추천 활동 :
미술 전시 관람, 미술 동아리, 작품 포트폴리오

졸업 후 진출 분야 및 직업

✏️ 진출 분야

방송국, 광고 회사, 컴퓨터 영상 제작업체, 환경·장식 업체, 무대 세트 제작업체, 미술관, 박물관, 미술학원, 도자기회사, 가구 관련 회사, 귀금속 디자인 회사, 디스플레이 디자인 사무소, 공간디자인 업체, 3D 업체, 자동차 제조업체, 문화 예술 관련 국책 연구소, 한국문화예술교육진흥원/아시아문화원/예술의 전당 등 예술 관련 공공기관, 공공 박물관, 공공 미술관 등

✏️ 진출 직업

가구디자이너, 디스플레이전문가, 인테리어디자이너, 제품디자이너, 조각가, 학예사(큐레이터) 등

개설 대학

고려대학교, 상명대학교, 서울과학기술대학교, 이화여자대학교, 추계예술대학교, 한국예술종합학교, 홍익대학교, 부산대학교, 인천대학교, 인하대학교, 한남대학교, 경기대학교, 대진대학교, 수원대학교, 협성대학교, 강원대학교(삼척), 상지대학교, 건국대학교(GLOCAL), 충북대학교, 공주대학교, 남서울대학교, 상명대학교(천안) 등

📋 관련 학과

가구조형전공   금속조형디자인과   판화과

한지·조형디자인   한지공간조형디자인전공

문화조형디자인전공   미술조형학과

생활조형디자인학과   융합조형디자인전공

입체조형학과   세라믹디자인전공

유리조형디자인학과   현대조형학부

📚 고등학교 권장 선택과목 로드맵

교과 영역	선택과목	
	일반선택	진로선택
기초	확률과 통계	
탐구		생활과 과학
체육·예술	미술, 연극	미술 창작, 미술 감상과 비평
생활·교양	정보, 철학	지식 재산 일반

한국화과

한국화의 전통 정신과 다양한 기법을 탐구하여 한국미를 계승하고 전통과 현대미술의 융합을 통해 창조적인 실험정신과 창조적 삶을 영위하는 미술인을 양성합니다.

전통적 표현영역에 대한 전문적인 이해와 현대적 표현영역의 다양한 실험을 통해 지속가능한 문화예술 영역을 탐구 및 창작하고, 타 분야와 융·복합적인 연구를 통해 예술적 잠재력을 증진시킬 수 있습니다. 기술의 변화를 수용하고 표현하는 연구를 통해 시대를 선도하는 작품들을 제작하기 위해 노력합니다.

📁 추천 활동 :

미술 전시 관람, 미술 동아리, 서예 및 캘리그라피 연습

 개설 대학

부산대학교, 전북대학교, 전남대학교, 경북대학교, 동국대학교, 인천대학교 등

 관련 학과

| 미술학과 | 조형예술학과 | 디자인학과 |

졸업 후 진출 분야 및 직업

✏️ 진출 분야

한국문화예술교육진흥원, 통합예술회사, 대학, 초·중등학교, 미술학원 등

✏️ 진출 직업

작가, 미술비평가, 큐레이터, 기고가, 의상디자이너, 웹디자이너, 디스플레이어, 방송영상편집, 영화미술관련전문가, 인테리어디자이너, 학예연구사, 문화재관리사, 불교미술기술자, 불교미술기능자, 불교사원설계감독자, 문화재보존수복가, 영화미술감독, 무대미술가, 영정초상화제작자, 벽화제작자, 설치미술가, 공공미술 코디네이터, 일러스트레이터, 인테리어디자이너, 패션디자인, 3D디자이너, 시각디자이너, 미술치료사, 미술사학자, 미술교사, 교수, 미술행정가 등

고등학교 권장 선택과목 로드맵

교과 영역	선택과목	
	일반선택	진로선택
기초	확률과 통계	
탐구		생활과 과학
체육·예술	미술, 연극	미술 창작, 미술 감상과 비평
생활·교양	정보 철학	지식 재산 일반

회화학과

평면상에 선과 색채를 이용하여 자신의 생각과 느낌 또는 다양한 형상을 표현하는 조형미술입니다.

회화 및 관련 예술에 대한 지적, 감상적, 기술적 접근이 폭넓게 이루어집니다. 기초과정에서는 기본실기 및 이론교육을 통해 개인의 창작과 표현능력을 극대화시키고 전공 및 심화 과정에서는 폭넓고 개성적인 표현 실습을 통해 미술가로서의 전문적인 역량을 육성합니다. 그림 그리기를 즐기고 창의적인 사람에게 어울리며, 오랜 시간 그림 작업에 몰두할 수 있는 인내심이 있어야 합니다. 회화의 새로운 기법을 이해할 수 있어야 하고, 회화 자체에 대한 전문적인 지식과 실기 실력을 갖추어야 합니다.

 추천 활동 :

미술 전시 관람, 미술 동아리, 작품 포트폴리오

졸업 후 진출 분야 및 직업

진출 분야

방송국, 광고 회사, 컴퓨터 영상 제작업체, 무대 세트 제작업체, 미술관, 박물관, 미술학원, 문구·완구 업체, 공간디자인 업체, 가구·조명 관련 라이프스타일 디자인 업체, 광고 기획사, 조명 관련 회사, 디스플레이 디자인 사무소, 디지털 제품, 게임 및 캐릭터 개발업체, 멀티미디어 업체, 이벤트 업체, 문화 예술 관련 국책 연구소, 한국문화예술교육진흥원/아시아문화원/예술의 전당 등 예술 관련 공공기관, 공공 박물관, 공공 미술관 등

진출 직업

디자이너, 중등학교 교사, 컬러리스트, 학예사(큐레이터), 화가 등

개설 대학

국민대학교, 동덕여자대학교, 서울디지털대학교, 세종대학교, 숙명여자대학교, 이화여자대학교, 한성대학교, 홍익대학교, 동아대학교, 인천가톨릭대학교, 목원대학교, 배재대학교, 충남대학교, 한남대학교, 계명대학교, 조선대학교, 가천대학교(글로벌), 강남대학교, 대진대학교, 수원대학교, 용인대학교, 건국대학교(GLOCAL), 청주대학교, 세한대학교, 대구가톨릭대학교(효성), 대구대학교(경산), 대구한의대학교(삼성), 영남대학교 등

관련 학과

| 회화·디자인학부 | 회화 및 판화전공 |

문화예술학부 회화과

미술·디자인학부(회화·조소)

고등학교 권장 선택과목 로드맵

교과 영역	선택과목	
	일반선택	진로선택
기초	확률과 통계	
탐구		생활과 과학
체육·예술	미술, 연극	미술 창작, 미술 감상과 비평
생활·교양	정보, 철학	지식 재산 일반

연극·영화

어떻게 하면 작품 속 인물이나 자신을 표정, 몸짓, 목소리로
표현하고 무대장치나 필름을 통해 잘 전달할 수 있을까?

연극과 영화는 종합예술로서 다양한 장르를 아우르며 발전하고 있습니다.
연극이 무대 위에서 표현하는 희곡, 연기, 무대미술의 종합예술이라면,
영화는 입체적인 영상을 통해 한계가 없는 스토리를 담는 종합예술입니다.
연극·영화 관련 학과에서는 시나리오 작성, 연출, 촬영, 마케팅 등
연극, 영화에 대한 학문적 지식과 실습 교육을 통해 유능한 공연영상예술인을 양성합니다.

관련 학과

연극영화학과, 연극전공, 영화전공, 연기예술학과 등

진출 분야

공연 기획 및 제작사, 멀티미디어 콘텐츠 제작사, 방송국, 연예 엔터테인먼트 회사, 영화 제작사, 극장 및 극단, 문화 예술 관련 공공기관

진출 직업

공연기획자, 방과후교사, 영화시나리오작가, 방송작가, 평론가, 가수, 영화감독, 방송연출가, 연극연출가, 연극교사 및 연극치료사, 광고영상감독, 성우, 모델, 연극 및 뮤지컬배우, 영화배우 및 탤런트, 개그맨 및 코미디언, 아나운서, 리포터, 게임기획자, 애니메이션기획자, 연극영화방송 기술감독, 촬영기사, 영상·녹화 및 편집 기사, 조명기사, 영사기사, 무대 및 세트디자이너, 1인 미디어콘텐츠 창작자, 드론촬영기사, 메이킹필름제작자, 뮤지컬배우연기학원강사, 영화배급관리자 등

관련 자격

문화예술교육사, 멀티미디어콘텐츠제작전문가 민간자격, 영상연출전문인, 영상촬영전문인, 영상편집전문인, 연극치료사, 무대예술전문인 등

인재상

A
창작에 필요한
상상력, 공감력, 표현력이 풍부한 학생

B
전공에 대한 열정을 갖고
성실하고 진지하게
임하는 학생

C
4차 산업혁명에
의해 변화하는
영화·연극산업에
관심을 갖고
적응할 수 있는
학생

D
작품연구 및 실습에 많은 시간과 노력을
투자할 수 있는 끈기와
인내심이 있는 학생

E
종합적인 사고력과 판단력, 많은 사람들과협업할 수 있는 의사소통능력을 갖춘 학생

F
미술, 음악, 무용, 문학, 건축, 연극, 어학, 심리학 등 다방면에 관심과 지식이 있는 학생

방송연출가, 영화감독, 연극연출가

🖥 직업 소개

방송연출가는 라디오 및 텔레비전의 보도, 교양, 오락(예능, 드라마, 스포츠) 등 프로그램 기획, 촬영, 편집, 섭외, 예산집행까지 방송 제작 전반을 총괄합니다. 영화나 연극을 연출하기 위해 희곡을 선정하고 선정된 작품을 검토한 후 구성요소 분석 등 작품을 해석하고 배우들의 연기와 공연을 지휘합니다. 제작자 및 시나리오작가와 협의하여 대본을 수정하고 극의 세부적인 흐름을 계획하며 등장인물에 적합한 배우를 선발하거나 직접 캐스팅합니다. 무대 제작을 포함하여 공연 제작계획을 조정하기 위해 무대감독, 음향, 조명, 의상, 안무 등 관련 종사원들과 협의하고 연습 및 리허설을 총괄합니다.

💡 적성 및 흥미 ●●●

방송, 영화, 연극 등은 혼자 만드는 것이 아니므로 감독 및 연출자에게는 많은 제작진과 함께 작업할 수 있는 의사소통능력과 대인관계능력이 필요하며, 이들을 관리하고 통솔할 수 있는 리더십, 추진력 등이 요구됩니다. 새로운 작품을 창작할 수 있는 풍부한 상상력과 창의력이 요구되므로 사회, 문화, 예술, 시사 등 다방면에 대한 관심과 이해, 특히 영상 예술에 대한 관심과 재능이 있는 사람이 적합합니다.

❤ 💬 ✈ 관련 직업

광고영상감독   # 웹방송전문가

음반기획자   # 애니메이션기획자

드라마PD   # 라디오PD   # 독립PD

미디어콘텐츠창작자(콘텐츠크리에이터)

게임방송PD   # 무대감독

미술감독   # 촬영감독

📇 관련 자격

무대예술전문인

✈ 진출 방법

대학에서 관련 학과나 동아리활동, 단편영화 제작 등 연출 경험을 미리 쌓거나 사설학원 등에서 방송, 영화, 연극 제작 등에 관한 전문적인 교육을 받습니다. 방송연출가는 일반적으로 각 방송사의 공개채용을 통해 입직하는데 지상파 방송사의 경우 4년제 대학 졸업 이상, 독립 프로덕션 등의 경우 전문대 졸업 이상을 요구하고 있으나 점차 학력 제한을 폐지하는 추세입니다. 방송사의 채용 과정은 대체로 '서류전형-필기시험(시사교양, 논술)-실무능력평가-면접' 등의 단계를 거칩니다. 입사 후 수습과정을 거쳐 조연출로 활동하며 '조연출자 → 연출자(PD) → 책임연출자(CP : Chief Producer)' 등으로 승진합니다. 방송사에 입사 후 독립적으로 프로그램을 맡게 되기까지 교양프로그램은 5년 내외, 예능프로그램은 7년 내외, 드라마는 그 이상의 경력이 요구되며, 방송사의 인력 적체로 과거보다 2~3년이 더 소요되고 있습니다. 영화감독은 조감독으로 경험을 쌓은 후 실력을 인정받아 감독으로 데뷔하거나 단편영화 감독으로 활동하면서 제작 실무와 감각을 익혀 데뷔합니다. 연극연출자는 극단의 연출부로 들어가 조연출에서부터 시작합니다.

시나리오작가

직업 소개

시나리오(대본)를 쓰기 위해 주제, 등장인물 및 이야기를 구상하여 등장인물의 성격 및 스토리에 포함될 사건을 결정하고, 전반적인 시놉시스(시나리오 또는 대본 전체를 요약한 개요 혹은 줄거리)를 작성합니다. 각 장면의 특징에 따라 인물의 표정, 동작, 음향, 조명 등을 구성하고 설정된 주제 및 줄거리에 맞게 대본을 작성합니다. 창작글을 쓰거나 문학작품, 희곡 등을 각색하여 시나리오로 재작성합니다. 연출자 및 제작자와 작품 내용을 협의하고 수정합니다.

적성 및 흥미

✔ 관찰력
✔ 상상력
✔ 공감력

독서나 다양한 체험을 통해 작가적 역량을 향상시키기 위해 노력해야 합니다. 인문학적·문학적 소양을 바탕으로 풍부한 관찰력과 상상력을 가져야 하며, 이를 영상으로 잘 표현하기 위해서는 영화나 드라마 제작과정에 대한 이해가 필요합니다. 생동감 있는 인물을 창조하기 위해서는 관찰력과 공감력이 필요하고, 인터뷰나 취재를 통해 현실적인 인물을 창조할 수 있어야 합니다. 자신의 생각이나 느낌을 글로 잘 표현하고, 작가적 상상력을 키우기 위해 다양한 방면에 관심을 갖고 탐구하는 자세가 필요합니다.

관련 직업

\# 극작가   \# 방송작가

\# 소설가   \# 카피라이터

\# 평론가   \# 게임시나리오작가

\# 라디오 작가   \# 시인   \# 작사가

진출 방법

연극·영화 관련 학과, 국어국문학과, 문예창작학과 등에서 공부하여 전문성을 키웁니다. 제도적인 교육보다는 작가적 자질을 스스로 키워나가는 노력이 더 중요하므로 독서와 사색, 글쓰기 연습뿐만 아니라 다양한 경험을 쌓는 것이 필요하며, 무엇보다 방송, 연극, 영화를 좋아하고 제작에 대한 이해가 있어야 합니다. 시나리오 공모전에서 입상하거나 제작사에 투고해서 제작 제의를 받을 수 있습니다.

연기자

💻 직업 소개

연극, 영화, 드라마의 등장인물로 출연하여 관객 또는 카메라 앞에서 상대 배우들과 호흡을 맞추며 연기합니다. 오디션을 통해 배역을 맡으면 연극, 영화, 드라마를 위해 희곡(대본)을 읽은 후 극 중 인물을 분석하여 배역의 성격, 언어, 특징 등을 연구합니다. 인물의 대사를 암기하고 행동이나 표정 연기를 통해 배역을 소화합니다.

💡 적성 및 흥미 ● ● ●

연기자는 배역에 대한 분석력, 창의력, 연기력이 필요하고, 다양한 배역을 소화하기 위해 음악, 무용, 미술은 물론 풍부한 예술적 지식이 필요합니다. 많은 스태프 및 다른 연기자들과 협업해야하므로 원활한 대인관계를 위한 의사소통능력이 필요합니다. 또한, 자신의 연기를 지속적으로 모니터링하며 다양한 배역을 소화할 수 있는 능력을 키우기 위해 노력해야 합니다.

❤ 💬 ✈ 관련 직업

(# 모델) (# 코미디언)

✈ 진출 방법

연극영화과, 연기과, 코미디연기학과, 방송연예과 등을 전공하여 연기에 필요한 화술 및 연기, 동작, 대사 훈련, 발성과 호흡, 연기실습, 연기의 기본이론 등에 대해서 배우거나 방송국 부설 방송아카데미예술원과 사설연기학원에서 연기자 과정을 이수합니다. 신인 연기자 공개채용은 서류심사, 면접, 연기력 테스트·카메라 테스트 등의 과정을 통해 최종 선발합니다. 최종합격자는 3개월 내외의 신인 연기자 교육연수와 일정 기간 출연 기회를 보장받을 수 있지만, 방송사의 신인 연기자 공개채용은 비정기적으로 이루어지고 있어 기회가 적습니다. 방송사 공채 외에 기획사, 프로덕션사 및 영화사에 캐스팅되어 연기자로 데뷔하기도 합니다.

📖 연극·영화 분야 추천도서

배우 어떻게 되었을까?
한상임/캠퍼스멘토

무대감독 어떻게 되었을까?
조윤지/캠퍼스멘토

유튜브 크리에이터 어떻게 되었을까?
조재형/캠퍼스멘토

뮤지컬학과

뮤지컬은 음악, 노래, 무용을 결합한 종합무대예술로 연극과는 또 다른 매력이 있습니다.

다양한 장르의 연기, 연출, 디자인 등의 실기 중심 교육을 실시하여 예술 산업 현장에서 활동할 수 있는 예술가를 양성합니다. 무대 연출이나 감독의 업무를 배우기도 하지만 주로 뮤지컬배우를 양성하기 위한 수업이 이루어집니다. 뮤지컬배우는 대중들 앞에서 연기를 한다는 점에서 연극이나 영화, 드라마와 유사합니다. 그러나 대사로 이루어진 연극 연기나 촬영과 편집을 통한 영화 혹은 드라마와는 달리 무대 위에서 노래와 춤, 연기 등 종합적인 예술을 상연한다는 점에서 차별점이 있습니다. 연극이나 뮤지컬과 같은 무대 예술에 대한 흥미가 필요하고, 춤, 노래, 연기 실력은 물론 끼와 재능도 요구됩니다. 또한 무대 위에서 다양한 배역을 연기하기 위하여 풍부한 표현력을 기르는 것도 중요합니다.

📁 추천 활동 : 뮤지컬 관람, 뮤지컬 동아리

졸업 후 진출 분야 및 직업

 진출 분야

방송국, 멀티미디어 콘텐츠 제작 회사, 인터넷 콘텐츠 기획 및 제작 회사, 영화 제작사, 극장 및 극단, 기업체의 홍보실, 이벤트 회사, 오락 및 연예 기획사, 예술의전당 등 문화 예술 관련 공공 기관 등

 진출 직업

가수, 댄서, 뮤지컬배우, 연기자, 영화배우 및 탤런트 등

📖 개설 대학

예원예술대학교, 홍익대학교, 백석대학교, 동신대학교, 동서대학교, 경성대학교, 서울기독대학교, 서경대학교, 우석대학교, 청운대학교, 목원대학교, 계명대학교, 명지대학교, 대덕대학교, 계명문화대학교, 경민대학교, 경복대학교, 동아방송예술대학교, 수원과학대학교, 여주대학교, 용인송담대학교, 청강문화산업대학교, 백제예술대학교 등

📋 관련 학과

K-뮤지컬과 공연예술계열 뮤지컬전공
뮤지컬연기과

고등학교 권장 선택과목 로드맵

교과 영역	선택과목	
	일반선택	진로선택
기초		실용 국어
탐구	생활과 윤리, 사회·문화	고전과 윤리
체육·예술	음악, 미술, 연극	미술 창작, 음악 연주, 미술 감상과 비평, 음악 감상과 비평
생활·교양	심리학	창의 경영

연극영화학과

연극과 영화는 많은 사람들이 즐기는 대중예술입니다.

연극·영화의 이론을 연구하고 실기 능력을 키워 교양과 지성, 실무 능력을 두루 갖춘 공연·영상 예술 전문가를 양성합니다. 연극·영화는 종합예술이므로 미술, 음악, 무용, 문학, 건축, 연극, 어학, 심리학, 사회학 전반에 걸친 지식과 관심이 있어야 합니다. 실습을 참아낼 수 있는 인내심이 필요하며, 자신의 개성을 제작 팀원들과 조화시킬 줄 알아야 합니다.

 추천 활동 :
연극 관람, 연극 동아리, 시나리오 습작 만들기

졸업 후 진출 분야 및 직업

진출 분야

영화 제작사, 공연 제작사, 광고 기획사, 기업 마케팅 부서, 항공사, 연예 기획사, 이벤트 회사, 언론사(방송국, 위성 및 지상파 방송국, 각 기업체 사내 방송국, 신문사, 잡지사), 멀티미디어 콘텐츠 제작업체, 인터넷 콘텐츠 기획 및 제작업체, 극장 및 극단, 기업체의 홍보실, 오락 및 연예 기획사, 대학교, 문화 관련 국책연구소, 영상진흥원/한국콘텐츠진흥원/한국문화예술위원회 및 각종 문화재단 등 문화 예술 관련 공공기관, 중·고등학교 등

진출 직업

CF감독, 가수, 모델리스트, 뮤지컬배우, 성우, 연극배우, 영화배우, 코미디언 등

개설 대학

건국대학교, 경희대학교, 국민대학교, 동국대학교, 동덕여자대학교, 서경대학교, 서울기독대학교, 서울문화예술대학교, 성균관대학교, 세종대학교, 숭실대학교, 중앙대학교, 추계예술대학교, 한국예술종합학교, 한양대학교, 홍익대학교, 인천대학교, 인하대학교, 목원대학교, 배재대학교, 계명대학교, 대진대학교, 명지대학교(용인), 성결대학교, 수원대학교, 안양대학교, 예원예술대학교(양주캠퍼스), 용인대학교, 평택대학교, 한세대학교 등

관련 학과

TV·영화학부 　 공연뮤지컬학과 　 방송연예과
방송영화학과 　 공연영상문화예술학부
공연영상창작학부 　 공연예술전공 　 뮤지컬학과
무대공연예술학과 　 무대기술전공
무대조명·음향전공 　 공연방송연기학과

고등학교 권장 선택과목 로드맵

교과 영역	선택과목	
	일반선택	진로선택
기초	확률과 통계	실용 국어, 영미 문학 읽기
탐구	생활과 윤리, 사회·문화	고전과 윤리
체육·예술	음악, 미술, 연극, 체육	미술 창작, 음악 연주, 미술 감상과 비평, 음악 감상과 비평
생활·교양	철학, 심리학	지식 재산 일반

MEMO

음악

어떻게 하면 나의 목소리나 악기 연주를 통하여 존재하는 모든 것을
느끼는 나의 생각과 감정을 잘 표현하고 전달하며 사람들과 소통할 수 있을까?

음악계열은 성악과, 기악과, 작곡과 각 전공에 대한 체계적이고 전문적인 실기지도와 더불어
기초음악학문교육을 통해 뛰어난 전문 연주자 및 음악 전문가를 양성합니다. 일대일 개인교습을 통한
전문적인 실기지도는 물론 최대 6개 국어 딕션(Diction)수업, 음악문헌, 합창, 시창청음, 화성학 그리고
오페라, 오케스트라 실습, 악곡 분석 등 전공 심화 과정을 통해 연주 능력과 전문지식을 습득합니다.

성악과

: 인간이 가진 가장 완벽한 악기인 목소리로 연주하는 성악과는 기술을 연마하고 재능을 개발하기 위해 매우 체계적인 전문교육이 필요한 전공입니다. 연주 기술뿐 아니라 인성교육이 전 교육과정에 포함되며, 언어로 소통해야 하므로 기본적으로 6개 국어 교과목이 필수입니다. 목소리뿐 아니라 신체표현을 통해서도 음악이 전달되므로 표현, 무용, 연기 등 많은 기초이론 교육이 필요합니다.

기악과

: 피아노, 바이올린, 첼로 등 대부분의 악기는 조기교육이 필요하며 비교적 준비과정이 짧은 악기라도 대학 진학 이전에 기본적인 실기교육을 받아야 입학할 수 있습니다. 하루 평균 5시간 정도의 개인 연습과 집중된 실기 레슨을 거치고 매 학기마다 전공 실기 시험을 통해 평가받습니다. 오케스트라 합주, 앙상블 등 다양한 연주 실습을 통해 연주 실력을 향상할 수 있습니다.

작곡과

: 이론전공과 작곡전공으로 나뉘는 작곡과는 기본이론과 실기 이외에도 피아노 전공이 반드시 필요하며, 성악의 특성과 각 악기의 구조 및 특성 파악과 더불어 철학적, 문학적인 분야에 대한 연구도 중요합니다. 개개인의 음악적 재능을 최대한 개발하기 위하여 체계적인 이론교육과 함께 감성적 전문 실기교육을 통해 전문 연주자와 음악 지도자를 양성합니다. 크게는 전문 연주자와 지도자를 양성하는 분야로 구분할 수 있는데, 전문 연주자로는 오페라가수, 콘서트 연주자(독창, 독주), 합창단원, 오케스트라 단원 등이 포함되며 지도자로는 모든 연령대를 대상으로 한 합창, 합주교육과 성악 실기교육, 영유아 놀이 교육, 방과후학교 교사, 개인 음악 교사 등이 있습니다.

실용음악학과

: 음악 세계에 대중적 감각을 부여하는 동시에 예술성을 잃지 않는 독특한 음악 장르를 구축하는 학과입니다. 대중음악의 독자성과 창의성이 창출되도록 유도하고, 전통과 현대 대중음악의 접목을 시도함으로써 음악 세계에 대한 실험적 접근을 꾀합니다. 비전문가도 연주 가능한 음악을 제작하면서, 다양한 장르의 음악을 통해 보다 자유롭고 높은 수준으로 대중을 만족시키는 연주자 및 제작자를 양성합니다. 실용음악에 관한 일반 이론과 음악 기초이론, 세부 전공에 따른 집중 교육, 앙상블, 음악 제작에 필요한 기초적인 전자음악 프로그램 교육 및 공연 실습, 현장 교육을 위주로 교육을 진행합니다. 실버세대를 위한 합창 교육, 미술과 체육 등과의 협업을 통한 활동적인 아동교육 등 융합직업들이 생겨날 것으로 보입니다.

관련 학과

음악대학 성악과, 예술대학 음악과(성악전공), 종교음악과(성악전공), 실용음악전공, 실용음악학과, 실용음악학부, 연기뮤지컬학과, 영상음악학과, 음악공연예술과, 음악과, 음악목회학전공, 음악학과-실용음악전공, 음악학과-실용음악과정, 음악학부(기독교실용음악전공), 음악학부(뉴미디어음악전공), 일렉트로닉뮤직프로덕션과, 재즈전공, 전자디지털음악학과, 현대실용음악학과, 영화음악과, 영상음악과, K-팝스타과, 사운드과, 방송음악과, Post Modern 음악학과, K-POP학과, 퍼포밍아트학과-실용음악전공, 대중음악학과, 컨템포러리미디어뮤직학과, 한국공연음악과, 글로벌실용음악과, 뮤직프로덕션전공, 문화예술학부실용음악전공, 예술학부 실용음악전공, 공연음악전공, 교회실용음악전공, 교회음악과, 교회음악과(신학계열), 교회음악학과, 기독교 실용음악학 전공, 대중음악과, 디지털음악학과, 종교음악학과, 모던음악과, 문화예술학부 기독교실용음악전공, 뮤지컬음악학과, 전자디지털음악, 뮤직테크놀로지, 뮤지컬과, 뮤지컬전공, 뮤지컬학과, 뮤직프로덕션과, 미디어음악과, 사운드 디자인과(학부), 생활음악과, 생활음악과, 생활음악전공, 성악·뮤지컬학부-뮤지컬전공, 작곡&실용음악과, 실용음악&클래식과, 실용음악공연과, 실용음악공연학과, 실용음악과, 실용음악예술학부, 실용음악예술계열, 실용음악과(3년제), 실용음악보컬전공, 실용음악전공

진출 직업

중등음악교사, 발성교정교사, 음치교정교사, 가정방문음악교사, 방과후음악교사, 영유아음악교사, 영유아놀이교실음악교사, 유치원 및 어린이집 국악지도교사, 유치원 및 어린이집 우쿨렐레교사, 사회예술음악강사, 아마추어성악지도자, 입시음악지도자, 오페라감상교육자, 클래식성악교실지도자, 클래식이론지도자, 피아노실기지도자, 합창단발성지도자, 레크레이션강사, 동요지도자, 가요교실강사, 음악학원강사, 보컬트레이너, 음악전공교원, 오페라음악코치, 실버합창단지도자, 기업 내 직원합창단 코치, 하우스매니저(공연장관리자), 성우, 뮤지컬배우, 가수, 성악가, 합창단원, 오페라단단원, 해외오페라가수, 교향악단단원, 뮤지컬오케스트라단원, 오페라단오케스트라단원, 실내악합주단(Chamber Ensemble), 성악반주자, 합창반주자, 무용반주자, 교향악단소속 피아니스트, 종교단체소속지휘자, 오케스트라지휘자, 합창지휘자, 이벤트전문가수, 이벤트전문연주자, 오페라연출가, 음반기획자, 오페라단 캐스팅디렉터, 클래식작곡가 등

진출 분야

교육 분야, 공연 및 연주 분야, 신문, 방송, 출판, 음악 및 관련 산업체 등

관련 자격

음악심리상담사, 문화예술교육사 1, 2급, 무대예술전문인 등

인재상

A
감정 표현이 뛰어나고, 개성이 뚜렷하며 성실함과 인내심을 갖춘 학생

B
음악에 대한 관심과 대중음악 등 다양한 실용음악 장르와 문화예술분야에 관심이 있는 학생

C
공동 작업 시 타인에 대한 배려와 존중이 필요하므로 사교성, 사회성, 리더십을 갖춘 학생

D
목소리나 음감 등 타고난 재능 및 개인 연습량을 수행할 성실함과 인내심을 갖춘 학생

E
음악의 역할을 인식하고 시대적 요구에 따른 음악적 능력을 함양하여 건강한 사회, 문화 발전에 기여할 참된 인성의 전문 음악인이 되고 싶은 의지가 있는 학생

보컬트레이너

직업 소개

정통 성악 발성을 기본으로 실용음악, 뮤지컬 분야 등 다양한 싱어를 양성합니다. 학생 개개인의 생김새, 보이스 톤, 호흡 근육과 성대의 상태에 따라 알맞은 발성 방법과 노래기술 등을 지도합니다. 가수, 아나운서, 기상 캐스터, 성우 등 음성이 중요한 직업군에게 개인의 특성을 고려하여 목적에 맞는 좋은 목소리를 낼 수 있도록 지도합니다.

💡 적성 및 흥미 ● ● ●

노래를 듣거나 부르기를 좋아하고, 좋은 소리를 내기 위한 호흡과 발성 원리를 과학적으로 이해하며, 이를 개개인의 상태에 맞게 적용하여 설명할 수 있어야 합니다.

❤ ○ ✈ 관련 직업

(# 싱어 개인관리) (# 음악기획사 근무)
(# 지휘자) (# 작곡가) (# 연주가)
(# 가수) (# 국악인)

📋 관련 자격

보컬트레이너자격증

✐ 진출 방법

성악과, 기악과, 실용음악과 등 관련 학과를 졸업하는 것이 유리합니다. 예술계 중·고등학교에 진학하거나 사설학원에서 개인 레슨을 통해 실력을 키우고, 폭넓은 음악 감상을 통해 자신의 음악적 소양을 지속적으로 키워야 합니다. 각종 음악 콩쿠르에 참여하여 입상 경력을 쌓는 것도 중요합니다.

📖 음악 분야 추천도서

가수 어떻게 되었을까?
오승훈 외/캠퍼스멘토

작곡가 어떻게 되었을까?
전다솔/캠퍼스멘토

교사 어떻게 되었을까?
한승배/캠퍼스멘토

실내악합주단원

직업 소개

실내악 합주단은 다양한 실내악곡들을 연구 및 연주하기 위해 악보를 연구하고 다른 연주자와 협연합니다. 연주가는 독주자 또는 오케스트라 및 악단의 일원으로 현악기, 관악기, 건반악기, 타악기 중 특정 악기의 연주를 전문적으로 연주합니다. 음악과 악보를 연구하고 바람직한 효과를 내기 위하여 각 요소를 종합하며, 지휘자 및 다른 연주자들과 토론하고 협연합니다. 음반 제작을 위해 녹음에 참여하며 악기를 조율하고 악보를 직접 편곡하기도 합니다. 가수들의 노래나 다른 기악의 연주를 반주하는 경우에는 반주자가 될 수도 있으며, 발레나 오페라 등의 공연에서 배경 음악을 담당하기도 합니다.

적성 및 흥미

- ✔ 집중력
- ✔ 인내심
- ✔ 대인관계능력

악기를 다룰 수 있고, 지휘자의 지도에 따라 많은 연주자들과 협연하기 위해서는 뛰어난 집중력과 많은 연습을 할 수 있는 인내심이 필요합니다. 음악적 재능은 물론 악기의 음색이나 화성의 진행을 파악할 수 있는 청력이 요구되며, 정교한 손동작을 갖추어야 합니다. 다른 사람들과 같이 공연하는 경우가 많으므로 원만한 대인관계능력이 필요하고, 오랜 연습을 견딜 수 있는 끈기와 인내심 있어야 합니다. 예술형과 탐구형의 흥미를 가진 사람에게 적합하며 스트레스 감내, 꼼꼼함, 인내심 등의 성격을 가진 사람들에게 유리합니다.

진출 방법

관현악과, 기악과, 음악학과 등 관련 학과를 졸업하는 것이 유리하고, 유럽으로 유학을 다녀오는 경우도 많습니다. 어릴 때부터 악기를 연주하는 경우가 많아 예술계 중·고등학교로 진학하거나 학원 등에서 개인 레슨을 통해 교육을 받습니다. 실내악 합주단원이 되기 위해서는 적어도 청소년기가 되기 전에 자신의 진로를 결정하여 꾸준한 연습을 해야 하고, 자신의 음악적 소양을 지속적으로 키워나가야 합니다. 각종 음악 콩쿠르에 참여하여 입상 경력을 쌓고 유럽에서 발달한 오페라나 예술가곡을 공부하기 위해 영어, 이탈리아어, 독일어, 프랑스어 등의 외국어 실력을 키워놓는다면 음악 활동에 많은 도움이 될 것입니다.

직업 소개

뮤지컬 오케스트라 단원   # 연주가

교향악단 단원   # 오페라 오케스트라 단원

중·고등학교 음악 교사   # 음대 교수

합창지휘자

🖥 직업 소개

합창단의 음악교육 및 연주를 담당합니다. 음성, 음정 등을 심사하여 합창단원을 선발하고, 단원들이나 연주자들의 재능과 능력에 맞는 합창곡 및 연주곡을 선정한 후 화음이 균형과 조화를 이룰 수 있도록 파트를 구성합니다. 지휘법, 음악 이론, 발성법 등을 기초로 음색과 화음의 조화, 리듬, 템포 등의 음악적 효과를 최대한으로 낼 수 있도록 연주자들을 적절히 배치합니다. 음악 작품을 해석하여 음색과 화음이 조화되고, 리듬, 빠르기 등의 음악적 효과를 낼 수 있도록 연주자들을 연습시킵니다. 악보를 편곡하기도 하고 지방 또는 해외 연주계획을 수립하기도 합니다.

💡 적성 및 흥미　● ● ●

타고난 음악적 재능과 예술적 감각을 가지고 있어야 하며, 꾸준히 연습을 해야 하기 때문에 남다른 인내와 끈기가 요구됩니다. 악보 읽는 법 등 음악적 지식이 필요하며, 화성의 진행이나 악기들의 음색 등을 파악할 수 있는 청력이 요구됩니다. 또한 연주 단원들을 통솔할 수 있는 리더십과 판단력도 요구됩니다. 예술형과 탐구형의 흥미를 가진 사람에게 적합하고, 리더십, 성취, 책임감 등의 성격을 가진 사람들에게 유리합니다.

❤ 〇 ✈ 관련 직업

오케스트라 지휘자

종교단체 소속 지휘자

✈ 진출 방법

합창지휘자는 지휘만 전공한 사람도 있지만 대부분 관현악과, 기악과, 성악과, 피아노과, 음악과, 작곡과 등을 전공하다가 지휘 분야를 공부해서 지휘자로 활동하는 경우가 많습니다. 유럽으로 유학을 다녀오는 경우도 많습니다. 어렸을 때부터 꾸준한 연습을 해야 하며, 폭넓은 음악 감상을 통해 자신의 음악적 소양을 지속적으로 키워나가야 합니다. 각종 음악 콩쿠르에 참여하여 입상경력을 쌓고 영어, 이탈리아어, 독일어, 프랑스어 등의 외국어 실력을 키워놓으면 음악 활동에 많은 도움이 될 것입니다.

국악과

오랜 시간 우리 민족과 함께한 국악은 우리의 정서를 잘 표현하는 음악입니다.

국악의 맥을 잇고 국악의 대중화에 앞장서며 국악의 우수성을 해외에 알릴 인재를 양성합니다. 국악의 정신과 예술성을 근원에서부터 이해하고, 국악 전반에 걸친 연주 기술을 습득합니다. 주요 분야는 가야금, 해금, 대금, 피리 등을 연주하는 연주 분야, 가곡과 판소리의 창법을 배우는 성악 분야, 동서양의 음악 이론을 토대로 새로운 국악을 창조하는 국악 작곡 분야가 있습니다. 현재 국악 분야는 전통을 되찾는 동시에 다양한 변신을 통해 세계 속으로 나아가고 있습니다. 이처럼 개척의 길이 다양한 국악의 발전 잠재력은 무궁무진합니다. 우리 전통 예술을 좋아하고 음악적 감수성이 풍부한 사람에게 적합합니다.

📁 추천 활동 :
국악 배우기, 국악 동아리, 국악 공연 관람

졸업 후 진출 분야 및 직업

✏️ 진출 분야

문화 예술 기획 단체, 국악 전문 방송국, 음반 제작 회사, 합창단, 연주 단체, 출판사, 사설 국악 전문 학원, 대학교, 예술의 전당 등 문화 예술 관련 공공기관, 중·고등학교 등

✏️ 진출 직업

가수, 악기수리원 및 조율사, 중등학교 교사, 지휘자 등

📖 개설 대학

서울대학교, 이화여자대학교, 추계예술대학교, 한국예술종합학교, 한양대학교, 부산대학교, 목원대학교, 경북대학교, 전남대학교(광주), 단국대학교(죽전), 수원대학교, 용인대학교, 중앙대학교(안성), 우석대학교, 전북대학교, 세한대학교, 경주대학교, 대구예술대학교, 동국대학교(경주), 영남대학교 등

📋 관련 학과

| 국악과 기악·성악·이론·작곡전공 | 국악전공 |
| 연희과 | 한국음악과 |

🎛️ 고등학교 권장 선택과목 로드맵

교과 영역	선택과목	
	일반선택	진로선택
기초	확률과 통계	
탐구	생활과 윤리, 사회·문화	사회문제 탐구, 과학사
체육·예술	음악, 연극	음악 연주, 음악 감상과 비평
생활·교양	심리학, 한문	창의 경영

기악과

고전음악부터 현대음악에 이르기까지 여러 악기의 아름다운 음색을 통해 다양한 장르의 음악을 연주할 수 있도록 체계적인 음악 이론을 바탕으로 전통적이고 현대적인 연주기법을 익힐 수 있도록 도와 음악성과 연주 기술을 겸비한 수준 높은 연주자를 양성합니다.

피아노 전공과 관현악 전공으로 구분되며 관현악 전공은 바이올린, 첼로, 하프 등을 다루는 현악 분야와 플루트, 클라리넷, 호른 등을 연주하는 관악 분야, 그리고 팀파니 등 두드리는 악기 중심의 타악 분야로 분류됩니다.

악기를 연주하기 위해서는 많은 시간과 노력이 필요하므로 대부분 어릴 때부터 시작합니다. 예술적 재능을 갖추고 감성이 풍부하며 열정적인 사람에게 어울립니다. 어려서부터 악기를 다루고 항상 꾸준하게 연습해야하므로 성실성, 인내력이 요구됩니다. 더불어 같은 곡을 같은 악기로 연주해도 연주자에 따라 전혀 다른 곡이 되므로 자신만의 감성으로 곡을 해석하는 능력이 필요합니다.

📁 추천 활동 :
기악 배우기, 음악 동아리, 연주회 공연 관람

📖 개설 대학

경희대학교, 서울대학교, 성신여자대학교, 연세대학교, 한국예술종합학교, 가천대학교(글로벌), 단국대학교(죽전), 대진대학교, 협성대학교, 세한대학교, 영남대학교 등

📋 관련 학과

기악(연주)전공   기악과

졸업 후 진출 분야 및 직업

✏️ 진출 분야

문화 예술 기획 회사, 음반 제작 회사, 합창단, 연주 단체, 오페라단, 출판사, 방송사, 음악 학원, 대학교, 예술의 전당 등 문화 예술 관련 공공기관, 시립합창단, 시립교향악단, 중·고등학교 등

✏️ 진출 직업

대중가수, 성악가, 악기수리원 및 조율사, 중등학교 교사 등

고등학교 권장 선택과목 로드맵

교과 영역	선택과목	
	일반선택	진로선택
기초	확률과 통계	
탐구	사회·문화, 생활과 윤리	사회문제 탐구, 과학사
체육·예술	음악, 연극	음악 연주, 음악 감상과 비평
생활·교양	심리학	지식 재산 일반

성악과

인간의 목소리를 악기 삼아 인간의 감정, 사상, 영혼 등을 음악으로 표현하는 예술입니다.

성악과는 성악 예술에 대한 탐구와 기량을 연마하여 국내외에서 활약하며 성악계에 공헌할 수 있는 인재를 양성합니다. 성악은 기악과는 달리 어릴 때부터 시작하지 않아도 되지만 발성을 터득하는 것이 중요합니다. 또, 가곡이나 오페라, 미사곡 같은 클래식 음악 위주로 배우지만 졸업 후 합창단이나 오페라단에 진출할 뿐만 아니라 뮤지컬이나 방송사에도 진출합니다. 기본적으로 악보를 볼 수 있어야 하므로 피아노를 연주하거나 합창단 활동을 하는 것이 도움이 됩니다. 또한 성악의 가사나 성악 분야의 자료가 대부분 외국어이므로 외국어에 대한 흥미가 있으면 유리합니다. 가장 중요한 것은 좋은 목소리와 호흡입니다. 목소리 자체가 좋아야 하고, 건강한 체력을 유지하며 폐활량 운동을 꾸준히 해야 합니다.

 추천 활동 :
성악 배우기, 음악 동아리, 성악 공연 관람

졸업 후 진출 분야 및 직업

✏ 진출 분야

합창단, 음악 전문 방송사, 공연 기획사, 예술원, 음반 제작 회사, 오페라단, 출판사, 음악 학원, 대학교, 예술의 전당 등 문화 예술 관련 공공기관, 중·고등학교 등

✏ 진출 직업

대학 교수, 뮤지컬 가수, 중등학교 교사 등

 개설 대학

경희대학교, 국민대학교, 동덕여자대학교, 상명대학교, 서경대학교, 서울대학교, 성신여자대학교, 숙명여자대학교, 연세대학교, 이화여자대학교, 추계예술대학교, 한국예술종합학교, 한양대학교, 가천대학교(글로벌), 단국대학교(죽전), 대진대학교, 명지대학교(자연), 수원대학교, 중앙대학교(안성), 협성대학교, 나사렛대학교, 백석대학교 등

관련 학과

기독교문화예술학부 성악·뮤지컬전공

성악·뮤지컬학과

고등학교 권장 선택과목 로드맵

교과 영역	선택과목	
	일반선택	진로선택
기초		영미 문학 읽기
탐구	세계사, 생활과 윤리	여행지리
체육·예술	음악, 미술, 연극	음악 연주, 음악 감상과 비평
생활·교양	제2외국어 I	제2외국어II

실용음악학과

가요, 영화음악, 광고음악, 방송음악, 공연음악(재즈) 등 현대 대중음악을 총칭하는 20세기에 형성된 가장 중요한 예술의 한 부분입니다.

실용음악학과는 탄탄한 음악 기초이론 습득과 장르별 전공 심화 교육의 강화로 대중문화의 고급화를 선도하는 전문 공연예술음악인을 양성합니다. 가요 등 대중음악을 비롯해 영화음악, 광고음악, 방송음악, 공연음악 등 흔히 접할 수 있는 다양한 음악에 대한 이론과 창작, 연주기법 등을 공부합니다.

대중음악 등 다양한 실용음악 장르와 문화 예술 분야에 관심이 있는 학생에게 적합합니다. 다양한 음악 이론과 실기 수업을 소화하기 위한 지적 능력과 성실성이 요구되며, 악보를 볼 수 있어야하므로 피아노를 연주하거나 합창단 활동을 하는 것이 도움이 됩니다.

 추천 활동 :
노래 배우기, 음악 동아리, 음악 공연 관람

 ## 개설 대학

경기대학교, 동덕여자대학교, 명지대학교, 서경대학교, 성신여자대학교, 홍익대학교, 목원대학교, 배재대학교, 용인대학교, 중앙대학교(안성), 칼빈대학교, 평택대학교, 한양대학교(ERICA), 남서울대학교, 단국대학교(천안), 백석대학교, 중부대학교, 청운대학교, 한서대학교, 예원예술대학교(임실), 한일장신대학교 등

관련 학과

K-POP학과　　공연예술학부 실용음악전공

교회실용음악전공　　대중음악전공

뮤지컬·실용음악과　　보컬전공

전자디지털음악학과　　현대실용음악학과

고등학교 권장 선택과목 로드맵

교과 영역	선택과목	
	일반선택	진로선택
기초	확률과 통계	
탐구		
체육·예술	미술, 연극	음악 연주, 음악 감상과 비평
생활·교양	심리학	지식 재산 일반

졸업 후 진출 분야 및 직업

 ### 진출 분야

음반 제작 회사, 음악 기획사, 전문 공연장, 음악 관련 출판사, 악기 제작사, 음악 학원, 합창단, 연주 단체, 출판사, 방송사, 음악 학원, 음반 기획사, 대학교, 문화 예술 관련 공공기관, 합창단, 중·고등학교 등

진출 직업

가수, 연주자, 음악교사, 편곡가 등

음악학과

음악은 일상 속에서 쉽게 접근할 수 있는 예술로 아름다운 음악은 우리의 삶을 풍요롭게 합니다.

음악 이론을 연구하고 다양한 음악적 기교를 익혀 음악 전 분야에 대한 깊은 이해와 전문성을 겸비한 음악인을 양성합니다. 음악 분야는 크게 악기 연주, 성악, 작곡 등으로 나눌 수 있고, 서양 음악뿐만 아니라 국악, 방송, 영화, 가요 등을 연주·작곡하는 실용음악까지 그 영역이 다양합니다. 풍부한 음악적 감수성과 창의성을 기르기 위해 영화, 연극, 뮤지컬, 문학 등 다양한 문화 예술에 관심을 가지면 도움이 됩니다. 풍부한 음악적 재능과 함께 장시간 꾸준한 연습을 이겨낼 수 있는 인내력과 성실함이 필요합니다. 또한 오페라나 예술가곡의 대부분이 유럽에서 기원하였기 때문에 이탈리아어, 불어 등 외국어대한 능력도 요구됩니다.

 추천 활동 :
음악 동아리, 연주회 공연 관람

졸업 후 진출 분야 및 직업

 진출 분야

음반 제작 회사, 합창단, 연주 단체, 오페라단, 출판사, 방송사, 음악 학원, 대학교, 예술의 전당 등 문화예술 관련 공공기관, 중·고등학교 등

진출 직업

국악인, 녹음기사, 성악가, 음악교사, 음향기사 등

개설 대학

경희대학교, 국민대학교, 명지대학교, 삼육대학교, 상명대학교, 서경대학교, 서울대학교, 서울시립대학교, 세종대학교, 연세대학교, 이화여자대학교, 한국예술종합학교, 부산대학교, 충남대학교, 경북대학교, 계명대학교, 강남대학교, 단국대학교, 명지대학교(자연), 성결대학교, 수원대학교, 안양대학교, 예원예술대학교(양주), 중앙대학교(안성), 평택대학교 등

관련 학과

PostModern음악학과 / 공연음악예술학부 / 교회음악과 / 디지털음악학과 / 재즈전공 / 예술학부(음악학전공)학과 / 뮤직콘텐츠학과 / 뮤직테크놀로지학과 / 뮤직프로덕션과 / 영화·음악전공 / 음악·뮤지컬학과

고등학교 권장 선택과목 로드맵

교과 영역	선택과목	
	일반선택	진로선택
기초	확률과 통계	진로 영어
탐구	사회·문화, 생활과 윤리	사회문제 탐구, 과학사
체육·예술	미술, 연극	음악 연주, 음악 감상과 비평
생활·교양	정보, 심리학	지식 재산 일반

작곡학과

작곡은 다양한 음계를 재배열하고 강약과 빠르기 등을 조절하여 한 편의 조화로운 곡을 만들어냄으로써 인간의 내면과 영혼을 음악적으로 표현하는 예술입니다.

문화 예술의 수준을 높이고 삶을 풍요롭게 할 창의적인 인재를 양성합니다. 이론 공부를 통해 음악의 형식과 구조를 이해하고 다양한 악기에 대해서도 공부합니다. 작곡전공, 이론전공, 그리고 지휘전공으로 나누어지는데, 특히 작곡과는 작곡에 관한 이론과 기법뿐만 아니라 음악학을 연구하여 유능한 작곡가, 음악학자 및 지휘자로 성장할 수 있도록 돕습니다. 창의성과 감수성이 풍부한 사람에게 적합하며, 작곡은 학문 간의 상호작용을 통해 하나의 작품으로 완성되는 것이므로 다양한 학문에 관심을 갖는 것이 좋습니다. 또, 소리를 느끼고 판단하는 능력, 즉 음감이 좋아야 합니다. 그러기 위해서는 많은 청각적인 체험, 즉 평소에 음악을 많이 듣고 연주한 경험이 필요합니다.

 추천 활동 :
작곡 실습, 음악 동아리, 음악 공연 관람

졸업 후 진출 분야 및 직업

✏ 진출 분야

음반 제작 회사, 음악 기획사, 전문 공연장, 음악 관련 출판사, 악기 제작사, 음악 학원, 대학교, 예술의 전당 등 문화 예술 관련 공공기관, 중·고등학교 등

✏ 진출 직업

예체능강사, 음악평론가, 편곡자 등

개설 대학

경희대학교, 국민대학교, 상명대학교, 서울대학교, 성신여자대학교, 숙명여자대학교, 연세대학교, 이화여자대학교, 추계예술대학교, 한국예술종합학교, 한양대학교, 목원대학교, 계명대학교, 가천대학교(글로벌), 단국대학교(죽전), 대진대학교, 명지대학교(용인), 수원대학교, 중앙대학교(안성), 서원대학교, 군산대학교, 세한대학교, 대구가톨릭대학교(효성), 영남대학교, 제주대학교 등

관련 학과

공연예술학부 작곡전공	뉴미디어작곡과
작곡·실용음악과	작곡·이론전공
작곡·재즈학부	한국음악작곡과

고등학교 권장 선택과목 로드맵

교과 영역	선택과목	
	일반선택	진로선택
기초		진로 영어
탐구	사회·문화, 생활과 윤리	사회문제 탐구, 과학사
체육·예술	미술, 연극	음악 연주, 음악 감상과 비평
생활·교양	정보, 심리학	지식 재산 일반

MEMO

MEMO

※ 참고사이트

- 경기진학정보센터(http://jinhak.goedu.kr)
- 과학문화포털 사이언스올(https://www.scienceall.com)
- 대입정보포털 어디가(http://www.adiga.kr)
- 서울진로진학정보센터(https://www.jinhak.or.kr)
- 워크넷(https://www.work.go.kr)
- 체육특기자 대입포털(http://info.kusf.or.kr)
- 커리어넷(https://www.career.go.kr)
- 테드에드(https://ed.ted.com)
- 학교예술교육포털(https://artsedu.kofac.re.kr)
- 학교생활기록부 종합 지원포털(https://star.moe.go.kr/web/main/index.do)
- 학생평가 지원포털(https://stas.moe.go.kr/frt/main/main.do)
- 한국문화예술위원회(https://www.arko.or.kr)
- 한국언론진흥재단(https://www.kpf.or.kr)
- 한국언론진흥재단의 미디어교육(https://www.forme.or.kr)
- 학교예술교육포털(https://artsedu.kofac.re.kr)

※ 참고문헌

- 2015 개정교육과정, 교육부 고시 제2015-74호, 교육부, 2015년
- 2020 고등교육기관 졸업자취업통계연보(한국교육개발원)
- 2021학년도 학교생활기록부 기재요령, 교육부, 2021년
- 2022학년도 대입정보 119, 대학교육협의회, 2021년
- 2022 학생부전형 가이드북, 경희대학교, 2021년
- 2023학년도 서울대학교 대학입학전형 시행계획, 2022년
- 2023학년도 홍익대학교 대학입학전형 시행계획, 2022년
- 교과 세부능력 및 특기사항 기재 도움 자료, 한국과학창의재단, 2020년
- 교과세특 탐구주제 바이블 예체능계열, 캠퍼스멘토, 2021년
- 나만의 진로 가이드북, 캠퍼스멘토, 2020년
- 대학별 전공 진로가이드, 한국고용정보원, 2015년
- 학과바이블, 캠퍼스멘토, 2021년
- 2022학년도 학교생활기록부 개재요령(교육부)

학생부 바이블 예체능계열

1판 1쇄 찍음	2021년 10월 28일
1판 3쇄 펴냄	2023년 10월 25일

출판	(주)캠퍼스멘토
제작	(주)모야컴퍼니
저자	이남설, 이명주, 위정의, 김준희, 배수연, 강서희, 안병무

총괄기획	박선경 (sk@moyacompany.com)
책임편집	(주)모야컴퍼니
연구기획	김예솔, 민하늘, 최미화, 양채림
디자인	박선경, (주)모야컴퍼니
경영지원	지재우, 윤영재, 임철규, 최영혜, 이석기
마케팅	이동준, 신숙진, 김지수, 김연정, 강덕우, 박지원
발행인	안광배, 김동욱

주소	서울시 서초구 강남대로 557(잠원동, 성한빌딩) 9F
출판등록	제 2012-000207
구입문의	(02) 333-5966
팩스	(02) 3785-0901
홈페이지	www.campusmentor.co.kr (교구몰)
	smartstore.naver.com/moya_mall (모야몰)

ISBN	978-89-97826-89-6(44080)

ⓒ 이남설, 이명주 외 2021

· 이 책은 ㈜모야컴퍼니가 저작권자와의 계약에 따라 발행한 것이므로 본사의 서면 허락 없이는
  이 책의 일부 또는 전부를 무단 복제 · 전재 · 발췌할 수 없습니다.
· 잘못된 책은 구입하신 곳에서 바꾸어 드립니다.